국제인증 자격증

ICDL 디지털 마케팅

ICDL Digital Marketing

최광돈, 유순덕 지음

BM (주)도서출판 성안당

도서 A/S 안내

성안당에서 발행하는 모든 도서는 저자와 출판사, 그리고 독자가 함께 만들어 나갑니다.

좋은 책을 펴내기 위해 많은 노력을 기울이고 있습니다. 혹시라도 내용상의 오류나 오탈자 등이 발견되면 "좋은 책은 나라의 보배"로서 우리 모두가 함께 만들어 간다는 마음으로 연락주시기 바랍니다. 수정 보완하여 더 나은 책이 되도록 최선을 다하겠습니다.

성안당은 늘 독자 여러분들의 소중한 의견을 기다리고 있습니다. 좋은 의견을 보내주시는 분께는 성안당 쇼핑몰의 포인트(3,000포인트)를 적립해 드립니다.

잘못 만들어진 책이나 부록 등이 파손된 경우에는 교환해 드립니다.

저자 문의 : kdchoiyou@naver.com(최광돈), koreasally@gmail.com(유순덕)
본서 기획자 e-mail : coh@cyber.co.kr(최옥현)
홈페이지 : http://www.cyber.co.kr 전화 : 031) 950-6300

머리말

마케터들은 제품과 서비스를 잠재 고객들에게 알리고 판매하기 위하여 많은 매체를 활용한다. 과거에는 주로 신문, 라디오, TV 광고 등의 대중매체를 적극적으로 활용했다. 특히, 인쇄 매체로 광고하던 시절에는 고객의 마음을 사로잡는 '카피라이팅' 기술이 굉장히 중요했다. 물론, 오늘날에도 중요하다. 또한, 직접 고객을 방문하는 것도 하나의 방법이었다.

하지만 이제는 "디지털 마케팅 시대"이다. 이제는 한 방향으로 홍보를 하거나 직접 고객을 찾아가는 시대가 아니다. 온라인과 모바일 환경의 발전으로 인해 마케팅할 수 있는 매체나 미디어가 매우 다양해졌다. 초기 인터넷 확산 때 많은 기업은 앞 다투어 홈페이지를 구축하여 회사의 상품과 서비스를 알렸다. 또한, 기업과 관련된 이야기를 실어 소비자에게 직접 다가가는 블로그 마케팅을 하고, 구글, 네이버, 다음과 같은 검색엔진의 검색 광고와 배너 광고, 과거 우편 광고를 대체하고 더욱 진화한 이메일 마케팅, 고객들과의 관계 구축을 쉽게 하는 소셜 미디어 등을 이용하여 마케팅하고 있다.

특히, 요즈음 소셜 미디어를 활용한 마케팅은 가장 관심 있는 마케팅 방법의 하나다. 유튜브는 세계 최대 무료 동영상 공유 사이트로 회사들은 자사 제품이나 브랜드의 영상 클립을 올려, 방문자나 잠재고객들에게 보거나 공유하게 한다. 페이스북이나 인스타그램은 활발한 소통의 공간이기도 하면서, 세밀한 타겟팅 광고까지 집행할 수 있다. 원하는 고객에게만 확실하게 광고가 노출되는 홍보 방법이기에, 이를 잘 활용하는 마케터는 어느 곳에서나 환영을 받는다.

스마트폰, 태블릿 PC 등의 모바일 기기에 회사의 콘텐츠들이 검색되고, 보이고, 유통될 수 있도록 이와 관련된 기술과 기법들을 적용하는 모바일 마케팅도 해야 한다.

디지털 마케팅의 시대에서 "디지털 마케터"는 온라인상에 있는 다양한 마케팅 채널들을 잘 활용하고, 바이럴이 잘 되는 콘텐츠를 생산하고, 이에 대한 성과를 분석해야 한다. 특히, 마케팅 채널을 잘 활용하는 것은 가장 기본이며 매우 중요하다. 더 나아가, 온라인에서 다양한 채널로 노출한 콘텐츠 및 광고를 통해 웹사이트로 유입된 고객들이 매출로 전환되는 과정을 점검하고 개선할 수 있어야 한다.

디지털 마케터가 되려면 다양한 역량들을 키워야 한다. 마케팅 이론도 알아야 하지만 디지털 마케팅의 의미와 각 채널의 특성, 채널 특성에 맞는 콘텐츠 제작, 성과 분석을 통한 효율적인 마케팅 집행 및 이와 관련된 도구와 기술 등을 배워야 한다.

지금까지 디지털 마케팅 관련 책들이 많이 나왔으나 특별한 미디어나 채널만을 집중하여 강조하는 경향이 있었다. 이에 따라 초심자에게 필요한 전반적인 이해를 돕는 책의 필요성을 느꼈다.

마침, 한국생산성본부에서 "ICDL 디지털 마케팅 자격"을 도입하여 실시하기에 이 자격시험을 준비하고, 디지털 마케팅에 대한 전반적인 이해를 돕기 위해 본서를 집필하였다.

ICDL은 International Computer Driving Licence의 약자로 사용자의 ICT 활용능력을 인증하는 세계적

으로 가장 널리 알려진 국제자격 중의 하나이다.

ICDL 디지털 마케팅 자격시험 모듈은 디지털 마케팅의 기본원칙들에 관련된 기초적인 개념과 기술을 다룬다. 웹사이트 개발, 검색 엔진의 콘텐츠 최적화, 소셜 미디어 플랫폼 사용, 다양한 서비스에 관한 온라인 마케팅과 광고의 시행, 분석을 통한 광고 캠페인 개선 등이 포함된다.

응시 지원자는 다음과 같은 내용을 알고 있어야 한다.

- 이점, 한계 및 계획을 포함하여 디지털 마케팅의 주요 개념과 장점, 한계점
- 다양한 웹사이트 기능을 이해하고 검색 엔진 최적화에 적합한 키워드를 선택하는 방법
- 다양한 소셜 미디어 플랫폼에 대한 이해 및 실습
- 소셜 미디어 관리가 홍보 및 리드 생성에 얼마나 도움이 되는지 이해
- 소셜 미디어 관리 서비스를 사용하여 소식을 예약하고 알림을 설정
- 검색 엔진, 이메일 및 모바일 마케팅을 포함하여 온라인 마케팅 및 광고에 대한 다양한 기능을 이해
- 분석 서비스를 이해하고 사용하여 캠페인을 모니터링하고 향상

본 교재는 ICDL 디지털 마케팅 자격시험을 주관하는 한국생산성본부의 인증을 받은 공식 교재로 선정되었다. ECDL/ICDL 디지털 마케팅 실라버스 버전 1.0을 참조하여 수험생들의 이해를 높일 수 있도록 적합한 내용을 수록하였다. 이와 함께 ECDL/ICDL에서 제공하는 모의 문제를 함께 수록하여 수험생들의 합격 가능성을 높일 수 있도록 구성하였다.

다만 ICDL 디지털 마케팅 자격시험이 국제적으로 통용되는 관계로 국내 사례는 거의 싣지 않았다. 그러나 "Chapter 19 통합적 디지털 마케팅 전략 설계"는 "ECDL/ICDL 디지털 마케팅 실라버스 버전 1.0"에는 포함되지 않으나 현업에서 필요한 내용이라고 판단되어 수록하였다. 따라서 자격시험 범위에는 포함되지 않는다.

대학에서 디지털 마케팅 강의하면서 부족하다고 생각했던 부분을 ICDL 디지털 마케팅 실라버스에 포함하고 있어서 경영학, 광고홍보 관련 학과에서 개론서 교재로 사용해도 부족함이 없다고 생각한다. 본 교재로 전반적인 개념을 파악한 후 심화학습으로 개별 미디어들을 공부하기를 권한다. 심화학습의 예를 들면, 워드프레스를 이용한 홈페이지 구축, 페이스북 페이지, 인스타그램 비즈니스, 콘텐츠 마케팅, 이메일 마케팅, 구글 에드워즈, 구글 애널리틱스, 모바일 앱 제작 등이 있다.

끝으로 책의 출판을 위하여 많은 도움을 주신 한국생산성본부 ICDL 시험센터 관계자와 완성도 높은 교재가 될 수 있도록 도와주신 성안당 관계자분들께 진심으로 감사드립니다.

최광돈 · 유순덕 드림

"이 저서는 2018년도 한세대학교 교내학술연수비 지원에 의하여 출판되었음."

Section 1 ICDL 디지털 마케팅 자격 검정 시험 시행 취지

이 모듈은 디지털 마케팅의 기본원칙들에 관련된 기초적인 개념과 기술을 다룬다. 웹사이트 개발, 검색 엔진의 콘텐츠 최적화, 소셜 미디어 플랫폼 사용, 다양한 서비스에 관한 온라인 마케팅과 광고의 시행, 분석을 통한 광고 캠페인 개선 등이 포함된다.

합격한 지원자는 다음을 수행할 수 있다.

- 이점, 한계 및 계획을 포함하여 디지털 마케팅의 주요 개념을 이해한다.
- 다양한 웹사이트 기능을 이해하고 검색 엔진 최적화에 적합한 키워드를 선택하는 방법을 파악한다.
- 다양한 소셜 미디어 플랫폼을 인식하고 일반적인 플랫폼을 설정하고 사용한다.
- 소셜 미디어 관리가 홍보 및 리드 생성에 얼마나 도움이 되는지 이해한다.
- 소셜 미디어 관리 서비스를 사용하여 소식을 예약하고 알림을 설정한다.
- 검색 엔진, 이메일 및 모바일 마케팅을 포함하여 온라인 마케팅 및 광고에 대한 다양한 기능을 이해한다.
- 분석 서비스를 이해하고 사용하여 캠페인을 모니터링하고 향상시킬 수 있다.

Section 2 ICDL 자격의 정의

ICDL은 International Computer Driving Licence의 약자로 사용자의 ICT 활용능력을 인증하는 세계적으로 가장 널리 알려진 국제자격 중 하나이다.
유럽에서는 ECDL로 통용되고 있으며, 유럽, 영국, 싱가포르 등 주요 선진국의 국가직무능력 표준으로 채택되어 직무에 있어 ICT 능력을 판단하는 기준으로 활용되고 있다.
2008년 한국생산성본부(KPC)를 통해 국내에 도입되었다. 이후 많은 대학과 기업에서 IT 교육 과정으로 개설되었으며 기업에서 인재를 채용할 때 참고자료로 활용하고 있다.
최근 4차 산업혁명시대를 맞이해서 ICDL은 기존 OA를 넘어 소프트웨어 코딩, IT보안, 디지털 마케팅 등 새로운 시대가 필요로 하는 ICT 역량의 표준을 제시하고 있다.

Section 3 ICDL 디지털 마케팅 장점

- 디지털 마케팅과 관련된 핵심 기술과 주요 개념을 다루고 있다.
- 디지털 마케팅에 대한 최고의 사례로 인증되었다.
- 전 세계의 컴퓨터 사용자, 주제 전문가(SME : Subject Matter Expert)와 컴퓨터 전문가의 의견을 바탕으로 개발되었다.

Section 4 ICDL 디지털 마케팅 응시 자격

Professional Module로 ECDL 에서는 중급 모듈(Intermediate Module)에 속하며 직장이나 가정에서 필요에 따라 선택해서 취득하는 자격이다. 디지털 마케팅 모듈은 기업가, 중소기업 근로자, 학생 그리고 공공 및 민간 부문에서 일하는 마케팅 & 커뮤니케이션 전문가 또는 지망생을 대상으로 한다.

자신이 가지고 있는 디지털 마케팅 운용 능력을 국제적으로 인증받고 싶은 디지털 마케팅 전문가에게 ICDL 디지털 마케팅 모듈을 통해 실력을 확보하고 이제 디지털 마케팅을 시작하고자 하는 사람들에게 ICDL 디지털 마케팅 프로그램을 추천한다.

Section 5 시험 운영

1. 시험문제 출제

- CBT(Computer Based Test) : 시뮬레이션 방식, 자동화 테스트시스템(ATES : Automated Test Evaluation System)

2. 시험시간 및 문항 수

- 시험 시간은 45분이며, 36개 문항이 출제된다.

3. 합격 기준

- 합격 기준은 27개 문항(정답률 75%) 이상이다.

4. 기타

- 시험 일정 및 자세한 사항은 한국생산성 본부의 ICDL 시험센터(http://www.icdl.or.kr/)에서 확인할 수 있다.
- 시험 준비를 위한 온라인 강좌 및 교재 구입 문의는 한국생산성본부에 한다.
  전화문의 : 1577-9401, Email : icdl_help@naver.com

목 | 차 |

Chapter
1

디지털 마케팅 핵심 개념

이 단원을 마치면 다음을 수행할 수 있다.

- 디지털 마케팅이라는 용어를 이해한다.
- 디지털 마케팅의 주요 요소에 대해 파악한다.
- 디지털 마케팅을 사용할 때 일반적인 목표를 파악한다.
- 디지털 마케팅의 장점을 이해한다.
- 디지털 마케팅의 한계점을 이해한다.
- 해당 국가의 디지털 마케팅 업무 관련 법률 규정을 인식한다.

International
Computer
Driving
Licence

Section 01 디지털 마케팅 개요

1 개요

인터넷, 웹 마케팅 또는 온라인 마케팅이라고 불리는 디지털 마케팅은 다양한 온라인 채널을 통해 브랜드, 제품 및 서비스를 소비자에게 홍보하는 데 사용되는 일련의 기법과 기술들이다. 즉 인터넷상에서 일어나는 모든 광고 마케팅 활동을 의미하고, 온라인 마케팅(Online marketing), 인터넷 마케팅(Internet marketing), 웹 마케팅(Web marketing)이라고 불리기도 한다. 최근에는 페이스북, 트위터와 같은 소셜 미디어를 이용한 마케팅 활동으로 이동되고 있다.

[그림 1-1] 디지털 마케팅 개요

2 디지털 마케팅의 특징

사람들은 쇼핑, 정보 검색, 뉴스 읽기, 동영상 시청, 이메일 사용, 휴일 예약 및 소셜 미디어 사용과 같은 다양한 작업을 수행하면서 온라인에 점점 더 많은 시간을 보내고 있다. 또한, 노트북, 태블릿 및 스마트폰과 같은 다양한 기기를 사용하므로 언제 어디서나 온라인에 접속할 수 있다. 이것이 의미하는 바는, 사람들이 인쇄물이나 TV 같은 전통적인 미디어를 사용하는 데 더 적은 시간을 소비하고 있다는 것이다. 따라서 기업은 기존 고객과 잠재고객 모두에게 다가가기 위해 온라인을 활용해야 한다. 기업은 다양한 온라인 채널을 통해 제품과 서비스를 홍보하고 판매하기 위해 디지털 마케팅에 관심을 가져야 한다.

디지털 마케팅의 주요 특징은 다음과 같다.

① 기업이 만든 콘텐츠를 소비자가 재해석하여 재창출해낼 수 있거나, 소비자가 직접 콘텐츠를 생산하고 게시할 수 있다.

② 언제 어디에서나 작동할 수 있다.

③ 인터넷을 기반으로 다양한 구성 요소의 활동들로 이루어져 있다.

Section 02 디지털 마케팅 기술

1 개요

우리가 살고 있는 이 시대는 이미 디지털과 밀접한 관계를 가지고 있다. 모든 업무가 디지털로 이루어질 뿐만 아니라 디지털 기술과 연관되어 있다.

소비자가 구매 활동을 할 때, 모든 부분에 디지털 장비 등을 사용한다. 소비자가 물건을 살 때, 포인트 카드를 통해 적립을 하고, 앱을 통해 디지털 형태로 소유하고 있다. 기업은 각종 소비자 정보로 구성된 데이터 분석을 통해 판매 전략을 세운다.

오프라인 뿐만 아니라 온라인 쇼핑몰에서 물건을 주문, 결제를 하는 과정에 디지털은 필수적인 요소이다. 스마트폰 앱을 통해 온라인 공간에서만 존재하는 디지털 재화를 구매하는 경우도 있다. 그리고 제품을 알리기 위한 방법도, 전통적인 방법인 신문이나 텔레비전을 넘어 소셜 미디어나 디지털 광고의 영역으로 계속 확장하고 있다.

현재의 기업이 효과적인 디지털 마케팅을 위해서 어떤 활동들을 해야 할까?

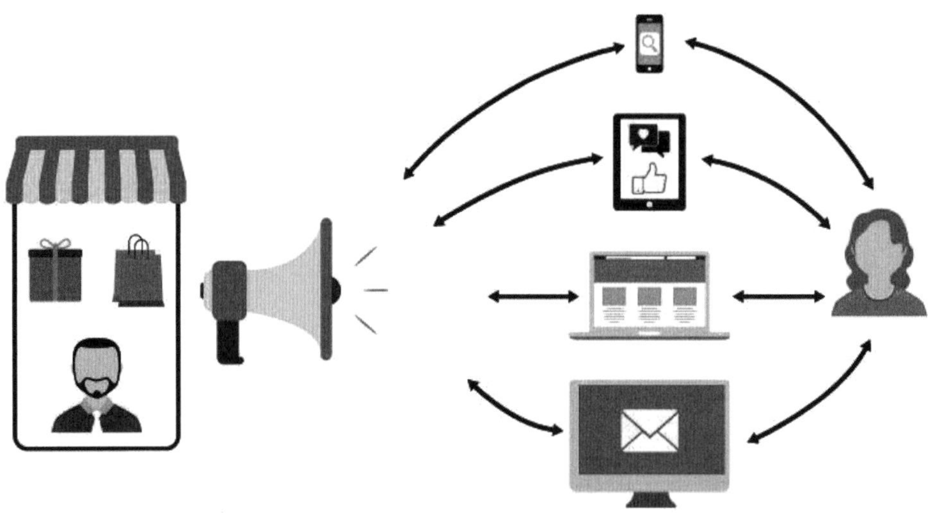

[그림 1-2] 디지털 마케팅 기술

2 디지털 마케팅 기법

온라인 마케팅에 도움이 되는 많은 디지털 마케팅 방법과 도구가 있다.

[표 1-1] 디지털 마케팅 기법

구분	내용
제휴 마케팅	웹사이트 발행자(Affiliate)가 비즈니스를 홍보한 결과로 기업 파트너(Merchant)의 웹사이트에 새로운 판매 및 리드(Lead)[1]를 발생시키게 되면, 웹사이트 발행자는 소정의 보상을 받는다.(예 : 아마존, 이베이)
디스플레이 광고	다양한 형식의 온라인 광고. 디스플레이 광고에는 웹 페이지의 배너, 텍스트, 이미지 및 동영상 광고가 포함된다.
콘텐츠 마케팅	마케팅 목표를 달성하기 위해 유용하고 관련성 높은 콘텐츠를 만들고 공유한다.
검색 엔진 마케팅(SEM)	유료 및 무료 방법을 통해 검색 엔진 결과 페이지의 웹사이트 트래픽 및 가시성을 향상한다.
모바일 마케팅	휴대 전화, 스마트폰 및 태블릿을 통해 소비자에게 제공되는 형태이다.
이메일 마케팅	텍스트 및 리치 미디어 형식(rich media format)을 이용하여 이메일을 통해 소비자에게 직접 도달한다.
소셜 미디어 마케팅	페이스북, 트위터 및 링크드인과 같은 소셜 미디어 사이트를 통해 소비자에게 도달하여 브랜드 인지도를 높이고 판매 및 웹사이트 트래픽을 생성한다.
검색 엔진 최적화(SEO)	웹사이트를 최적화하여 검색 엔진의 무료 결과(자연 검색 결과 또는 검색 결과라고도 함)에 대한 가시성을 높인다.
분석	웹사이트 방문자의 행동을 추적 및 분석하여 마케팅 전략을 파악하는 도구를 사용하는 프로세스이다.

1) 리드란 마케팅 용어로 합법적 방법으로 취득한 연락 가능한 고객정보(전화번호, 이메일 등)를 의미하며, 이러한 리드를 확보하는 것을 목표로 디지털 마케팅을 진행하는 경우가 많다.

Section 03 디지털 마케팅 목표

1 개요

다른 마케팅 활동과 마찬가지로 디지털 마케팅을 통해 달성하고자 하는 목표를 설정하는 것이 중요하다. 디지털 마케팅의 주요 환경이 되는 온라인에서는 사용자(User)와 잠재고객의 반응과 변화가 빠르고 경쟁이 치열하기 때문에 올바른 목표설정이 중요하다.

[그림 1-3] 디지털 마케팅을 위한 목표 설정

2 사용 목적

디지털 마케팅의 사용 목적은 다음과 같다.

[표 1-2] 디지털 마케팅의 사용 목적

구분	내용
브랜드 인지도 증가	현재 및 잠재고객들에게 브랜드 인지도를 높인다.
리드(Lead) 생성	제품 또는 서비스에 대한 고객의 관심을 유도하고 관심을 표명한 사용자의 연락처 목록을 생성한다.
판매 촉진	제품 또는 서비스의 판매 촉진은 궁극적인 마케팅 목표이다.
고객에게 정보 제공	뉴스 및 특별 제공 정보를 대상 고객에게 제공하여 고객에게 최신 정보를 알게 한다.
향상된 고객 서비스	고객 서비스 및 지원을 개선하여 고객과의 관계를 강화한다.
고객의 직접 참여	고객이 직접 참여하도록 한다.
트래픽 생성	웹사이트 방문객 수를 증가시킨다.

Section 04 디지털 마케팅의 장점

디지털 마케팅은 전통적인 마케팅 기법에 비해 많은 장점을 가지고 있다.

[그림 1-4] 디지털 마케팅의 장점

1) 비용 절감 효과

디지털 마케팅은 일반적으로 텔레비전, 라디오 및 인쇄물과 같은 기존 마케팅 채널보다 마케팅 비용이 저렴하다. 인쇄 또는 TV 광고의 디자인 및 제작비용, 잡지 또는 TV 채널의 광고 공간 구매 비용은 일반적으로 온라인 배너 광고 또는 동영상 광고 보다 훨씬 많다. 하지만 이는 절대적인 마케팅 비용에서 저렴하다는 의미가 아니고, 올바른 마케팅 목표 수립에 따른 마케팅 비용이 상대적으로 저렴하다고 할 수 있다.

2) 진행 상황을 쉽게 추적하고 측정 가능

전통적인 미디어보다 디지털 마케팅 캠페인의 효과를 추적하고 측정하기가 훨씬 쉽다. 디지털이 아닌 캠페인의 경우 잡지, 신문 발행물 수, TV 또는 라디오 프로그램의 잠재고객 정보와 같이 대부분의 잠재고객 데이터를 활용한다. 이 수치는 광고를 보거나 광고에 참여한 실제 사람들의 수를 정확하게 파악할 수 없다. 그러나 디지털 캠페인에서 온라인 분석 도구를 사용하면 얼마나 많은 사람이 여러분의 광고를 보고 클릭했는지에 대해 정확하고 신뢰할 수 있는 데이터를 얻을 수 있다. 또한, 기존 캠페인에서는 캠페인 실적 데이터가 거의 실시간으로 제공되지 않는다. 예를 들어, 일정기간 동안 매출액이 증가할 때까지 기다려야 된다. 그러나 디지털 캠페인에서 온라인 분석 도구는 목표 고객의 광고 반응을 나타내는 실시간 추적 및 행동 데이터를 빠르게 제공하므로 캠페인을 조정하고 매출 실적을 향상시킬 수 있다.

3) 인구 통계학적 도달 범위 확대

디지털 마케팅 캠페인은 기존 캠페인보다 잠재 도달 범위가 더 넓다. 전 세계 잠재고객에게 도달할 수 있지만, 대상을 지정하면 메시지가 특정 그룹(인구 통계라고도 함)에 도달한다. 인구 통계에는 성별, 인종, 나이, 수입, 위치, 교육, 결혼 상태 등을 포함한다. 메시지를 특정 인구 통계에 타겟팅하면 여러분의 제품 또는 서비스 영역에 관심이 있는 사람들에게 도달할 가능성이 더 증가한다.

4) 기존 마케팅에 비해 높은 고객 참여도

인쇄 및 TV와 같은 전통적인 마케팅에 비해 디지털 마케팅을 통해 고객은 브랜드의 운영 및 관리에 참여할 수 있다. 예를 들어, 소셜 미디어에서 고객은 기업 콘텐츠를 좋아하고 공유하고 의견을 제시할 수 있으며 기업은 질문에 응답하거나 의견에 응답함으로써 고객과 상호 작용을 할 수 있다. 직접 대면하지는 않지만, 온라인 상호 작용은 실시간으로, 언제든지, 그리고 기업과 고객 간에 참여가 발생할 수 있다.

5) 모바일 고객과 의사소통

디지털 마케팅의 또 다른 이점은 상황에 맞는 캠페인을 통해 모바일 사용자와 연결할 수 있다는 것이다. 여기에는 모바일 사용자의 위치 및 사용 중인 장치에 따라 보는 콘텐츠 유형을 조정할 수 있다. 또한, 모바일 장치에서 쉽게 콘텐츠를 볼 수 있다.

Section 05 디지털 마케팅의 한계점

디지털 마케팅에는 인식해야 할 몇 가지 한계요인이 존재한다.

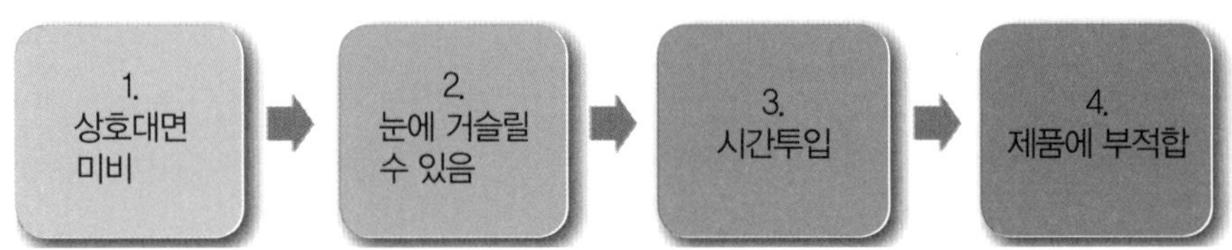

[그림 1-5] 디지털 마케팅의 한계요인들

1) 상호대면 미비

디지털 마케팅을 통한 고객과의 접촉은 온라인이므로 대면에 의한 상호작용이 부족하다. 즉, 여러분의 캠페인이 실제 기업과 얼굴을 맞대고 접촉하는 것을 선호하는 고객에게 다가갈 수 없음을 의미한다. 따라서 구매 또는 구매하기 전의 사람들의 유용한 피드백과 시사점을 얻지 못할 수도 있다.

2) 눈에 거슬릴 수 있음

일부 사용자는 온라인 광고의 일부 형식을 성가신 것으로 생각하거나 온라인 경험을 방해하는 것으로 간주한다. 팝업 광고는 사람들이 싫어하는 온라인 광고의 가장 좋은 예이다. 어떤 사람들은 온라인 광고를 혼란스러워하며, 무시하려고 한다. 따라서 잠재고객을 화나지 않게 하거나 눈에 띄지 않는 방식으로 캠페인을 만들고 콘텐츠를 디자인하는 것이 중요하다. 먼저 소그룹을 대상으로 캠페인을 테스트하는 것은 좋은 방법이다.

3) 전문적으로 관리하기 위한 시간 투입

다른 고려 사항은 전문적으로 디지털 마케팅 캠페인을 계획하고 관리하는 데 상당한 시간과 자원이 필요하다는 것이다. 소셜 미디어 사이트의 비즈니스 프로필 계정은 무료이지만 이를 잘 관리하려면 시간과 자원이 필요하다. 부적절하게 관리되거나 잘못된 캠페인 또는 잘못된 소셜 프로필은 비즈니스에 부정적 결과를 초래할 수 있다. 따라서 디지털 마케팅의 계획 단계가 매우 중요하다.

4) 제품에 부적합

온라인 채널을 통해 도달할 수 없는 고객이 있을 수 있다. 예를 들어, 고령층의 일부 고객은 온라인이 아니거나 일부 국가에서는 온라인 접근이 되지 않을 수 있다. 따라서 목표 고객의 생활양식과 습관 및 온라인에 도달할 수 있는지를 파악하는 것이 중요하다.

Section 06 법과 규제 의무

온라인 활동은 온라인 구매자 또는 콘텐츠를 만든 사람들(저작권 소유자)과 같은 인터넷 사용자를 보호하기 위한 법률 및 규정의 적용을 받는다.

마케팅 활동과 관련된 모든 관련 법률 및 규정을 준수하는 것이 중요하다. 이는 국가에 따라 다를 수 있으며 기술에 대응하기 위해 관련 내용이 변경될 수도 있다. 최신 법률 및 규정은 일반적으로 정부 또는 규제 당국 웹사이트 또는 법률 전문가와 상의하여 찾을 수 있다.

일부 고려 사항에는 데이터 보호 및 개인 정보 보호, 저작권 및 전자상거래에 관한 규정 및 법률이 포함된다. 예를 들어 개인 정보 보호법에 따라 쿠키를 사용하여 자료를 수집하고 분석하는 웹사이트에서 고객에게 동의를 받아야 할 수 있다. 다른 사람이 만든 소셜 미디어의 사진과 동영상을 사용하면 저작권을 침해할 수 있다. 전자상거래 웹사이트가 있는 경우 결제를 유도하는 사이트의 이용 약관도 숙지해야 한다.

일부 광고 플랫폼에는 사용자가 알아야 할 자체 규정이 있다. 예를 들어 페이스북은 담배 관련 제품, 무기 및 의약품을 해당 플랫폼에서 광고하는 것을 금지한다. 또한, 이미지에 대한 엄격한 가이드라인을 보유하고 있으며 과체중 또는 이상한 것으로 묘사된 신체와 같이 부정적인 신체 이미지를 묘사한 이미지를 허용하지 않는다.

국내의 전자상거래법상 광고 시 주의사항은 다음과 같다.

① 자기 자신 또는 경쟁사업자 및 경쟁사업자의 상품 또는 용역에 대해 사실과 다르게 표시 · 광고하거나 사실을 지나치게 부풀려 표시 · 광고하는 행위.

② 사실을 은폐하거나 축소하는 등의 방법으로 표시 또는 광고하는 행위, 비교 대상 및 기준을 명시하지 아니하거나 객관적인 근거 없이 자기 또는 자기의 상품 / 용역을 다른 사업자 또는 다른 사업자의 상품 등과 비교하여 우량 또는 유리하다고 표시 · 광고하는 행위.

③ 다른 사업자의 상품 등에 관하여 객관적인 근거가 없는 내용으로 표시 · 광고하여 비방하거나 불리한 사실만을 표시 · 광고하여 비방 하는 행위를 하는 경우 "부당표시 광고 행위"에 해당함.

연습 문제

1 디지털 마케팅은 다양한 __________ 채널을 통해 브랜드, 제품 및 서비스를 홍보하는 데 사용되는 __________ 및 __________의 집합으로 설명될 수 있다.

해설

인터넷상에서 일어나는 모든 광고 마케팅 활동을 의미하고, 온라인 마케팅(Online marketing), 인터넷 마케팅(Internet marketing), 웹 마케팅 (Web marketing)이라고 불리기도 한다. 최근에는 페이스북, 트위터와 같은 소셜 미디어를 이용한 마케팅 활동으로 이동되고 있다.

정답 : 온라인, 기법, 기술

2 다음 중 유료 및 무료 옵션을 통해 검색 엔진 결과 페이지의 웹사이트 트래픽 및 가시성을 향상하는 데 사용되는 디지털 마케팅 기법을 고르시오.

a. 디스플레이 광고

b. 검색 엔진 마케팅

c. 이메일 마케팅

d. 분석

해설

검색 엔진 최적화(SEO) 마케팅 기법은 웹사이트를 최적화하여 검색 엔진의 무료 결과(자연 검색 결과 또는 검색 결과라고도 함)에 대한 가시성을 높인다.

정답 : b

3 디지털 마케팅을 사용하여 여러분이 달성하고자 하는 세 가지 비즈니스 목표를 나열하시오.

해설

디지털 마케팅의 사용 목적은 첫째, 브랜드 인지도 증가이다. 현재 및 잠재고객들에게 브랜드 인지도를 높이기 위한 것이다. 둘째, 리드(Lead) 생성이다. 즉 제품 또는 서비스에 대한 고객의 관심을 유도하고 관심을 표명한 사용자의 연락처 목록을 생성하는 것이다. 셋째, 판매촉진이다. 제품 또는 서비스의 판매 촉진은 궁극적인 마케팅 목표이다. 넷째, 고객에게 정보제공이다. 뉴스 및 특별 제공 정보를 대상 고객에게 제공하여 고객에게 최신 정보를 알게 한다. 다섯째, 향상된 고객 서비스이다. 고객 서비스 및 지원을 개선하여 고객과의 관계를 강화한다. 여섯째, 고객이 직접 참여하도록 유도하는 것으로 고객의 직접 참여이다. 일곱째, 웹사이트 방문객 수를 증가시키는 트래픽 생성이다.

정답 : 브랜드 인지도 증가, 리드 생성, 판매촉진, 고객에게 정보제공, 향상된 고객 서비스, 고객의 직접 참여, 트래픽 생성

4 전통적인 마케팅 기법보다 디지털 마케팅을 사용하는 세 가지 장점을 나열하시오.

정답 : 비용절감, 측정가능, 도달범위 확대, 고객참여 유도, 모바일 소통

5 다음 중 디지털 마케팅의 한계 내용이 아닌 것을 고르시오.

a. 혼란스러워 보일 수 있으며 무시될 수 있다.

b. 이 방법은 전통적인 마케팅보다 비싸다.

c. 관리에는 상당한 시간과 자원이 필요하다.

d. 고객이 온라인 상태인 경우에만 유용하다.

해설

디지털 마케팅 캠페인을 계획하고 관리하는 데 상당한 시간과 자원이 필요하다는 것이다. 소셜 미디어 사이트의 비즈니스 프로필 계정은 무료이지만 이를 잘 관리하려면 시간과 자원이 필요하다.

정답 : c

6 해당 국가에서 디지털 마케팅을 사용할 때 법률 및 규제 의무와 관련하여 고려 사항 3가지를 나열하시오.

정답 : (1) 자기 자신 또는 경쟁사업자 및 경쟁사업자의 상품 또는 용역에 대해 사실과 다르게 표시 · 광고하거나 사실을 지나치게 부풀려 표시 · 광고하는 행위

(2) 사실을 은폐하거나 축소하는 등의 방법으로 표시 또는 광고하는 행위, 비교 대상 및 기준을 명시하지 아니하거나 객관적인 근거 없이 자기 또는 자기의 상품 · 용역을 다른 사업자 또는 다른 사업자의 상품 등과 비교하여 우량 또는 유리하게 표시 · 광고하는 행위

(3) 다른 사업자의 상품 등에 관하여 객관적인 근거가 없는 내용으로 표시 · 광고하여 비방하거나 불리한 사실만을 표시 · 광고하여 비방 하는 행위를 하는 경우 "부당표시 광고 행위"에 해당함

M·E·M·O

Chapter

2

디지털 마케팅 전략 수립 및 설계

이 단원을 마치면 다음을 수행할 수 있다.

- 디지털 마케팅 전략의 주요 요소를 이해한다.
- 기업의 정체성과 디자인에 따라 일관된 온라인 정보 제공의 필요성을 인식한다.
- 트래픽을 유도하고 참여를 향상하는 데 사용되는 콘텐츠 유형을 파악한다.
- 기업의 디지털 마케팅 계정을 사용하는 직원에 대한 정책 및 접근 제어의 중요성을 이해한다.

International
Computer
Driving
Licence

Section 01 디지털 마케팅 전략

활동을 시작하기 전에 포괄적인 디지털 마케팅 전략을 수립하는 것은 인물적 자원을 최대한 활용하고 시간과 예산에 따라 비즈니스 목표를 달성하는 데 중요하다. 시도할 수 있는 잠재적인 채널 및 활동이 너무 많기 때문에 흩어져 있는 정보를 수집하고 다양한 접근방식으로 시도하면 디지털 마케팅 캠페인을 만들기 쉽다.

[그림 2-1] 디지털 마케팅 전략

1) 디지털 마케팅 전략 수립 시 고려 사항

디지털 마케팅 전략을 수립할 때는 체계적인 접근 방법을 사용하고 다음 사항을 고려해야 한다.

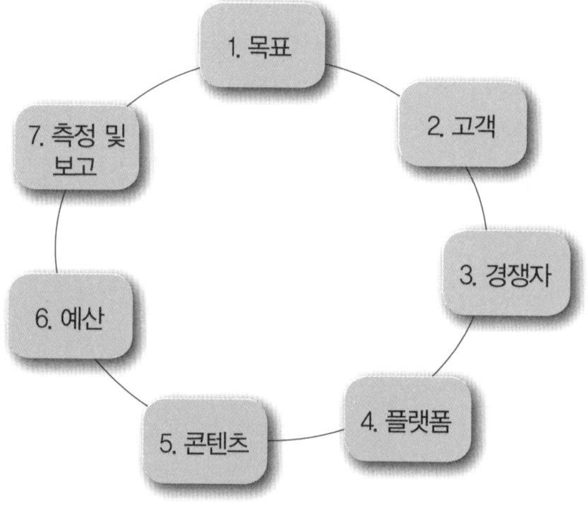

[그림 2-2] 디지털 마케팅 전략 고려 사항들

2) 목표

디지털 마케팅 전략의 목표가 비즈니스 목표 및 전반적인 마케팅 전략과 일치 하는지 확인한다. 목표는 구체적이고 측정 가능해야 한다. 예를 들어, 단순한 '온라인 판매 증가' 보다는 수익이 높고 비용이 저렴한 제품 라인의 온라인 판매를 늘리는 것이 좋다. 판매를 늘리는 가장 효과적인 방법은 고객의 재방문 비율을 높이는 것이다. 일반적으로 신규고객을 유치하기 위한 마케팅 비용은 기존 고객의 재방문 비용보다 비싸다. 비즈니스 목표를 달성하기 위한 기간을 설정하고 성공적인 온라인 상태를 유지하는 데는 많은 시간이 소요된다.

[그림 2-3] 전략 목표와 일치

3) 고객

목표 시장을 명확히 정의해야 한다. 목표 고객은 제품이나 메시지에 관심이 있을 것으로 생각되는 사람들의 그룹이다. 여러분의 비지니스 또는 제품을 통해 고객의 니즈를 충족시킬 수 있다. 목표 고객 정보에는 가치, 필요, 위치, 관심사, 지출 습관 및 그들이 사용하는 장치가 포함될 수 있다. 또한, 연령, 성별, 교육 수준 및 결혼 상태와 같은 인구 통계 정보를 포함할 수 있다. 여러 소규모 잠재고객 그룹을 정한 후 그룹별 참여비용을 비교하는 것은 디지털 마케팅의 일반적인 기법이다.

4) 경쟁자

경쟁 업체의 디지털 마케팅 활동을 분석하고, 그 정보를 활용하여 자신의 전략을 알리는 것이 도움이 될 수 있다. 자사가 게시한 콘텐츠를 보고 잠재고객이 무엇에 관여하고 무엇이 마음에 들지 않는지 확인한다. 그러면 같은 실수를 피할 수 있다. 검색엔진최적화(SEO : Search Engine Optimization)가 전략에 중요한 경우 경쟁 업체의 온라인 활동을 자세히 검토하여 사용하려는 SEO 기술을 결정해야 한다. 경쟁 기업을 추적하고 감시하는 데 도움이 되는 다양한 온라인 도구들이 있다.

5) 플랫폼

캠페인과 목표 고객에게 적합한 온라인 플랫폼을 선택하는 것이 중요하다. 온라인 광고를 계획하는 경우, 고객이 온라인으로 접근이 가능한지를 고려해야 한다. 소셜 미디어에서 더 많은 고객을 유치하려면, 대상 고객이 가장 많이 소비하는 소셜 미디어 플랫폼을 사용한다. 다양한 플랫폼을 조사하여 브랜드에 가장 적합한 플랫폼을 결정해야 한다. 일부 플랫폼은 이러한 목적으로 플랫폼에 대한 인구 통계학적 사용자 정보를 제공한다. 예를 들어, 스냅챗(Snapchat)의 광고 페이지에는 미국의 18~34세 중 41%가 매일 스냅챗(Snapchat) 소셜 미디어 앱을 사용하고 있다는 연구 결과가 나와 있다.

규제 기관 및 연구 기관은 관련 사용자 통계도 제공한다. 예를 들어 퓨 리서치 센터(Pew Research Center)는 미국의 인스타그램 평균 사용자가 18세에서 29세 사이의 여성으로 도시 지역에 거주하고 있는 것으로 나타났다.

오프콤(Ofcom)은 55세 이상의 영국 성인이 페이스북에서 프로필을 가질 확률이 65%로 남성보다 여성에서 더 높다고 응답했다. Global Web Index, IAB 리서치(Research), 오프콤(Ofcom) 및 퓨 리서치 센터(Pew Research Center)와 같은 온라인 자원을 통해 해당 지역의 최신 잠재고객 숫자를 확인한다. 또한, 자기 회사가 디지털 마케팅에 얼마나 많은 시간을 할애할 수 있는지 파악하고 그에 따라 플랫폼과 도구의 수를 선택한다. 일반적으로 많은 플랫폼에서 시간과 자원들을 분배하기보다는 대상 고객에게 인기 있는 하나 또는 두 개의 플랫폼에서 우수한 입지를 구축하는 데 더 많은 시간을 투자하는 것이 좋다.

6) 콘텐츠

인포그래픽(infographic), 사진, 애니메이션, 보고서, 블로그 게시물 및 동영상과 같은 매력적인 콘텐츠는 소셜 미디어 고객과 만남, 방문자를 사이트로 끌어들이고 브랜드 인지도를 높이는데 효과적일 수 있다. 그러나 양질의 콘텐츠를 만드는 데는 많은 시간이 필요하다. 전략에는 콘텐츠 일정표, 즉 생성하려는 콘텐츠 유형에 대한 계획, 제작소요 시간, 제작자 및 게시 기간에 대한 계획이 포함되어야 한다. 무료 달력 서식을 Hubspot 또는 Content Marketing Institute와 같은 온라인 사이트에서 구할 수 있다.

7) 예산

전략의 또 다른 중요한 부분은 사용 가능한 전체 예산과 이를 여러 활동에 할당하는 방법을 결정하는 것이다. 디지털 마케팅을 관리할 수 있는 자원과 기술이 사내에 있는지 또는 외부에서 추가 도움이 필요한지 고려한다. 또한, 캠페인의 여러 측면을 반영하여 주어진 기간 내에 가장 효과적인 예산 지출 방법을 고려해야 한다.

8) 측정 및 보고

측정은 마케팅 전략에서 필수적인 요소이다. KPI(핵심 성과 지표)라고도 하는 기업이 설정한 목표를 캠페인이 달성했는지를 판단하려면 이러한 목표를 측정하는 방법과 필요한 보고 도구를 결정해야 한다. 마케팅 캠페인이 시작되기 전에 실적을 추적하고 측정하도록 보고서를 설정해야 하므로 필요에 따라 디지털 마케팅 효과를 측정하고 조정할 수 있다.

Section 02 설계 고려 사항

디지털 마케팅 전략을 적용한 다음 고려해야 할 점은 브랜드가 디지털 세상에서 어떻게 표현되고 있는지 파악하는 것이다. 로고, 색상, 이미지, 메시지, 음성 및 시각적 스타일과 같이 온라인에서 사용되는 모든 디자인 요소는 회사의 정체성과 디자인에 적절하게 맞춰져야 한다. 이것은 기업의 오프라인 정체성(identity)과 일치해야 하며 모든 온라인 채널에서 일관되게 유지되어야 한다.

이미 오프라인에서 브랜드를 알고 있는 고객은 온라인에서도 브랜드를 쉽게 인식할 수 있어야 한다. 디자인과 색조(tone)가 일관되면 브랜드를 더 신뢰할 수 있다.

Section 03 콘텐츠 마케팅

콘텐츠 마케팅은 고객으로 끌어들이고 고객을 반복적인 구매자로 전환하기 위해 관련성 높고 가치 있는 콘텐츠를 작성하고 무료로 공유하는 것을 포함한다. 1904년 젤오(Jell-O)를 생산한 식품 회사가 젤오(Jell-O) 요리법으로 가득 찬 무료 요리책을 배포한 것이 100년 넘게 마케팅 방법으로 사용되었다.

1) 온라인 콘텐츠 마케팅

콘텐츠는 디지털 마케팅에도 매우 효과적이며 다양한 형태가 존재하며 트래픽과 참여를 유도하는 데 사용할 수 있다.

[그림 2-4] 온라인 콘텐츠 마케팅

2) 인포그래픽(Infographics)

인포그래픽은 정보 및 통계를 그래픽 형식으로 표현한 것이다. 시각적으로 매력적인 정보전달 방법이다.

인포그래픽 기술을 사용하면 쉽게 흥미를 유발할 수 있으며, 정보습득 시간을 절감하면서도 기억을 지속적으로 유지하는 데 도움을 줄 수 있어 최근 소셜미디어 콘텐츠로 많이 사용되고 있다.

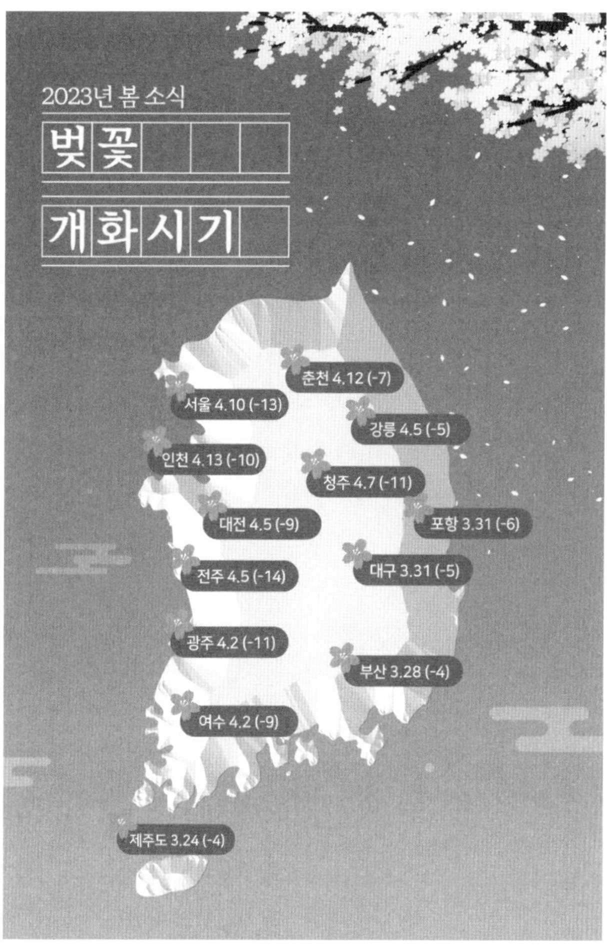

[그림 2-5] 인포그래픽

3) 밈(Meme)

밈은 한 사람이나 집단에게 다른 지성으로 생각 혹은 믿음이 전달될 때 전달되는 모방 가능한 사회적 단위를 총칭한다. 밈은 1976년, 리처드 도킨스의 〈이기적 유전자〉에서 문화의 진화를 설명할 때 처음 등장한 용어이다. 밈을 주장하는 사람들은 밈과 유전자의 연관성을 들어 밈이 생명의 진화 과정에 작용하는 자기복제자의 한 종류라고 말한다.

밈은 유명인이나 동물의 사진에 문자를 합성하여 우스개로 표현한 전형적인 인터넷 유머이다.

4) 동영상

동영상으로 제공되는 정보는 재미있고 유머러스하며 유익한 정보일 수 있다. 재미있는 동영상부터 강의에 이르기까지 다양하다. 예를 들어, 메이크업 브랜드는 60년대 스타일의 눈 화장을 위해 새로운 아이 라이너를 사용하는 방법을 보여주는 동영상 콘텐츠를 만들 수 있다.

5) 안내서

특정 제품 또는 서비스에 대한 정보(예 : "옷의 잔디 얼룩을 없애기 위해 세탁 세제를 사용하는 방법")를 포함한다. 또한, "일주일 안에 피아노를 배우는 법"과 같은 자습서도 포함된다.

6) 제품 리뷰

제품 리뷰는 상용 웹사이트의 고객 또는 뉴스 웹사이트나 블로그의 전문가 의견이 포함된다. 예를 들어 '최신 태블릿 검토내용' 또는 레스토랑이나 호텔에 대한 고객 리뷰를 포함할 수 있다. 최근 국내외 유명 인플루언서들이 가장 많이 생산하는 콘텐츠형태이기도 하다.

7) 고객의 추천

추천이란 브랜드, 제품 또는 서비스에 대한 실제 고객 또는 유명인들의 의견 등을 말한다. 예를 들어, "나는 다른 차를 선택하여 자동차 보험료 200유로를 절약했어 데이빗."

8) 목록

목록은 순위표와 이미지로 표현된 신속하게 읽을 수 있는 간단한 인터넷 기사이다(예 : "결혼식 모임 실수 20개" 또는 "죽기 전에 가야 하는 10대 국립공원").

9) 백서(White Paper)

백서는 주제를 설명하거나 브랜드 업계와 관련된 사례 연구를 발표하는 정보 보고서이다. 이들은 주장이나 의견을 표현하는 사설 형식이며 판매 안내서가 아니다. 그들은 특정 솔루션, 제품 또는 서비스를 홍보하는 것을 목표로 한다.

Section 04 정책 및 접근 통제

기업은 비즈니스를 온라인으로 수행할 때 회사 이미지와 평판을 보호하는 방법을 고려해야 한다. 디지털 마케팅 계정의 오용은 회사의 명성에 부정적인 영향을 줄 수 있다. 또는, 불만을 가진 직원이 영업 비밀을 밝히거나 불쾌한 말을 할 때 회사 계정을 사용할 수 있다. 예를 들면, 직원이 실수로 자신의 개인 계정에 로그인한 것으로 생각하고 무례한 회신이나 불쾌감을 주는 그림을 게시할 수 있다.

기업은 평판을 보호하기 위해 기업을 대표하는 소셜 네트워크 계정, 회사 웹사이트 계정을 사용하는 직원들에 대해 적절한 정책과 접근통제 규정을 만들어야 한다. 또한, 조직은 회사의 온라인 계정을 사용하는 직원에 대한 정책 및 행동 규범을 정의해야 한다. 여기에는 사용할 수 있는 언어, 색조 및 이미지의 유형과 금지된 내용을 설명해야 한다. 그리고 실수를 한 경우 해야 할 절차들을 준비해야 한다.

회사를 대신하여 게시하거나 의견을 제시하는 것은 책임감 있는 소수의 신뢰받는 사람으로 제한되어야 한다. 그리고 접근 수준은 직무와 책임에 따라 결정되어야 한다. 예를 들어, 소셜 네트워크의 비즈니스 계정은 서로 다른 수준의 사용 권한을 가질 수 있으며 신뢰할 수 있는 직원에게만 변경 권한이 부여되어야 한다.

소셜미디어 이용지침과 페이스북 페이지 사용자 권한의 예를 들면 다음과 같다.

소셜 미디어 이용지침

제 1 조 (목적)

본 지침은 회사 임직원에게 소셜 미디어 사용에 관한 기본지침을 제공함으로써, 건전한 소셜 미디어 사용을 권장하고, 소셜 미디어의 오사용으로 인한 회사 이미지 실추를 사전에 예방함을 그 목적으로 한다.

제 2 조 (중요정보 보호)

1. 고객정보 및 회사 기밀 사항에 관련된 모든 정보는 소셜 미디어상에서 발설, 게시, 공개 및 발표하지 않는다.
2. 회사에 해를 끼칠 수 있는 정보, 허위 사실 및 부정확한 정보에 관련된 온라인 대화 또는 토론장에 참여하지 않는다.
3. 온라인 정보의 특이성(빠른 확산, 불특정 다수에게 공유, 삭제된 정보의 복원가능성)을 명심하며, 회사의 업무내용과 관련된 어떤 정보도 온라인상에 배포하지 않는다.

제 3 조 (제 3자의 지적재산권 존중)

소셜 미디어 이용 시 제3자의 저작권, 상표권, 초상권 및 기타 지적재산권을 침해하지 않는다.

제 4 조 (회사 CI 가이드 준수)

소셜 미디어상에서 회사의 공식 로고, 브랜드 관련 이미지 등을 포함한 CI를 부적절하게 개인적으로 사용하지 않는다. 업무용으로 사용 시에도 회사 공식 CI 가이드라인을 위반하지 않는다.

제 5 조 (회사의 대표성 인식)

1. 회사의 주요 사업과 관련된 주제에 대해 개인 의견을 게시할 시에는, 개인적인 입장임을 명확하게 명시해야 한다.
2. 회사에 대한 부정 또는 비방 게시글에 대해 개인 계정을 통해 회사를 대변하는 개인적인 대응을 하지 않는다. 이와 같은 게시글을 발견할 경우, 경영관리팀 또는 관련 부서에 즉시 보고해야 한다.

제 6 조 (윤리규범 적용)

회사 임직원들은 회사 윤리규범이 모든 온라인 채널 및 소셜 미디어 이용 시에도 동일하게 적용됨을 인지하고, 건전한 소셜 미디어 사용을 할 수 있도록 적극 노력한다.

• 출처 : https://www.hankook-atlasbx.com/ko/about-us/ethical-management.do

페이지를 관리하는 역할에는 6가지가 있다. 페이지를 만드는 사람은 자동으로 페이지 관리자가 되며, 단독 관리자로서 페이지의 모양을 변경하고 페이지 이름으로 게시물을 올릴 수 있다. 관리자만 역할을 할당하고 다른 사람의 역할을 변경할 수 있다.

여러 사람이 페이지 관리자 역할을 맡을 수 있지만, 모든 사람은 자신의 페이스북 개인용 계정이 있어야 한다.

아래 표에서 6가지 페이지 역할(가로)과 권한(세로)에 대해 살펴볼 수 있다.

[표 2-1] 페이스북 페이지 사용자 권한 예(출처 : https://www.facebook.com)

구분	관리자	편집자	댓글 관리자	광고주	분석자	커뮤니티 관리자
페이지 역할 및 설정 관리	✓					
페이지 수정 및 앱 추가	✓	✓				
페이지 이름으로 게시물 작성 및 삭제	✓	✓				
페이지 이름으로 메시지 보내기	✓	✓	✓			

구분	관리자	편집자	댓글 관리자	광고주	분석자	커뮤니티 관리자
페이지 댓글과 게시물에 대한 응답 및 삭제	✓	✓	✓			
페이지에서 사용자 삭제 또는 차단	✓	✓	✓			
광고 만들기, 홍보 또는 홍보 게시물	✓	✓	✓	✓		
수익 인사이트 보기	✓	✓	✓	✓		
기타 인사이트 보기	✓	✓	✓	✓	✓	
페이지 품질 탭 보기	✓	✓	✓	✓	✓	
페이지 이름으로 게시한 사람 확인	✓	✓	✓	✓	✓	
채용 정보 게시 및 관리	✓	✓				
게시물에 채용 정보 기능 설정	✓	✓				
라이브 채팅 관리	✓	✓	✓			✓

1 디지털 마케팅 전략을 정의할 때 고려해야 할 7가지 사항을 나열하시오.

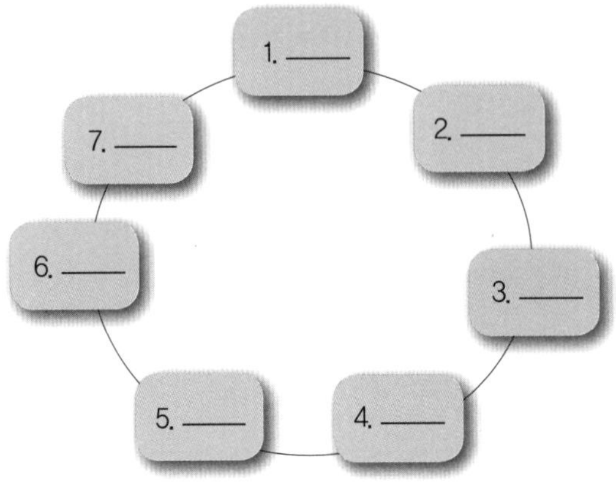

해설

디지털 마케팅 전략을 수립할 때는 체계적인 접근 방법을 사용하고 다음 사항인 목표, 고객, 경쟁자, 플랫폼, 콘텐츠, 예산, 측정 및 보고를 고려해야 한다.

정답 : 1. 목표, 2. 고객, 3. 경쟁자, 4. 플랫폼, 5. 콘텐츠, 6. 예산, 7. 측정 및 보고

2 다음 중 온라인 기업의 정체성 및 디자인과 관련하여 옳은 것을 2개 고르시오.

a. 로고, 색상 및 이미지는 각각의 온라인 플랫폼에서 독특해야 한다.

b. 온라인과 오프라인 기업의 정체성은 일관성을 유지해야 한다.

c. 콘텐츠는 콘텐츠를 게시하는 사람의 개성을 반영해야 한다.

d. 기업의 정체성은 모든 온라인 채널에서 일관되어야 한다.

해설

디지털 마케팅 전략을 적용한 다음 고려해야 할 점은 브랜드가 디지털 세상에서 어떻게 표현되고 있는지 파악하는 것이다. 로고, 색상, 이미지, 메시지, 음성 및 시각적 스타일과 같이 온라인에서 사용되는 모든 디자인 요소는 회사의 정체성과 디자인에 적절하게 맞춰져야 한다. 이것은 기업의 오프라인 정체성(identity)과 일치해야 하며 모든 온라인 채널에서 일관되게 유지되어야 한다.

정답 : b, d

3 트래픽 및 참여를 온라인에서 늘리는데 사용할 수 있는 네 가지 유형의 콘텐츠를 나열하시오.

정답 : 온라인 콘텐츠 마케팅, 인포그래픽, 밈, 동영상

4 다음 중 회사의 온라인 평판을 보호하는 직원들의 적절한 행동 3가지를 고르시오.

a. 온라인 비즈니스 계정을 사용하는 직원의 접근 수준을 설정한다.

b. 모든 직원이 회사의 소셜 미디어 계정을 수정할 수 있도록 허용한다.

c. 온라인 비즈니스 계정에 적합한 정책을 작성한다.

d. 제한된 수의 사람들만 온라인 비즈니스 계정을 사용할 수 있게 한다.

해설

기업은 평판을 보호하기 위해 기업을 대표하는 소셜 네트워크 계정, 회사 웹사이트 계정을 사용하는 직원들에 대해 적절한 정책과 접근통제 규정을 만들어야 한다. 또한, 조직은 회사의 온라인 계정을 사용하는 직원에 대한 정책 및 행동 규범을 정의해야 한다. 여기에는 사용할 수 있는 언어, 색조 및 이미지의 유형과 금지된 내용을 설명해야 한다. 그리고 실수를 한 경우 해야 할 절차들을 준비해야 한다.

회사를 대신하여 게시하거나 의견을 제시하는 것은 책임감 있는 소수의 신뢰받는 사람으로 제한되어야 한다. 그리고 접근 수준은 직무와 책임에 따라 결정되어야 한다. 예를 들어, 소셜 네트워크의 비즈니스 계정은 서로 다른 수준의 사용 권한을 가질 수 있으며 신뢰할 수 있는 직원에게만 변경 권한이 부여되어야 한다.

정답 : a, c, d

Chapter

3

웹 기반 정보 제공

이 단원을 마치면 다음을 수행할 수 있다.

- 웹 기반 정보 제공 솔루션을 이해한다.
- 웹 사이트를 생성하는 일반적인 절차를 이해한다.
- 콘텐츠 관리 시스템(CMS)을 이해한다.

International
Computer
Driving
Licence

Section 01 웹 기반 정보 제공 솔루션

웹 기반 정보제공(Web Presence)은 웹이라는 가상 공간에서 사람, 비즈니스 그리고 그룹 및 단체가 대표되는 장소라고 할 수 있다. 개인 웹 기반 정보제공으로는 블로그나 소셜미디어를 활용하는 방법이 대표적이며, 그렇기 때문에 기업에서도 웹사이트, 모바일사이트, 소셜미디어를 통해 웹 기반 정보제공을 구축하고 있다. 그리고 모든 웹 기반 정보제공은 하나의 존재 지점과 다른 지점을 구별하기 위해서 고유한 웹 주소와 연관이 된다.

웹 기반 정보 제공을 위한 다양한 방법이 있으며 선택하는 솔루션은 전략과 목표에 따라 달라진다.

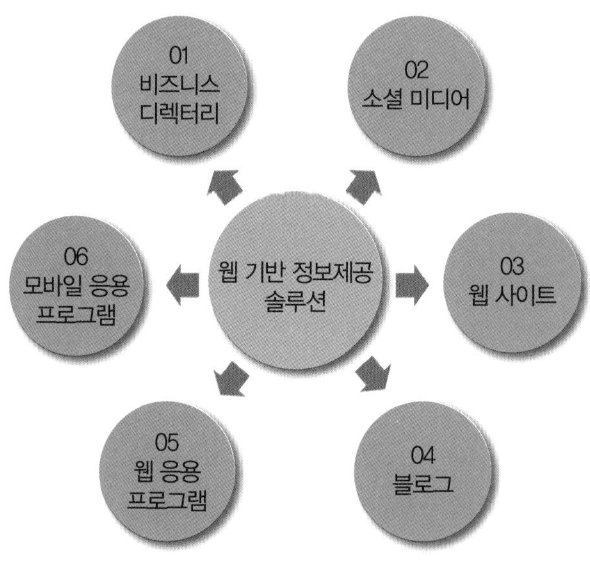

[그림 3-1] 웹 정보 제공 솔루션

1) 비즈니스 디렉터리

비즈니스 디렉터리에 비즈니스의 범주 또는 지역별로 그룹화된 간단한 웹사이트 관리를 설정할 수 있다. 이는 전체 웹사이트가 필요하지 않은 서비스 제공 업체 또는 단독 상인이나 "모스크바의 인도 레스토랑"과 같이 지역별로 카테고리를 검색하려는 사람들이 찾고자 하는 지역 비즈니스에 적합할 수 있다.

2) 소셜 미디어

소셜 미디어는 다양한 유형의 콘텐츠를 만들고 공유하기 위해 사람들이 온라인 커뮤니티에 연결하는 온라인 플랫폼이다. 비즈니스가 적어도 하나의 소셜 미디어에서 활동할 수 있도록 하는 것은 디지털 마케팅 전략의 필수적인 부분이다.

예를 들어, 젊은 여성을 위한 패션브랜드는 여러 온라인 플랫폼 중에서 신상품을 효과적으로 홍보할 수 있는 인스타그램(Instagram)에 제품사진을 공유하고, 고객 서비스는 트위터(Twitter)를 이용하여 고객과 소통할 수 있다.

[그림 3-2] 소셜 미디어

3) 웹사이트

가장 많이 보급되는 온라인 사이트는 웹사이트이다. 웹사이트는 최소한 브랜드 또는 비즈니스를 하는 제품이나 서비스, 영업시간 및 연락처 정보를 설명하는 내용을 제공해야 한다.

일부 기업은 웹사이트에 전자상거래 기능이 포함되어 있어 고객이 신용카드 또는 페이팔(PayPal)과 같은 온라인 지급 시스템을 사용하여 온라인 상점에서 구매할 수 있다.

일부 브랜드는 모바일 사용자를 위해 별도의 웹사이트를 운영하여 모바일 및 데스크톱 방문자 모두에게 웹사이트 콘텐츠가 최적화되도록 하고 있다.

다른 방안은 일부 웹사이트가 '반응형'으로 개발된다는 것이다. 즉, 자동으로 콘텐츠 배치를 사용 가능한 화면 크기로 조정 하므로 모든 사이트에서 같은 사이트를 탐색할 수 있다. 모바일용으로 최적화되지 않은 웹사이트는 디지털 마케팅에 도움이 되지 않을 수 있다.

4) 블로그

블로그는 게시물로 알려진 내용으로 정기적으로 업데이트되는 일종의 온라인 저널이다. 블로그의 콘텐츠 및 뉴스를 업데이트하는 것이 웹사이트의 다른 항목보다 훨씬 쉽기 때문에 기업은 종종 전체 웹사이트 일부로 블로그를 포함하고 있다. 검색 엔진이 정기적으로 업데이트되는 웹사이트의 우선순위를 정하기 때문에 블로깅은 SEO의 핵심 기술이기도 하다. 블로그 게시물에는 인포그래픽(infographics), 사례 연구, 사용법 안내, 동영상 및 기사와 같은 콘텐츠가 포함될 수 있다. 예를 들어 마케팅 대행사의 웹사이트에는 업계 최신 정보, 채용 정보 및 최신 고객 사례에 대한 의견을 제시하는 매우 활발한 블로그가 있을 수 있다. 회사 블로그에는 여러 명의 직원 및 초대 블로거가 참여하므로 저자가 많이 있다.

5) 웹 응용 프로그램

웹 응용 프로그램은 원격 서버에 저장되지만, 인터넷의 웹 브라우저를 통해 접근할 수 있는 응용 프로그램이다. 기업은 종종 고객에게 서비스를 제공하기 위해 온라인상에서 이를 포함한다. 일반적인 예로는 온라인 경매, 온라인 뱅킹, 웹 메일 및 워드 프로세서 및 온라인 스프레드시트와 같은 웹 기반 사무용 소프트웨어가 있다.

6) 모바일 응용 프로그램

기업의 브랜드 강화를 위해 모바일 장치 내에 설치되고 실행되도록 설계된 응용 프로그램인 모바일 앱을 사용할 수 있다. 모바일 뱅킹 앱, 소셜 미디어 앱, 소매점의 모바일 앱 등을 예로 들 수 있다.

Section 02 웹사이트의 생성

가장 일반적인 웹 기반 정보제공 솔루션 중 하나는 웹사이트이다. 웹사이트를 만들 때 수행해야 할 몇 가지 단계가 있다.

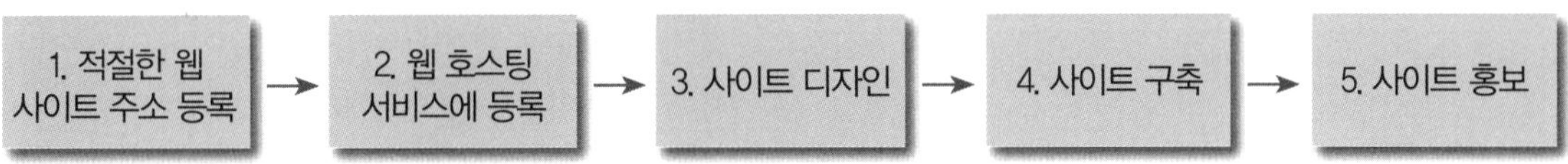

[그림 3-3] 웹사이트 생성 프로세스

1) 웹사이트 주소 등록

먼저 사이트가 사용하게 될 도메인 이름 또는 웹 페이지 주소(URL이라고도 함)를 선택한다. 도메인은 고유하고 비즈니스 이름에 적합해야 하며 쉽게 기억할 수 있어야 한다(예 : www.myuniquebusinessname.com). 이는 기업 브랜드 정체성 일부가 될 것이고 온라인 검색에서 중요한 요소가 될 것이다. .com, .net 및 .org와 같은 접미사도 최상위 도메인(TLD : Top-Leveled Domain)을 선택해야 한다. 비즈니스 지역이 한국에 거주하는 경우 .kr, 미국에 거주하는 경우 .us 또는 일본에 거주 중인 경우 .jp와 같은 국가 수준의 TLD를 받는 것이 가장 좋다. 선택한 도메인 이름을 사용할 수 있는지 확인한 다음 웹사이트 호스팅 서비스 또는 도메인 등록 기관에 등록한다.

2) 웹 호스팅 서비스에 등록

웹 서버에서 웹사이트를 호스팅할 웹사이트 호스팅 서비스에 등록해야 한다. 이 서버는 웹사이트를 구성하는 모든 파일과 폴더가 있는 곳이다. 종종 호스팅 제공 업체는 웹 주소를 등록하는 서비스 업체와 같을 수도 있다.

[그림 3-4] 웹 호스팅 서비스 등록

3) 사이트 디자인

다음으로 웹사이트의 목적을 고려하여 사이트의 디자인 요소를 검토해야 한다. 예를 들어, 간단한 블로그 또는 더욱 복잡한 전자상거래 사이트에 잠재고객 등을 고려하여 웹사이트 목적과 디자인을 결정해야 한다.

사용자가 탐색하는 방법에 따라 서로 다른 페이지와 항목의 계층 구조를 고려한 웹사이트 구조를 설계해야 한다. 또한, 디자인에는 사이트의 모양과 느낌, 그리고 내용이 대상 고객에게 호감을 살 수 있는 방법으로 제작되어야 한다. 또한, 유용성을 고려해야 한다. 사이트는 모든 장치에서 쉽게 사용할 수 있지만, 특히 대상 고객이 가장 자주 사용하는 장치에서 이용할 수 있어야 한다.

4) 사이트 구축

디자인 단계가 끝나면, 웹사이트를 개발해야 한다. 웹 페이지와 콘텐츠를 직접 개발하거나 웹 개발자를 고용할 수 있다. 텍스트, 이미지 및 동영상과 같은 웹 페이지 및 콘텐츠를 제작해야 한다. 가동하기 전에 사이트를 여러 브라우저와 장치에서 테스트해야 하며 모든 내부 링크를 확인해야 한다.

[그림 3-5] 웹사이트 생성

5) 사이트 홍보

사이트가 생기면 on/offline의 다양한 홍보 활동으로 방문객을 유치할 수 있다.

[그림 3-6] 사이트 홍보

Section 03 콘텐츠 관리 시스템

콘텐츠 관리 시스템(CMS : Contents Management System)은 웹사이트를 개발하고 유지 관리하기 위한 제작 및 관리 도구이다. CMS는 웹 콘텐츠를 만들고 수정 할 수 있는 간단한 사용자 인터페이스를 제공하므로 사용자는 프로그래밍 기술이 없는 경우에도 사이트의 변경 사항을 게시하고 관리할 수 있다.

일부 CMS는 사용하기가 매우 쉽고, 웹사이트를 만들 때는 배열 서식, 색상 테마를 선택한 다음 자신만의 콘텐츠를 추가할 수 있다. 윅스(WIX)와 워드프레스닷컴(WordPress.com)이 그 예이다. 일부 CMS는 오픈 소스 이므로 자유롭게 사용할 수 있는데 워드프레스(WordPress)와 마젠토(Magento)가 있다. 또한, 드루팔(Drupal)과 줌라(Joomla)의 경우도 여기에 포함된다. 요금을 부과하지만, 더 나은 보안 및 기술 지원을 제공하는 폐쇄형 CMS 공급자가 있는데 쇼피파이(Shopify)는 폐쇄형 전자상거래 CMS의 널리 알려진 사례이다.

[그림 3-7] 콘텐츠 관리 시스템의 사례

연습 문제

1 여섯 가지 일반적인 웹 기반 정보제공 솔루션을 나열하시오.

정답 : 1. 비즈니스 디렉터리, 2. 소셜미디어, 3. 웹사이트, 4. 블로그, 5. 웹 응용프로그램, 6. 모바일 응용프로그램

2 웹사이트를 만드는 단계를 설명한 글이다. 빈 곳에 맞는 말을 채우시오

해설

가장 일반적인 웹 기반 솔루션 중 하나는 웹사이트이다. 웹사이트를 만들 때 수행해야 할 몇 가지 단계가 있다. 우선 적절한 웹사이트 주소등록, 웹호스팅 서비스에 등록, 사이트 디자인, 사이트 홍보를 수행한다.

정답 : 1. 적절한 웹사이트 주소등록, 2. 웹호스팅 서비스에 등록, 3. 사이트 디자인, 5. 사이트 홍보

3 다음 중 웹사이트를 구축할 때 사용할 수 있는 것이 무엇인지 고르시오.

a. AUP

b. SEO

c. CMS

d. SEM

해설

콘텐츠 관리 시스템(CMS : Contents Management System)은 웹사이트를 개발하고 유지 관리하기 위한 제작 및 관리도구이다. CMS는 웹 콘텐츠를 만들고 수정할 수 있는 간단한 사용자 인터페이스를 제공하므로 사용자는 프로그래밍 기술이 없는 경우에도 사이트의 변경 사항을 게시하고 관리할 수 있다.
일부 CMS는 사용하기가 매우 쉽고, 웹사이트를 만들 때는 배열 서식, 색상 테마를 선택한 다음 자신만의 콘텐츠를 추가할 수 있다.

정답 : c

Chapter

4

웹사이트 마케팅

이 단원을 마치면 다음을 수행할 수 있다.

- 웹사이트의 주요 부분을 이해한다.
- 일반적인 웹사이트 디자인 용어를 이해한다.
- 웹사이트 콘텐츠를 제작할 때 우수사례에 대해 알 수 있다.
- 웹사이트 홍보를 위한 다양한 방법을 알 수 있다.

International Computer Driving Licence

Section 01. 웹사이트 구조

Section 02. 웹사이트 디자인

Section 03. 웹사이트 콘텐츠

Section 04. 웹사이트 프로모션

연습문제

Section 01 웹사이트 구조

1 개념

기업 홈페이지란 '고객들이 회사를 들여다보는 창'으로 인터넷 세상에서의 사옥과 같은 존재이다. 따라서 기업들은 디지털 마케팅에서 기본이 되는 홈페이지 관리에 큰 노력을 기울이고 있다.

웹사이트는 기업의 정체성을 나타내주는 주요한 정보들을 제공한다. 따라서 다양한 소셜 미디어 마케팅 활동을 통해 궁극적으로 소비자들을 끌어들여야 할 최종 목적지가 바로 기업 홈페이지이다. 웹사이트 마케팅은 검색 엔진 마케팅과 밀접한 관련이 있다.

새로운 웹사이트의 디자인 단계에는 많은 계획과 고려가 필요하다. 방문자가 사이트에서 취할 행동을 고려해야 한다. 방문자는 블로그 게시물을 읽거나, 소식지를 구독하거나, 콘텐츠를 공유하거나, 제품이나 서비스를 구매할 수 있다. 이러한 작업을 고려하여 사이트 구조, 포함할 페이지, 정렬 방법 및 사이트 디자인을 결정한다. 웹사이트는 단 몇 페이지만으로 간단해질 수도 있으며, 수천 개의 제품 페이지가 있는 전자상거래 사이트를 보유할 수도 있다.

2 웹사이트의 기본 페이지

대부분의 웹사이트는 홈페이지가 기본 페이지이다. 정보는 일반적으로 상단의 홈페이지에서부터 분리되는 계층 구조로 구성된다. 계층 구조는 사이트의 탐색 및 URL 구조의 기초가 되므로 간단하고 직관적이어야 한다.

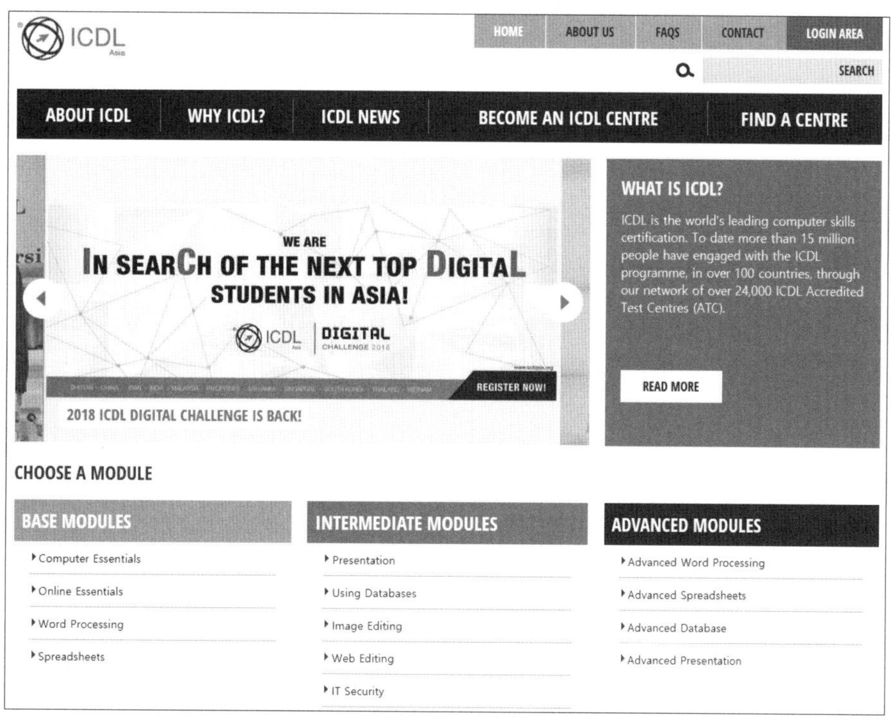

[그림 4-1] 홈페이지 사례 : ICDL Asia(http://www.icdlasia.org)

3 웹사이트의 주요 부분

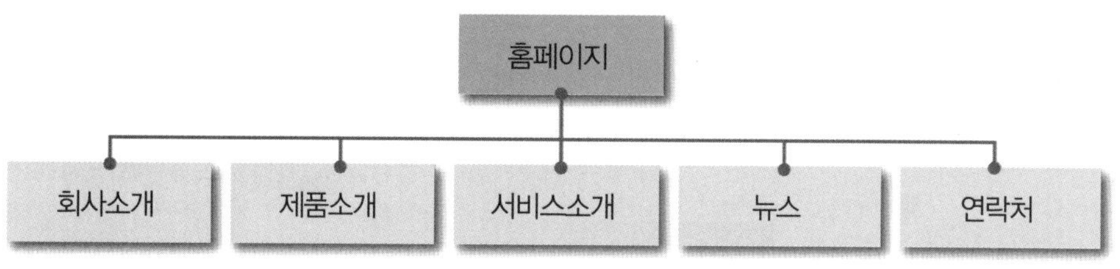

[그림 4-2] 웹사이트 카테고리 사례

- 웹사이트의 주요 부분이나 범주에 대한 링크를 포함하는 홈페이지는 일반적으로 눈에 잘 띄는 메뉴 모음에 있다. 2개에서 7개의 카테고리가 있어야 하며 각 카테고리는 고유하고 구별되어야 한다. 관련 하위 범주는 각 주요 범주에서 분리된다.
- "회사 정보"라고도 하는 회사 정보 페이지는 회사 및 창립자 연혁을 포함할 수 있다. 회사에서 자주 범하는 실수는 이 부분을 매우 중요한 부분으로 간주하고 많은 정보로 채우는 것이지만 사이트 방문자는 흔히 이를 보지 않는다.
- 제품 페이지는 전자상거래 사이트의 여러 하위 범주의 제품에 연결될 수 있으며, 같은 제품을 앱에서 제공할 수 있다.

• 서비스 페이지는 브랜드에 대해 고객에게 제공할 수 있는 서비스를 설명한다. 고객의 경험담, 고객이 이용하는 브랜드 및 서비스의 이점은 여기에서 제공한다.

• 뉴스 페이지에는 제품, 서비스 및 판매에 관한 회사 뉴스와 관련 보도 자료가 포함된다. 일반적으로 회사 웹사이트는 뉴스 부분과 블로그를 포함하고 있다.

• 연락처 페이지에는 우편 및 이메일 주소, 전화번호, 소셜 미디어, 회사 찾아오는 방법이 제공된다. 특히 모바일 방문자의 경우 영업시간이 여기에 포함되어야 한다. 때때로 이 항목에는 채용, 판매 또는 고객 서비스와 같은 특정 직원 또는 부서에 연락하는 정보가 있다.

• 회사 블로그는 마지막 부분이지만 정기적으로 업데이트되는 카테고리이다. 여기에는 고객 및 직원 모두에게 매력적인 콘텐츠가 포함된 여러 작성자의 게시물이 포함되어야 한다. 회사가 블로그를 진지하게 고려하면 종종 사이트의 가장 인기 있는 부분이 되어 홈페이지와 제품 페이지가 결합된 것보다 많은 트래픽이 발생한다.

• 웹사이트에 전자상거래 페이지가 있어 사용자가 웹사이트에서 쉽고 제품을 빠르게 구매할 수 있다. 보안이 유지되어야 하며 방문자가 안전해야 한다. 배달 주소 및 지급 세부 사항과 같이 기업이 제공하는 데이터가 안전하게 관리되고 있다는 확신을 제공해야 한다.

• 대부분 사이트에는 모든 페이지에서 접근할 수 있는 검색 기능이 포함되어 있어 방문자가 사이트에서 콘텐츠를 찾을 수 있는 방법이 있다.

• 일부 사이트에는 웹사이트의 모든 페이지를 나열하고 색인 또는 목차의 역할을 할 수 있는 사이트 지도가 있다.

[그림 4-3] 홈페이지 사례

TIP 사용자는 3번 클릭 이내에 방문자가 원하는 페이지에 도달해야 한다.

Section 02 웹사이트 디자인

1 개요

사이트 방문자의 전반적인 경험을 사용자 경험(UX: User eXperience)이라고 한다. 사용자 경험은 사용자가 어떤 시스템, 제품, 서비스를 직, 간접적으로 이용하면서 느끼고 생각하게 되는 총체적 경험을 말한다. 기능이나 절차상의 만족뿐 아니라 전반적인 지각 가능한 모든 면에서 사용자가 참여, 사용, 관찰하고 상호 교감을 통해서 알 수 있는 가치 있는 경험이다. 기업의 웹사이트는 방문객에게 최상의 경험을 제공해야 한다.

긍정적인 사용자 경험 제공은 산업 디자인, 소프트웨어 공학, 마케팅 및 경영학의 중요 과제이며 이는 고객의 요구사항 만족, 브랜드의 충성도 향상 등 관련 분야에서의 매우 중요한 요인이다.

부정적인 사용자 경험은 사용자가 원하는 목적에 도달하지 못하거나 목적에 도달하더라도 감정적, 이성적으로나 경제적으로 불편하여 부정적인 반응을 불러일으키는 경험을 하게 되는 경우 발생할 수 있다. 따라서 웹사이트에서 사용자 경험은 전체 고객 판매에 영향을 주는 부분이기 때문에 상점에서의 고객 경험만큼이나 중요하다.

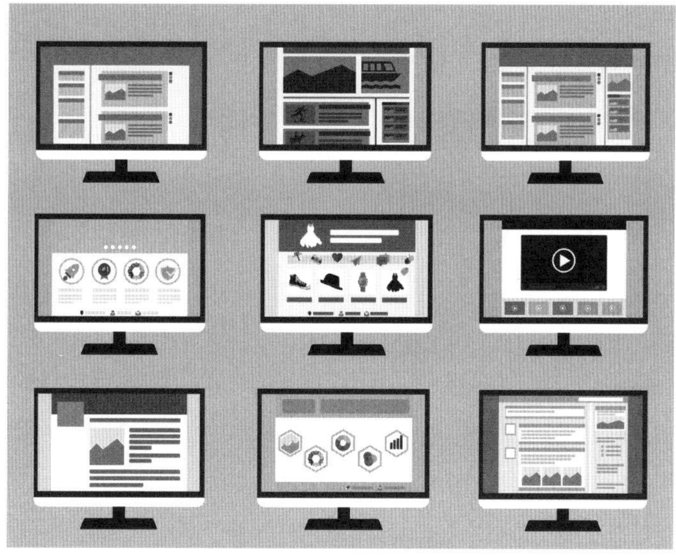

[그림 4-4] 웹사이트 디자인

2 긍정적인 사용자 환경

사용자 인터페이스는 사람들이 컴퓨터와 상호 작용하는 시스템으로 고객은 사용자 인터페이스(UI : User Interface)라고 하는 웹 페이지의 콘텐츠를 통해 사이트와 상호 작용한다.

UI의 디자인, 모양 및 느낌에 따라 사용자의 긍정적 또는 부정적 경험 여부가 결정된다. 긍정적인 사용자 경험을 위해 사이트 구조와 사용자 인터페이스는 사이트 탐색이 쉽고 정보를 쉽게 찾을 수 있으며 오류가 없고 대상 잠재고객의 요구를 충족시킬 수 있도록 설계되어야 한다. 사용자는 자신이 어느 페이지에 있는지에 관계없이 사이트를 계속 탐색할 수 있어야 한다.

사용자 인터페이스는 사람(사용자)과 사물 또는 시스템, 특히 기계, 컴퓨터 프로그램 사이에서 의사소통을 할 수 있도록 일시적 또는 영구적인 접근을 목적으로 만들어진 물리적, 가상적 매개체를 뜻한다.

[표 4-1] UI의 설계 방향

구분	내용
직관성(Intuitiveness)	컨트롤, 뷰 부분을 나누어 처음 사용할 시에도 사용방법을 쉽게 알 수 있다.
일관성(Consistency)	여러 부분에 걸쳐 일관적이라면 학습하기가 용이하다.
효율성(Effectiveness)	익숙해진 다음에 더 효율적으로 사용할 수 있다면 가장 좋다.

3 관련 사례들

다음은 보험회사의 홈페이지를 사례로 제공한다.

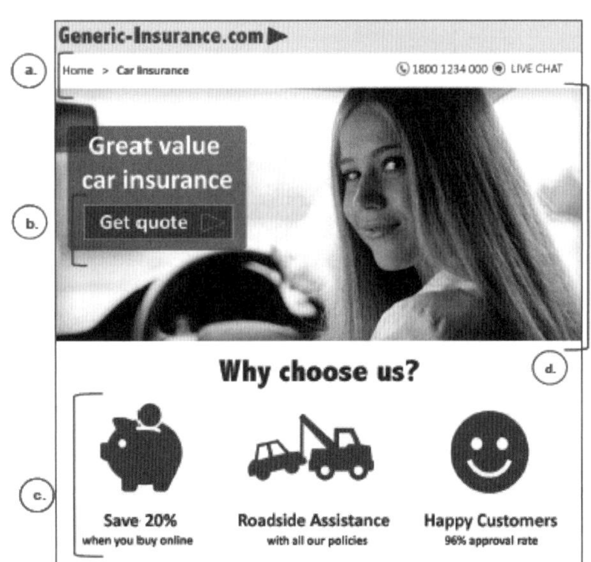

[그림 4-5] 긍정적인 UX 기반 반영된 UI

a. 페이지 상단부분(사이트 이동 경로라고 함)은 사용자에게 웹사이트의 어떤 부분이 있는지 알려주며 해당 홈페이지로 쉽게 이동할 방법을 제공한다.

b. 파란색 버튼과 빨간색 화살표로 시선을 '견적 받기(Get quote)'로 이끈다. 가능한 적은 양의 단어를 사용하며 사용자에게 충분히 다음 단계를 제시해야 한다.

c. 아이콘과 문장은 명확하고 이해하기 쉽게 상품에 대한 가치 제안을 한다.

d. 사진은 긍정적인 상황(자동차 운전석에 앉아 미소 짓는)의 여성을 특징으로 하고, 유저들과 눈을 마주치게 만든다.

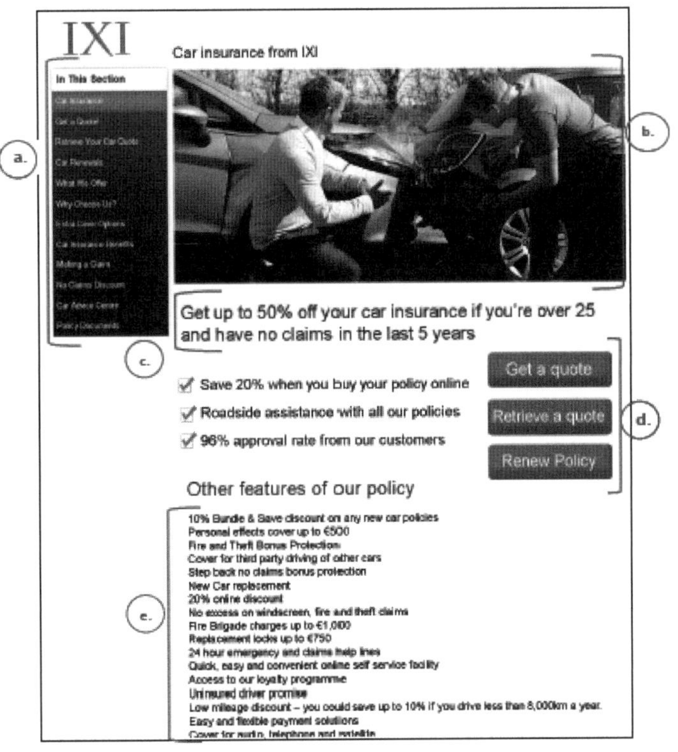

[그림 4-6] 혼란스러운 UX를 통해 잘못 반영된 UI 사례

a. 왼쪽 메뉴 모음은 사용자에게 혼란스러운 많은 양의 기능을 제공한다.

b. 사진은 나쁜 기억을 유발할 수 있는 자동차 사고를 보여준다.

c. 가치를 제안한 부분이 너무 길며 조항이 너무 많다.

d. 견적 받기(Get a quote) 버튼은 가장 중요한 '견적 가져오기(Retrieve a quote)' 버튼과 같은 색상이다. 이 경우에 사용자는 세 가지 모두를 읽은 다음 해당 버튼에 적용할 버튼을 결정해야 한다.

e. 사용자가 이해할 수 없는 단어 및 업계 용어가 너무 많다(예 : '클레임 방지 보너스 보호 취소' 및 '보험 적용 대상이 아닌 운전자와 계약').

4 사이트 디자인의 주요 용어

1) 반응형 디자인

사용자는 사용하는 장치 유형이나 화면 크기와 관계없이 일관된 경험을 가져야 한다.

좋은 반응형 사이트 디자인은 콘텐츠를 디스플레이 크기에 맞게 조정해준다.

2) 접근성

장애가 있는 사람이라도 웹사이트에 접근하여 볼 수 있고, 탐색할 수 있어야 한다. 이미지에는 화면 판독기를 사용하여 시력이 손상된 사람들을 위한 대체 텍스트('alt text')가 포함되고 청각 장애인을 위한 동영상이 포함된 자막 파일이 포함되어야 한다. W3C(World Wide Web Consortium)는 웹 사이트 디자인을 위한 접근성 및 모범 사례에 대해 지침을 제공한다.

3) 성능 최적화

웹 페이지는 사용자가 페이지나 동영상을 보기 위해 기다리지 않도록 빨리 다운로드 해야 한다. 사용자는 페이지를 거의 즉시 볼 것으로 기대한다. 그렇지 않은 경우 다른 사이트로 이동할 가능성이 높다. 이미지 및 동영상 파일 크기를 줄이고, 스타일 시트를 결합하고, 불필요한 스크립트 또는 쿠키를 제거하여 웹 페이지를 더 빨리 내려 받도록 최적화해야 한다.

4) 브라우저 호환성

웹사이트는 콘텐츠나 검색 경험을 잃지 않고 여러 유형의 브라우저에서 작동해야 한다. 세계적으로 가장 많이 사용되는 브라우저에는 인터넷익스플로어(IE)와 크롬이있다. 좋은 웹사이트는 이런 다양한 브라우저에서 올바르게 작동을 해야 하며, 간혹 하나의 브라우저에만 최적화가 되어 다운로드나 결제가 이뤄지지 않거나 페이지가 열리지 않는 분제가 발생한다면 고객은 그 웹사이트에서 신뢰를 잃고 이탈할 가능성이 높아진다.

Section 03 웹사이트 콘텐츠

1 개요

사이트의 콘텐츠는 고객이 가지고 있는 전반적인 경험에 크게 영향을 주므로 우수한 품질, 전문성으로 목표 고객에게 호소할 수 있어야 한다.

2 양질의 콘텐츠를 만들기 위한 몇 가지 팁

1) 고객 집중

- 대상 고객에게 맞는 콘텐츠를 제작한다.
- 대상 고객에게 호감을 살 수 있는 형식과 주제를 사용한다.
- 대상 고객이 익숙하게 사용할 수 있는 시각적 스타일을 사용한다. 예를 들어, 대상 고객이 빵 굽는 것을 좋아한다면 다양한 주방사진이 매력적일 수 있다.

2) 명확하고 간결한 콘텐츠

- 명확하고 간결한 언어와 목소리를 사용하여 목표 고객에게 적합하게 표현한다. 예를 들어 법률 서비스를 제공하는 경우 공식적인 분위기가 적절하다.
- 적절한 언어만을 사용하고 고객이 이해할 수 없는 용어는 사용하지 말아야 한다.

3) 키워드 사용

방문자가 온라인으로 제품을 검색할 때 사용할 수 있는 키워드를 포함한다. 검색 사이트에서 기업 웹사이트의 검색 엔진 순위를 향상시킬 수 있다. 예를 들어, 결혼을 위한 꽃을 판매하는 경우 '신선한 꽃'과 '결혼 부케'와 같은 키워드를 포함 시킬 수 있다.

4) 일관된 브랜딩

- 모든 디지털 및 전통적인 마케팅 채널에서 일관된 브랜딩을 사용한다.
- 회사의 이미지와 부합하는 디자인 요소를 사용한다.

5) 이미지 및 동영상 품질

- 고객에게 호소력 있는 고품질의 이미지와 동영상을 사용한다. 가능한 경우 오래된 재고 사진은 피한다.
- 파일의 크기를 축소하여 신속하게 내려받을 수 있어야 한다.

6) 정기적인 업데이트

정기적으로 웹사이트를 업데이트한다. 방문객들은 사이트가 최신이며 유지 관리가 잘되어 있는지 확인을 통해 브랜드에 신뢰성을 부여한다. 신뢰성을 확보할 수 있는 방안으로 회사 뉴스를 정기적으로 업데이트하고 이미 종료된 이벤트나 유효하지 않은 메시지를 삭제한다.

Section 04 웹사이트 프로모션

1 개요

사이트가 게시되면 최대한 많은 신규 방문자를 유치해야 한다.

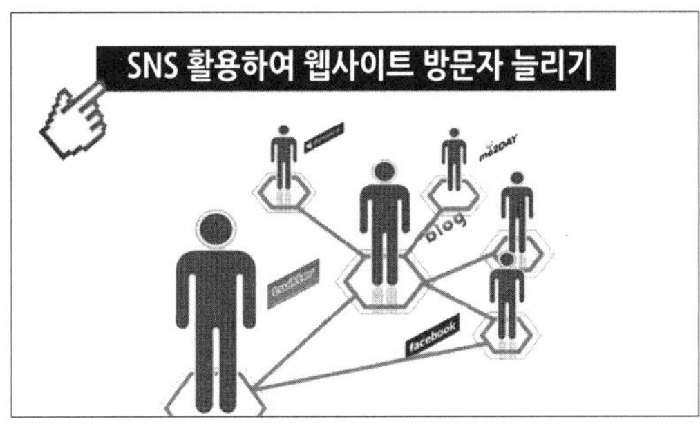

[그림 4-7] 최대한 많은 신규 방문자를 유치

2 신규 웹사이트를 홍보하는 방법

- 개인 프로필에서 소셜 미디어 사이트의 콘텐츠에 웹사이트 링크를 공유하고 다른 사용자가 여러분의 웹사이트 링크를 공유하도록 권장한다.
- 온라인 광고를 사용하여 여러분의 웹사이트로 연결되는 링크가 있는 다른 사이트에 광고를 게재한다.
- 대회를 운영하고 목표 고객에게 호감을 살 수 있는 상을 제공한다.
- 다른 웹사이트에서 여러분의 웹사이트(인바운드 링크 또는 백링크라고도 함)에 대한 링크를 확보한다. 이것은 다른 웹사이트가 여러분의 사이트를 링크하여 추천하도록 여러분의 평판을 구축해야 한다.
- 이메일 마케팅을 사용하여 웹사이트 링크가 있는 판촉 및 광고를 보낸다.
- 검색 엔진이 목표 고객이 웹사이트를 찾는 데 도움이 되는 웹 디렉터리 및 검색 엔진에 웹사이트 주소를 등록한다.
- 이메일 서명에 웹사이트 주소와 최신 블로그 게시물에 대한 링크를 추가한다.
- 전단지, 포스터, 간판 광고 및 신문 및 잡지 광고와 같이 비즈니스 인쇄물에 웹사이트 주소를 포함한다.

1 아래 다이어그램에서 일반적인 웹사이트의 주요 부분을 나열하시오.

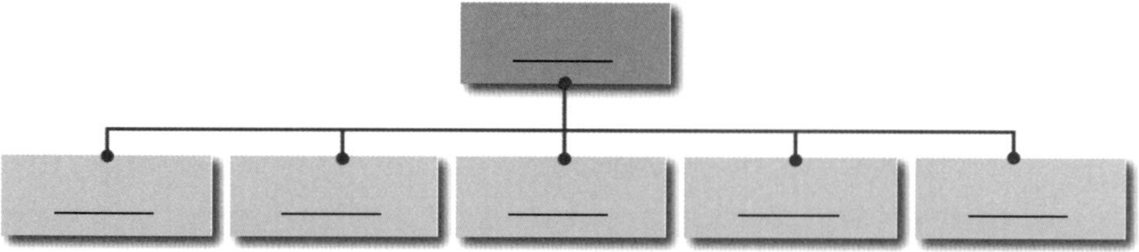

정답 : 홈페이지, 회사소개, 제품소개, 서비스소개, 뉴스, 연락처

2 다음의 문장을 채우시오.

사용자(　　)은 사용자가 웹사이트 사용에 대해 어떻게 느끼는지 설명하는 데 사용된다.

(　　)는 사용자가 화면에서 상호 작용하는 부분을 설명하는 데 사용된다.

해설

사용자 경험은 사용자가 어떤 시스템, 제품, 서비스를 직, 간접적으로 이용하면서 느끼고 생각하게 되는 총체적 경험을 말한다. 기능이나 절차상의 만족뿐 아니라 전반적인 지각 가능한 모든 면에서 사용자가 참여, 사용, 관찰하고 상호 교감을 통해서 알 수 있는 가치 있는 경험이다. 기업의 웹사이트는 방문객에게 최상의 경험을 제공해야 한다.

사용자 인터페이스는 사람들이 컴퓨터와 상호 작용하는 시스템으로 고객은 사용자 인터페이스(UI : User Interface)라고 하는 웹 페이지의 콘텐츠를 통해 사이트와 상호 작용한다.

정답 : 경험, UI

3 웹사이트를 디자인할 때 고려해야 하는 것을 고르시오.

a. 이메일 마케팅

b. 접근성

c. 반응이 빠른 디자인

d. 브라우저 호환성

해설

좋은 반응형 디자인은 콘텐츠를 디스플레이 기기에 맞게 조정해준다. 또한, 장애가 있는 사람들이 볼 수 있고 탐색할 수 있도록 웹사이트에 접근할 수 있어야 한다. 웹 페이지는 사용자가 페이지나 동영상을 보기 위해 기다리지 않도록 빨리 다운로드 할 수 있는 접근성이 좋아야 한다. 웹사이트는 콘텐츠나 검색 경험을 잃지 않고 여러 유형의 브라우저에서 작동해야 하는 브라우저 호환성이 있어야 한다.

정답 : b, c, d

4 기업의 웹사이트를 홍보하는 4가지 방법을 적으시오.

정답 : 고객 집중, 명확하고 간결한 콘텐츠, 키워드 사용, 일관된 브랜딩, 이미지 및 동영상 품질, 정기적인 업데이트

Chapter

5

검색 엔진 최적화

이 단원을 마치면 다음을 수행할 수 있다.

- 검색 엔진 최적화(SEO)를 이해한다.
- 키워드를 이해한다.
- 웹사이트, 소셜 미디어 플랫폼의 콘텐츠를 최적화할 때 사용할 수 있는 키워드 목록을 만들 수 있다.
- SEO에 대한 페이지 제목, URL, 설명 태그, 메타 태그, 제목 및 대체 텍스트와 그 중요성에 대해 이해한다.

International
Computer
Driving
Licence

Section 01 검색 엔진 최적화 개요

1 검색 엔진 작동 방법

대부분 인터넷은 온라인 검색으로 시작된다. 사용자는 검색 엔진을 사용하여 질문하고 제품과 서비스를 찾으며 동영상과 이미지를 검색한다. 인기 있는 검색 엔진에는 Google, Yahoo 및 Bing, Naver 등이 있다.

검색 엔진은 자동화된 로봇을 사용하여 웹을 크롤링하고, 웹 페이지를 찾고, 이해하고, 웹페이지에 대한 특정 정보를 데이터베이스에 저장한다. 사용자가 검색 엔진의 검색 창에 용어나 구문(검색어)을 입력하면 검색 엔진은 데이터베이스에서 사용자의 검색어에 가장 잘 응답하는 웹 페이지를 검색한다. 검색 엔진이 검색문장에 가장 적합한 것으로 간주하는 웹 페이지를 찾으면 결과 목록을 반환한다. 따라서 검색 엔진은 여러분이 웹사이트를 쉽게 찾을 수 있도록 지원해주며, 어떤 분야로 분류되고 있는지를 파악할 수 있다.

검색 결과는 검색 엔진 결과 페이지(SERP : Search Engine Results Page)에 나열된다. SERP는 대개 유료 광고와 무료 자료를 포함한다. 다음은 구글검색엔진 결과페이지를 사례로 보고자 한다.

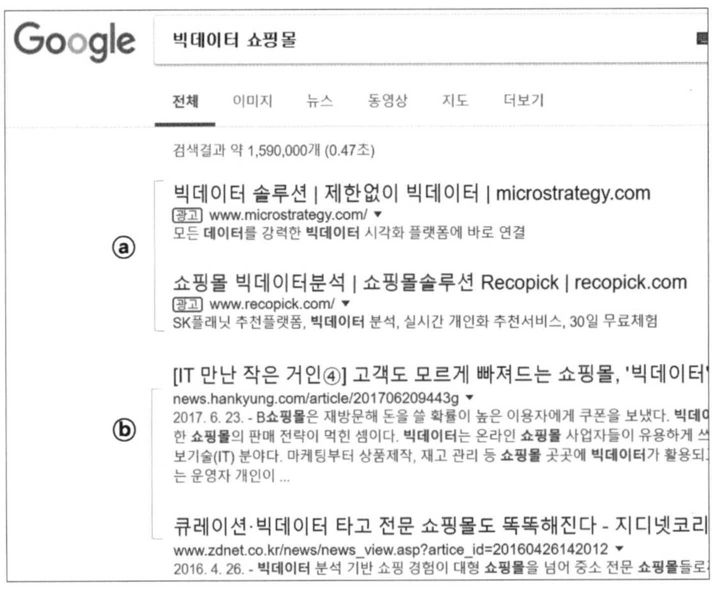

[그림 5-1] 구글 검색 엔진 결과 페이지

a. 광고사이트는 일반적으로 SERP 상단에 나타난다. 사용자가 이러한 결과를 클릭하면 광고주에게 비용이 청구된다.

b. 의 경우는 자연스러운 검색결과로서 일반적으로 광고 아래에 표시된다. 유기적인 검색 결과는 검색 엔진에서 가장 관련성이 높고 인기가 있다고 여겨지는 웹 페이지와 관련성과 인기도순으로 순위가 매겨진다. 사용자가 이러한 결과를 클릭할 때 웹사이트 소유자는 검색엔진 회사에 비용을 지급하지 않는다.

2 검색 엔진 최적화(SEO : Search Engine Optimization)

웹사이트 소유자에게는 검색 엔진의 트래픽이 매우 중요하다. 온라인으로 제품이나 서비스를 적극적으로 검색함으로써 사용자는 강한 관심과 구매 의도를 보여준다.

SEO(검색 엔진 최적화)는 검색 엔진 결과 페이지(SERP)에 유기적 결과로 웹사이트의 가시성을 높이는 기술이다. 유기적 결과의 순서는 수동으로 결정되지 않고 대신 알고리즘으로 알려진 수학적 방정식을 사용한다.

알고리즘은 매우 복잡하며 일반적으로 '순위 요인'으로 알려진 수백 개의 변수를 포함한다. 이러한 알고리즘은 지속해서 변경되며 특정 키워드를 동원하여 검색 엔진에서 검색 결과를 조작하는 경우 이와 관련된 사이트 소유자 및 디지털 마케팅 담당자를 차단한다. 각 검색 엔진은 자체 개발된 알고리즘을 사용하므로 같은 질의 문장에 대해 다른 검색 엔진 결과 페이지를 볼 수 있다.

웹사이트 소유자가 제공하는 제품이나 서비스를 사용자가 검색할 때 소유자의 사이트를 찾고 선택하기를 원한다. SEO 기법을 사용하여 사이트와 관련된 검색어에 대한 유기적 검색 결과의 순위 요인을 개선하고 웹 페이지의 가시성을 높일 수 있다.

[그림 5-2] 검색 엔진 최적화(Search Engine Optimization)

3 일반적인 순위 요소

모든 검색 엔진에서 광범위하지만, 지속해서 영향력 있는 순위 요소 2가지는 키워드와 링크이다.

[표 6-1] 검색 엔진 순위 요소

구분	내용
키워드	키워드는 웹 페이지 내 검색어와 일치 하거나 검색어와 관련이 있다고 여겨지는 구문이나 단어이다. 검색 엔진은 사이트의 페이지 콘텐츠와 웹사이트 코드에서 키워드를 찾는다.
링크	웹사이트로 연결되는 하이퍼링크, 또는 다른 웹사이트 및 소셜미디어 플랫폼을 포함하는 도메인 주소를 일컫는다.

TIP 서로 다른 검색 엔진은 각각 다른 순위 요소를 사용하고 시간이 지남에 따라 변경되므로 검색엔진에서 노출될 수 있도록 정보를 최신 상태로 유지해야 한다.

Section 02 검색 엔진 최적화를 위한 키워드

1 키워드 개념

키워드는 웹 페이지 콘텐츠에 사용되는 설명적이며, 정보가 풍부한 단어 및 구문이며 종종 검색어의 주요 항목이다. 예를 들어 '맥시 드레스는 사무실에서 입는 옷인가?'라는 검색어의 키워드는 '맥시 드레스', '사무실용 옷'이다. 3단어 이상인 키워드는 롱 테일 키워드로 알려져 있다.

1)키워드 검색을 위한 웹 페이지 최적화

• 여러분의 웹 페이지에 대한 중요한 키워드를 식별한다.

• 중요한 키워드를 페이지의 콘텐츠 및 웹사이트 코드에 추가한다. 이를 통해 검색 엔진은 웹 페이지의 내용을 이해하고 적절하게 색인을 생성할 수 있다.

2 SEO 키워드 식별

웹 페이지에 대한 중요 키워드를 식별하는 데는 여러 가지 방법이 있다.

① 웹사이트의 활동, 서비스 및 제품과 관련된 키워드 및 구문 목록을 조사하여 정의하고 시작한다. 특정 키워드와 범용 키워드를 모두 식별한다. 여러분의 제품이나 서비스와 관련하여 사용된 검색어를 식별한다. 구글 Search Console과 같은 분석 도구를 사용하여 이미 웹사이트에 목표 잠재고객을 유도한 검색어를 확인한다. google 트렌드 및 Moz와 같은 온라인 도구를 사용하여 검색어의 양을 확인한다.

② 여러분의 비즈니스 목표에 가장 효과적인 키워드를 고려한다. 예를 들어 "저렴한 드레스"에 대한 검색 량이 많을 수 있지만, 정기적인 판매 또는 할인을 하지 않는 경우 해당 검색을 기반으로 방문한 사이트 방문자를 실망하게 만든다. 검색 사용자가 여러분의 페이지로 이동한 다음 나중에 검색 결과로 '뒤로'를 클릭하면 결과가 관련이 없음을 나타내므로 검색엔진 페이지 순위가 낮아진다.

③ 키워드에서 사용자의 의도를 분석한다. 예를 들어 "정장 드레스 아이디어" 또는 "손님 드레스 아이디어"를 검색하는 사용자는 아직 아이디어를 탐색 중이며 아직 구매할 준비가 되지 않은 것 같다. 그러나 "정장 옷을 입은 다음날 배달"을 검색하면 구매 의사가 강한 것으로 나타난다. "공상 과학 드레스 아이디어"를 검색하면 할로윈을 검색할 수 있다.

사용자가 매우 구체적인 검색 구문을 입력하면 일반적으로 그들이 원하는 것을 정확히 찾는다. "Bose QC 25 소음 제거 헤드폰 Apple 장비"를 검색하는 사용자는 "iPhone용 헤드폰"을 검색하는 구매자보다는 구매 의도가 훨씬 높다.

3 검색 엔진 최적화를 위한 키워드 사용

키워드를 식별하면 웹 페이지 콘텐츠 및 코드에서 SEO에 사용할 수 있으며, 아래와 같은 내용에 SEO를 위한 키워드를 포함할 수 있다.

- 제목(HTML 코드에서 〈h1〉, 〈h2〉 등으로 태그 지정)
- 웹 페이지의 주요 내용
- URL(웹 페이지 주소)
- 페이지 제목(브라우저 창 상단과 SERP(Search Engine Results Page, 검색 엔진 결과 페이지)에 표시됨
- 대체 텍스트(웹 페이지 코드의 다른 특성에 포함된 이미지의 텍스트 설명) 및 이미지 파일 이름
- 설명 태그(검색 엔진 결과 페이지에만 표시되는 웹 페이지의 내용에 대한 간략한 설명)
- 메타 태그(검색 엔진에서 사용하는 코드의 웹사이트에 대한 설명 정보)

  예를 들어, 아일랜드에 거주하는 여성의류 회사를 소유하고 있다고 가정하자. 검색 엔진 최적화 도구는 "드레스"라는 검색어가 아일랜드에서 인기가 있어 한 달에 약 20,000건의 검색을 얻음을 나타낸다. 이것은 광범위한 키워드이지만 웹사이트 주소에 대한 좋은 시작이므로 도메인 이름 dress.ie를 사용할 수 있다.

추가 키워드 연구에 따르면, 아일랜드에서는 모두를 포함하는 "맥시 드레스" 스타일이 인기가 높아 4,000건의 월간 검색 량이 발생했다. 따라서 해당 제품 카테고리의 웹 페이지를 만들고 페이지 URL(www.dress.ie/maxi-dress)에 키워드를 넣을 수 있다. 해당 제품에 관한 롱 테일 키워드로는 "결혼식 용 맥시 드레스", "줄무늬가 있는 맥시 드레스" 또는 "소매가 있는 맥시 드레스"가 포함된다.

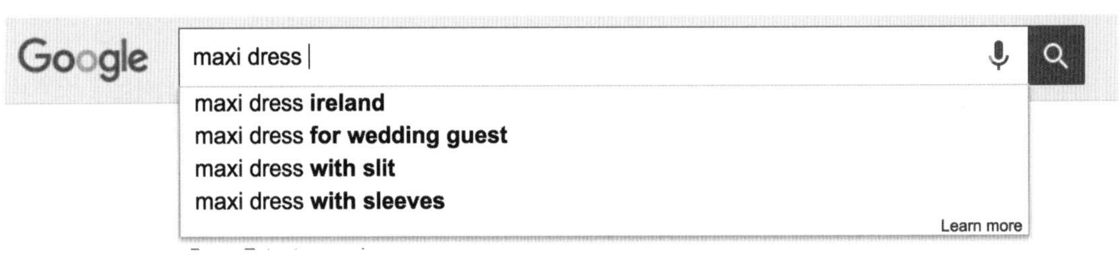

[그림 5-3] 긴 문장 검색

www.dress.ie/maxi-dress에서 페이지 상단의 텍스트 와이 제품의 뒷부분에 있는 긴 복수단어 키워드 중 일부를 포함해 콘텐츠를 최적화할 수 있다.

추가 설명 : 페이지 상단의 제목에 "maxi dress"라는 키워드를 추가하여 웹 페이지를 더욱 최적화할 수 있다.

[그림 5-4] 최적화된 검색을 위한 키워드 사용하기(출처 : dress.ie)

웹 페이지에서 볼 수 있는 제목과 주요 콘텐츠에 키워드를 포함할 뿐만 아니라 페이지 제목과 메타 설명부분의 웹 페이지 코드에 키워드를 포함할 수 있다.

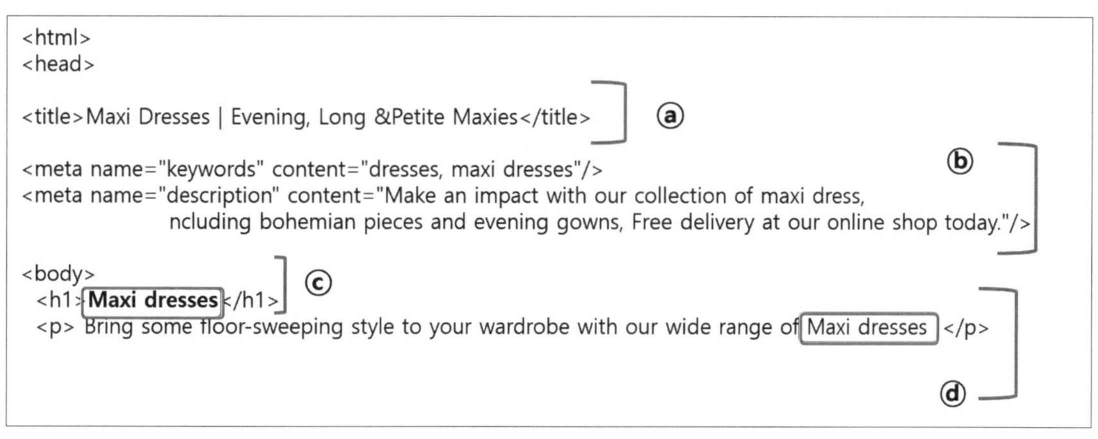

```
<html>
<head>

<title>Maxi Dresses | Evening, Long &Petite Maxies</title>

<meta name="keywords" content="dresses, maxi dresses"/>
<meta name="description" content="Make an impact with our collection of maxi dress,
            ncluding bohemian pieces and evening gowns, Free delivery at our online shop today."/>

<body>
  <h1>Maxi dresses</h1>
  <p> Bring some floor-sweeping style to your wardrobe with our wide range of Maxi dresses </p>
```


[그림 5-5] 페이지 코드에 키워드를 포함

a. 페이지 제목

b. 메타 설명

c. 표제어

d. 메인 콘텐츠

이미지를 사용하는 경우 이미지의 대체 텍스트로 키워드를 포함해야 한다. 이 예에서 파란색 드레스에 있는 모델의 이미지는 대체 텍스트에서 "봄 / 여름 2018년 파란색 맥시 드레스"로 설명될 수 있다. 이미지 파일 이름은 "blue-maxi-dress.jpg"일 수 있다.

4 검색 엔진 사용 결과

검색 엔진이 검색에 대한 반응으로 웹 페이지를 표시하면 SERP에 다음과 같이 표시된다.

ⓐ 페이지 제목

ⓑ URL

ⓒ 검색어가 포함된 웹 페이지의 메타 설명

[그림 5-6] 검색어가 포함된 웹 페이지의 메타 설명

Section 03 검색 시장의 주요 기업들

1 구글

검색결과 순위에 있어서 웹사이트의 콘텐츠와 검색 키워드와의 관련성도 중요하지만, 얼마나 많은 곳으로부터 언급을 받은 명성 있는 웹사이트인지도 중요하다.

애드워즈는 구글에서 제작한 광고관리시스템으로 광고주는 애드워즈에 가입함으로써 구글 웹사이트와 애드센스에 가입한 웹사이트들에 광고를 넣을 수 있다. 또한, 구글은 접근한 페이지와 일반 페이지의 최적화가 적절하게 잘 혼합되어 있다.

목표 : 고객이 찾은 정보와 가장 관련성이 높은 최상의 정보를 연결해주는 것이다.

[그림 5-7] 구글 검색광고 사이트

2 네이버

네이버 검색창에 특정 키워드를 검색했을 때, 검색결과에 제목과 설명, 사이트 URL이 나열된 것을 보일 수 있도록 지원한다.

사이트 검색광고는 다양한 영역에 동시 노출되어 더 많은 고객과 만날 수 있는 네이버 광고의 대표적인 검색광고 상품이다. 사이트 검색광고는 네이버 통합검색 결과 '파워링크, 비즈사이트 영역'뿐 아니라 블로그, 지식iN, 카페 등의 네이버 서비스 영역과 네이버 검색광고와 제휴를 맺은 외부 사이트에도 노출된다. 한 번 등록해 두면 다양한 영역에 동시 노출되는 것으로 광고를 어디에 노출하고 노출하지 않을지는 광고주가 직접 자유롭게 선택하고 수정할 수 있다.

네이버 쇼핑검색 광고는 이용자가 특정 상품을 검색할 경우, 네이버 통합검색(PC/모바일)의 쇼핑 영역 및 쇼핑 검색 결과 페이지에 광고주의 '상품' 단위로 노출할 수 있는 이미지형 검색광고 상품이다. 광고 노출 영역을 네이버 쇼핑으로 확장하고, 구매자에게는 네이버페이 포인트 적립 혜택을 제공하여 광고성과를 극대화할 수 있는 리워드형 검색광고 상품이다.

콘텐츠 검색광고는 이용자의 정보 탐색 의도가 깊은 키워드에 대해 해당 분야의 전문가인 광고주가 블로그, 포스트, 카페 등의 콘텐츠를 이용해 보다 정확하고 신뢰성 있는 정보를 제공하는 광고상품이다. 네이버 PC/모바일 통합검색 결과 페이지의 '파워컨텐츠' 영역에 제목, 설명 등의 정보와 썸네일 이미지가 함께 노출된다.

브랜드 검색광고는 이용자가 브랜드 키워드 검색 시, 통합검색 결과 상단에 브랜드와 관련된 최신 콘텐츠를 텍스트, 이미지, 동영상 등을 이용하여 노출하는 상품이다. 네이버의 비즈니스 플랫폼을 이용하여, 최신 브랜드 콘텐츠로 이용자와 소통하고 브랜딩 효과를 높일 수 있다.

네이버의 경우 상대적으로 접근한 페이지 최적화에 치중되어 있으며 자체적으로 보유한 콘텐츠 중심으로 선별된 정보를 노출하는 형태로 검색 서비스를 운영한다. 네이버 자체적으로 제공하는 서비스를 중심으로 전달하는 형태의 검색 엔진을 운영하고 있다.

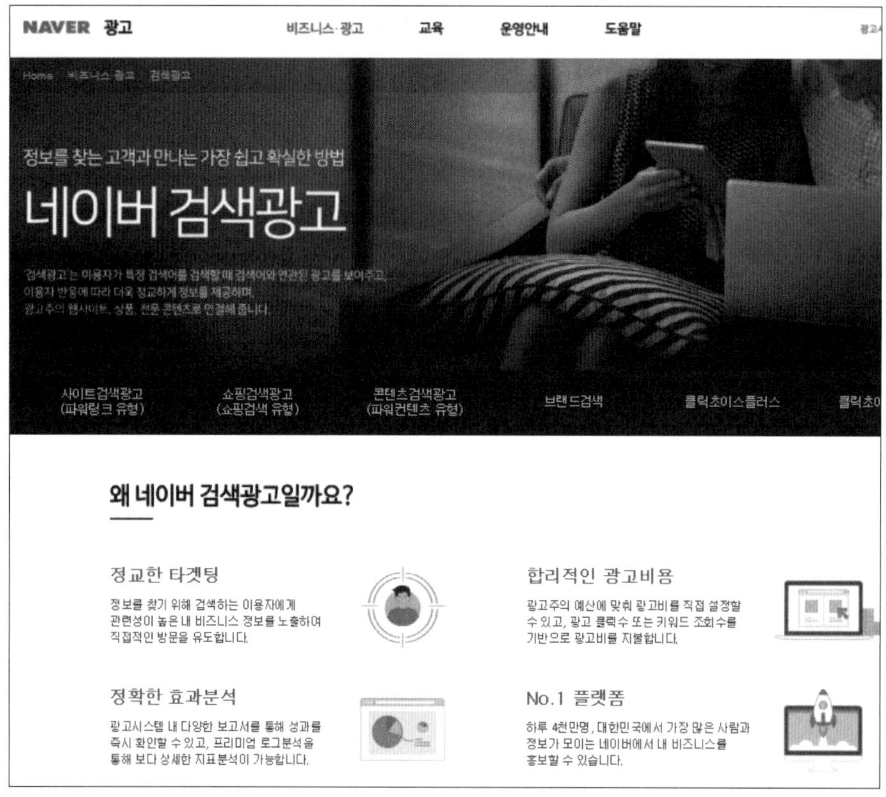

[그림 5-8] 네이버 검색광고 사이트

on&off page 최적화는 자연검색결과에 웹사이트 또는 웹페이지 목록에 영향을 주게 되는 요인을 의미한다. on-page는 페이지 내의 코딩을 통해 통제가 이뤄지며 HTML 코드, 메타태그, 키워드배치와 같은 요소이다. off-page는 페이지 내의 코딩을 통해 통제가 불가능하며 링크인기도나 순위와 같은 것들이 포함된다.

연습 문제

1 다음 중 SEO를 가장 잘 설명한 것을 고르시오.

a. 검색 엔진을 사용하여 온라인으로 정보를 검색한다.

b. 검색 엔진 결과에 웹 페이지가 표시되도록 돈을 지불하는 것이다.

c. 유기적 검색 결과에서 웹 페이지의 가시성을 높인다.

d. 여러분의 웹 페이지가 화려하고 시각적으로 매력적인지 확인한다.

해설

SEO(검색 엔진 최적화)는 검색 엔진 결과 페이지(SERP)에 유기적 결과(무료)로 웹사이트의 가시성을 높이는 기술이다. 유기적 결과의 순서는 수동으로 결정되지 않고 대신 알고리즘으로 알려진 수학적 방정식을 사용한다.

정답 : c

2 다음 중 SEO 기술이 아닌 것을 고르시오.

a. 신뢰할 수 있는 웹사이트에서 여러분의 웹사이트에 대해 품질 링크를 얻는다.

b. 소셜 미디어에 여러분의 웹사이트를 광고한다.

c. 관련 키워드를 웹 페이지 코드에 추가한다.

d. 웹 페이지 콘텐츠에 관련 키워드를 추가한다.

해설

소셜 미디어에 웹사이트를 광고하는 것은 검색광고에 해당한다.

정답 : b

3 여러분의 웹 페이지와 관련된 키워드 목록을 제작하시오.

정답 : 직접 실습하기

4 여러분의 SEO의 한 부분으로, 여러분의 웹 페이지 내용에 키워드를 추가하고자 한다. 키워드를 포함할 수 있는 3곳을 나열하시오.

해설

웹 페이지에서 볼 수 있는 제목과 주요 콘텐츠에 키워드를 포함할 뿐만 아니라 페이지 제목과 메타 설명에 웹 페이지 코드 키워드를 포함할 수 있다.

정답 : 페이지 제목, 표제어, 주요콘텐츠

M·E·M·O

Chapter

6

소셜 미디어 마케팅

이 단원을 마치면 다음을 수행할 수 있다.

- 소셜 미디어 플랫폼이라는 용어를 이해한다.
- 일반적인 소셜 미디어 플랫폼의 주요 용도를 파악한다.
- 일반적인 소셜 미디어 마케팅 캠페인 단계를 이해한다.

International
Computer
Driving
Licence

Section 01 소셜 미디어 플랫폼

1 소셜 미디어 플랫폼

소셜 미디어 플랫폼은 사용자가 콘텐츠를 만들고 공유하면서 온라인 네트워크에 연결하고 만들 수 있는 온라인 환경이다. 소셜 미디어 사용은 소셜 미디어 플랫폼 및 광대역 연결이 늘어남에 따라 사용자가 텍스트, 이미지, 링크, 동영상 및 오디오 클립과 같은 콘텐츠를 쉽게 공유할 수 있게 되었다. 사람들은 소셜 미디어를 통해 많은 시간을 보내고 있다. 기업에서 소셜 미디어에 대한 존재감을 확보하고 플랫폼을 효과적으로 사용하여 잠재고객과 목표를 달성하는 방법을 이해하는 것이 중요하다.

[그림 6-1] 소셜 미디어 플랫폼

2 플랫폼의 주요용도

세계적으로 활용되는 소셜 미디어 플랫폼이 많이 있으며 페이스북(Facebook), 인스타그램(Instagram), 트위터(Twitter), 유튜브(YouTube) 등이 많이 사용된다. 각 소셜 미디어 플랫폼에는 고유한 특성들이 있다. 그리고 서로 다른 유형의 콘텐츠를 공유하기 위해 각기 다른 사용자가 서로 다른 용도로 사용한다. 참여할 플랫폼을 선택할 때 사용자와 관련 분야에서 인기 있는 플랫폼을 선택한다.

[표 6-1] 인기 있는 소셜 미디어 플랫폼들

구분	내용
페이스북	- 페이스북(Facebook)은 세계적인 미디어이다. - 친구 및 가족과 연락하기 위한 개인 네트워킹 사이트로 비즈니스 페이지, 이벤트 및 그룹도 있다. 2004년에 설립되었으며 월간 활성 사용자가 22억 명을 초과하는 가장 활발한 소셜 미디어 플랫폼이다(2017년 12월 기준). - 디지털 마케팅에 관심이 있는 대부분 기관은 페이스북(Facebook)계정을 보유하고 있다.

구분	내용
트위터	– 트위터(Twitter)는 공용 네트워크에서 정보를 공유하는 데 사용되는 마이크로 블로깅 플랫폼이다. – 사용자는 "트윗"이라고 하는 140자의 짧은 메시지를 보내고 읽을 수 있다. – 2006년에 시작되어 유명 인사 및 정치인의 최신 뉴스 및 최신 소식을 알리는 곳으로 알려져 있다. – 월간 활성 사용자는 3억 3,000만 명(2017년 9월 기준)이다.
Linkedin 링크드인	– 링크드인(LinkedIn)은 2003년에 설립되었으며 전문 네트워킹, 정보 공유 및 구직에 사용되는 비즈니스 지향적인 소셜 네트워크이다. – 2016년 마이크로소프트(Microsoft)에서 구입했으며 5억 4천만 명 이상의 회원과 1억 6천만 명의 월간 정회원(2017년 6월 기준)을 보유하고 있다. – B2B와 비즈니스 연결에 적합하며 기술, 금융 및 마케팅 업계에서 인기가 있다.
인스타그램	– 인스타그램(Instagram)은 모바일 사진 및 동영상 공유 소셜 네트워크이다. 사용자는 비공개 또는 공개적으로 앱과 다른 소셜 네트워크에 공유하기 전에 이미지에 필터를 추가한다. – 2010년에 시작되어 2012년 페이스북(Facebook)에 의해 구매되었다. – 월간 사용자는 6억명(2017년 12월 기준)이다. – 패션 및 엔터테인먼트와 같은 시각 산업에 적합하다.
flickr 플리커	– 플리커(Flickr)는 사진(및 이후 동영상)을 호스팅, 편집 및 공유하기 위한 사이트이다. – 2004년에 시작되어 2005년 야후(Yahoo)가 인수했다.
YouTube 유튜브	– 유튜브(YouTube)는 2005년에 시작되어 1년 후 구글(Google)에서 인수한 동영상 호스팅 및 공유 플랫폼이다. – 세계에서 가장 인기 있는 웹사이트 중 하나이다. – 유튜브 트래픽의 70%는 모바일에서 발생했다. – 2016년 4/4 분기에 모든 인터넷 사용자 중 95% 이상이 유튜브(YouTube)를 방문했다.
핀터레스트	– 핀터레스트(Pinterest)는 2010년에 시작된 사진 공유 웹사이트 및 앱이다. – 사용자는 웹에서 이미지 및 기타 미디어를 업로드, 분류 및 공유하여 테마를 중심으로 개인 "핀 보드"를 관리할 수 있다. – 많은 전자상거래 웹사이트에는 방문자가 핀터레스트(Pinterest) 게시판에서 제품을 공유하도록 권장하는 'Pin it' 버튼이 있다. – 네트워크는 월간 활성 사용자가 1억 7천명(2017년 12월 기준)이다. – 사용자의 81%가 여성이다.

세계적 기업인 경우 각 기업이 운영하는 국가에서 널리 사용되는 소셜 미디어 플랫폼을 사용하고 있다. 젊은 고객층과 함께 사용하는 Snapchat 및 WhatsApp과 같은 소셜 메시징 플랫폼은 디지털 마케팅에서 점점 더 중요해지고 있다.

3 소셜 미디어 플랫폼 이용 효과

소셜 미디어를 통해 여러 가지 이점과 혜택을 얻을 수 있다. 주요한 몇 가지는 다음과 같다.

- 커뮤니케이션과 연결: 소셜 미디어는 사람들과의 소통과 연결을 촉진한다. 가족, 친구, 동료, 전문 네트워크 등 다양한 사람들과 연결되어 정보를 공유하고 소통할 수 있다. 새로운 사람들을 만나고 교류하는 기회를 제공한다.
- 정보와 업데이트: 소셜 미디어 플랫폼은 신문, 잡지, 뉴스 등의 다양한 정보를 제공한다. 관심 있는 분야의 최신 동향, 업데이트, 이벤트 등을 실시간으로 확인할 수 있다. 또한 유명인, 전문가, 기업 등의 콘텐츠를 팔로우하여 지식을 습득할 수 있다.
- 자기 표현과 개인 브랜딩: 소셜 미디어는 자신을 표현하고 개인 브랜딩을 할 수 있는 플랫폼이다. 프로필, 포스트, 콘텐츠 등을 통해 자신의 관심사, 업적, 의견 등을 공유할 수 있다. 이를 통해 자신의 목소리를 발휘하고 자신을 알리는 기회를 얻을 수 있다.
- 직업과 비즈니스 기회: 소셜 미디어는 직업과 비즈니스 관련 기회를 제공한다. 전문적인 네트워킹, 채용 정보, 산업 동향 등을 제공하여 취업 기회를 확장하거나 비즈니스 관계를 형성할 수 있다. 또한 소셜 미디어는 개인의 스킬과 전문성을 홍보하고 클라이언트나 고객과 연결하는 데에도 도움이 된다.
- 창의적인 표현과 영감: 소셜 미디어는 창의적인 표현을 할 수 있는 플랫폼이다. 사진, 비디오, 글, 그래픽 등 다양한 형식으로 자기의 아이디어와 작품을 공유할 수 있다. 또한 다른 사람들의 창작물을 보며 영감을 얻을 수 있다.
- 사회적 운동과 영향력: 소셜 미디어는 사회적 운동과 변화를 주도할 수 있는 도구로 활용된다. 다양한 이슈에 대한 인식 제고, 캠페인 지원, 의견 표출 등을 통해 사회적 영향력을 행사할 수 있다.

이외에도 소셜 미디어는 엔터테인먼트, 취미 활동, 지역 사회 활동 등 다양한 측면에서 혜택을 제공할 수 있다. 사용자에게는 개인적인 관심사와 목표에 맞게 소셜 미디어를 활용하는 것이 중요하다.

4 소셜 미디어 활용 시 고려 사항

소셜 미디어 활용 시 중요 사항은 사용자의 관점에서 이해하고 활용하는 능력이다. 소셜 미디어를 사용하기 위해 알아야 하는 몇 가지 주요 사항은 다음과 같다.

[표 6-2] 소셜 미디어 활용 시 중요 사항

구분	내용
플랫폼 이해	각 소셜 미디어 플랫폼의 특징과 기능을 이해하는 것이 중요하다. 예를 들어 Facebook, Twitter, Instagram, LinkedIn 등 각각의 플랫폼은 다른 목적과 사용자층을 가지고 있으며, 이를 이해하고 활용할 수 있어야 한다.

개인정보와 개인정보 보호	소셜 미디어 플랫폼에서 개인정보를 처리하고 공유하는 방법에 대한 이해가 필요하다. 개인정보 보호에 대한 주의와 플랫폼의 개인정보 설정을 확인하는 등의 조처를 해야 한다.
프라이버시 설정	소셜 미디어 계정의 프라이버시 설정을 이해하고 관리하는 것이 중요하다. 프로필 공개 범위, 게시물의 가시성 설정, 타인의 상호작용 제어 등을 통해 개인정보와 프라이버시를 보호할 수 있다.
콘텐츠 관리	소셜 미디어에서 콘텐츠를 공유하고 관리하는 방법에 대한 이해가 필요하다. 포스팅, 이미지 및 비디오 공유, 해시태그 사용, 콘텐츠 일정 관리 등을 효과적으로 수행할 수 있어야 한다.
상호작용과 커뮤니케이션	소셜 미디어에서 다른 사용자와 상호작용하고 커뮤니케이션하는 방법을 이해해야 한다. 댓글, 멘션, 리트윗, 좋아요 등의 기능을 활용하여 다른 사용자와 소통하고, 적절한 온라인 에티켓을 유지해야 한다.
알고리즘 이해	주요 소셜 미디어 플랫폼은 알고리즘을 사용하여 콘텐츠를 제공한다. 이 알고리즘의 작동 원리를 이해하고, 플랫폼에서 콘텐츠의 가시성을 높이는 방법을 파악하는 것이 중요하다.
위험과 보안	소셜 미디어 사용 시 사이버 위협, 스팸, 사이버 괴롭힘 등의 위험에 대한 경각심을 가지고, 적절한 보안 조처를 해야 한다. 악성 링크나 가짜 프로필에 대한 인식도 필요하다.
분석 도구	소셜 미디어 플랫폼은 분석 도구를 제공하여 계정 성과를 측정할 수 있다. 이를 활용하여 사용자의 행동과 성과를 분석하고 개선할 수 있다.

이러한 사항들을 이해하고 소셜 미디어를 사용하는 데 주의를 기울인다면, 더 안전하고 효과적으로 소셜 미디어를 활용할 수 있다.

5 소셜 미디어 발전 방향

소셜 미디어는 끊임없이 진화하고 발전하는 중이다. 향후 소셜 미디어의 발전 방향에는 다음과 같은 동향이 예상된다.

- 실시간 상호작용 강화: 소셜 미디어는 사용자들 사이의 실시간 상호작용을 강화하는 방향으로 발전할 것으로 예상된다. 실시간 채팅, 음성 및 비디오 콜, 실시간 댓글 및 리액션 등을 통해 사용자들은 더욱 빠르게 소통하고 소셜 미디어 플랫폼에서 실시간 활동을 즐길 수 있을 것이다.
- AI와 개인화: 인공지능 기술의 발전은 소셜 미디어에서도 큰 역할을 할 것으로 예상된다. AI는 사용자들에게 맞춤화된 콘텐츠 추천, 자동 태깅 및 분류, 자연어 처리 등 다양한 기능을 제공할 수 있다. 이를 통해 사용자 경험이 개선되고, 개인화된 콘텐츠가 더욱 쉽게 제공될 것이다.
- 콘텐츠 다양화: 소셜 미디어 플랫폼은 다양한 콘텐츠 형식을 지원하는 경향이 있다. 이미지, 동영상, 스토리, 라이브 방송 등을 포함하여 다양한 형태의 콘텐츠를 손쉽게 업로드하고 공유할 수 있도록 지원될 것이다.
- 가상 현실(VR) 및 증강 현실(AR): 가상 현실과 증강 현실 기술의 발전은 소셜 미디어에도 큰 영향을 줄 것으로 예상된다. 가상 현실 및 증강 현실을 활용하여 사용자들은 더욱 몰입적인 경험을 할 수 있고, 가상 공간에서 다른 사람들과 상호작용할 기회를 얻게 될 것이다.

- 브랜드와 온라인 커뮤니티의 통합: 소셜 미디어 플랫폼은 브랜드와 사용자들 간의 상호작용을 촉진하는 역할을 더욱 강화할 것이다. 브랜드들은 소셜 미디어를 통해 소비자들과 직접 소통하고, 온라인 커뮤니티를 구축하여 더욱 깊은 관계를 형성할 수 있을 것이다.
- 개인정보 보호와 투명성 강화: 사용자들의 개인정보 보호와 데이터 사용에 대한 투명성이 더욱 강조될 것으로 예상된다. 소셜 미디어 플랫폼은 개인정보 보호에 더 많은 주의를 기울이고, 사용자들에게 데이터 수집 및 활용에 대한 명확한 설명과 선택권을 제공할 것이다.

이러한 발전 방향은 기술의 진보와 사용자들의 요구에 따라 계속해서 변화할 수 있다. 새로운 트렌드와 기술이 등장하면 소셜 미디어는 적극적으로 채택하여 사용자들에게 더 나은 경험을 제공할 것으로 예상된다.

Section 02 소셜 미디어 마케팅 캠페인

1) 소셜 미디어 마케팅 캠페인

소셜 미디어 마케팅은 시간이 지남에 따라 존재감과 잠재고객을 구축할 수 있다. 효과적인 소셜 미디어 캠페인은 마케팅 메시지를 방송하는 대신 연결하고 대화하는 데 기반을 둔다. 소셜 미디어 마케팅 캠페인을 계획할 때 고려해야 할 여러 가지 사항이 있다.

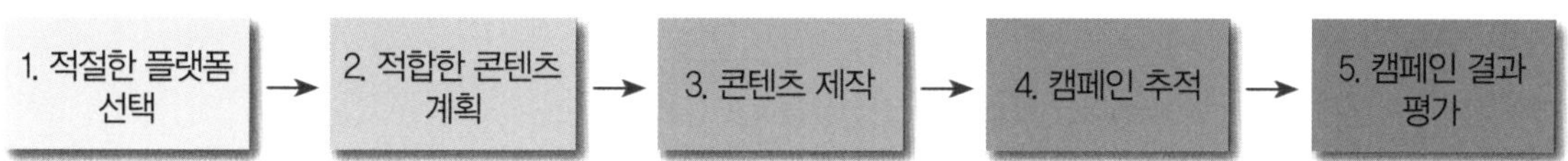

[그림 6-2] 소셜 미디어 마케팅 캠페인 단계

2) 적절한 플랫폼 선택

사용 가능한 다양한 소셜 미디어 플랫폼을 살펴보고, 목표 고객이 사용하는 플랫폼을 확인한다. 예를 들어 젊은 여성에게 패션 장신구를 판매하는 경우 인스타그램(Instagram)에서 제품모델에 도달하면 제품모델을 착용한 실제 고객 사진을 공유하는 것이 매우 유리할 수 있다. 여러분의 비즈니스가 영업 전문가에게 교육 서비스를 제공하는 경우, 링크드인(LinkedIn)에 판매 팁 및 조언을 게시하여 목표 고객에게 다가갈 수 있다.

먼저 여러분이 소셜 활동을 통해 달성하고자 하는 목표(예 : 목표 고객 간의 참여 및 인지도 생성, 웹사이트 트래픽 생성)를 정한 후 목표가 명확하게 측정될 수 있도록 효과적인 활동을 실시한다. 목표 고객이 사용하는 플랫폼을 찾고 접근하는 방법에는 다음과 같이 여러 가지가 있다.

- 현재 고객을 조사하고 고객들이 사용하는 플랫폼을 묻는다.
- 퓨 리서치 센터(Pew Research Center) 등 여러 연구소에서 발간하는 보고서 및 소셜 플랫폼 자체의 사용 보고서를 사용하여 소셜 미디어 사용자의 인구 통계를 조사한다.
- 소셜 미디어 플랫폼의 분석 도구를 사용하여 목표 고객의 규모를 측정한다. 페이스북 광고캠페인을 만들고 관리할 수 있는 페이스북 도구인 페이스북 인사이트가 좋은 예이다. 페이스북 광고 관계자는 광고를 만들어 게재하고 목표 고객을 대상으로 광고하고, 광고성과를 분석할 수 있다.

3) 적합한 콘텐츠 계획

소셜 플랫폼에서는 계획이 중요하다. 정해진 일정에 따라 일해야 하며 임시 방편적인 소셜 활동을 해서는 안된다. 콘텐츠를 만들고 게시하는 콘텐츠 일정 계획을 수립하고, 선택한 소셜 미디어 플랫폼에 게시하기에 적합한 콘텐츠 유형과 게시할 최적의 시간을 정해야 한다. 특별히 고안된 도구 또는 스프레드시트 기반의 일정표를 사용하여 이 작업을 수행할 수 있다.

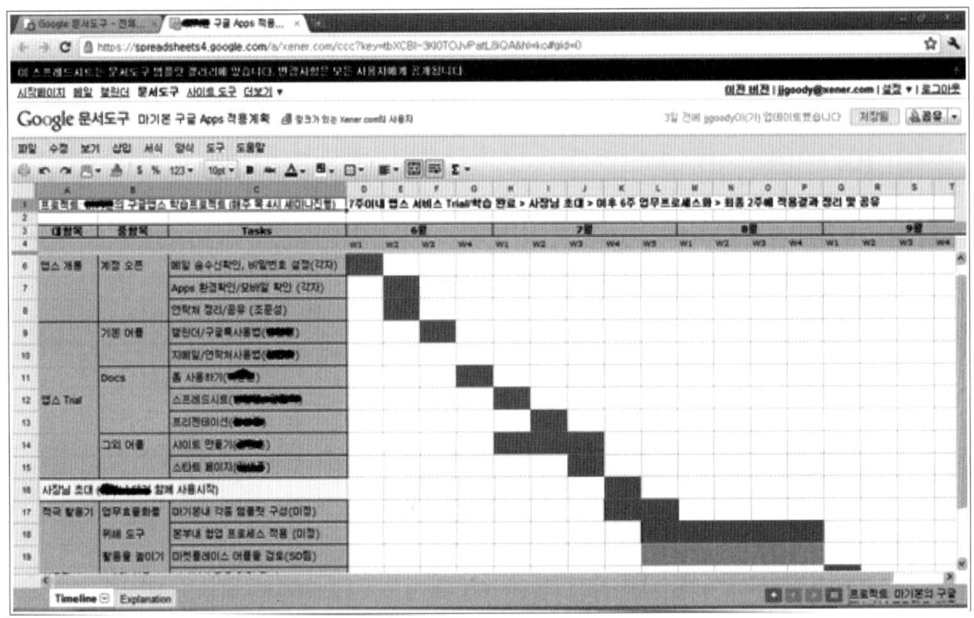

[그림 6-3] 스프레드 시트기반의 일정표

어떤 도구를 사용하든지 아래 표준 질문에 답을 해야 한다.

[표 6-2] 적합한 내용 계획

구분	내용
Who? 누가	– 새로운 콘텐츠를 만들거나 기존 콘텐츠를 누가 만들 것입니까? – 콘텐츠를 만들 수 있는 능력과 기술이 있습니까?
What? 무엇을	– 어떤 주제 및 형식 유형이 여러분의 목표 고객에게 관심이.있습니까? – 동영상, 이미지 또는 텍스트 기반 콘텐츠를 선호합니까? – 새로운 콘텐츠를 만들거나 다른 출처의 콘텐츠를 재사용 하시겠습니까?
When? 언제	– 잠재고객에게 도달하기 위해 소셜 미디어에 콘텐츠를 게시하는 가장 좋은 시기는 언제입니까? – 다가오는 프로모션이나 이벤트는 언제입니까? – 새로운 콘텐츠를 개발할 일정은 언제입니까?

구분	내용
 Where? 어디서	– 어디에 콘텐츠를 게시할 예정입니까? – 하나의 플랫폼 또는 여러 플랫폼이 있습니까?
 How? 어떻게	– 어떻게 콘텐츠를 게시할 예정입니까? – 각 플랫폼에서 수동으로 또는 특별히 고안된 도구를 사용합니까?

4) 콘텐츠 제작

콘텐츠 제작은 먼저 어떤 콘텐츠를 만들지를 선택해야 하며 텍스트, 이미지 또는 동영상과 같은 다양한 콘텐츠를 생산할 수 있다. 콘텐츠 제작에서 새로운 콘텐츠를 통해 기존의 채널을 강화할 수 있으며, 또한, 다른 채널에서 콘텐츠를 재생성할 수도 있다. 예를 들어, 인스타그램에서 사용하고 판매 안내서에 사용된 내용은 트위터에서 재사용할 수 있다. 콘텐츠가 있으면 다른 플랫폼에 재생성하여 새롭게 게시할 수 있다.

5) 캠페인 추적

캠페인 목표에 따라 소셜 미디어에서의 활동 실적을 추적한다. 예를 들어 페이스북에서 웹사이트 방문자를 늘리기, 트위터 팔로워의 숫자를 증가시키기 위해 소셜 미디어 플랫폼 자체 및 구글 (Google) 웹 로그 분석과 같은 웹사이트 도구의 분석 도구를 사용하여 데이터를 관찰하고 적절한 보고서를 작성할 수 있다.

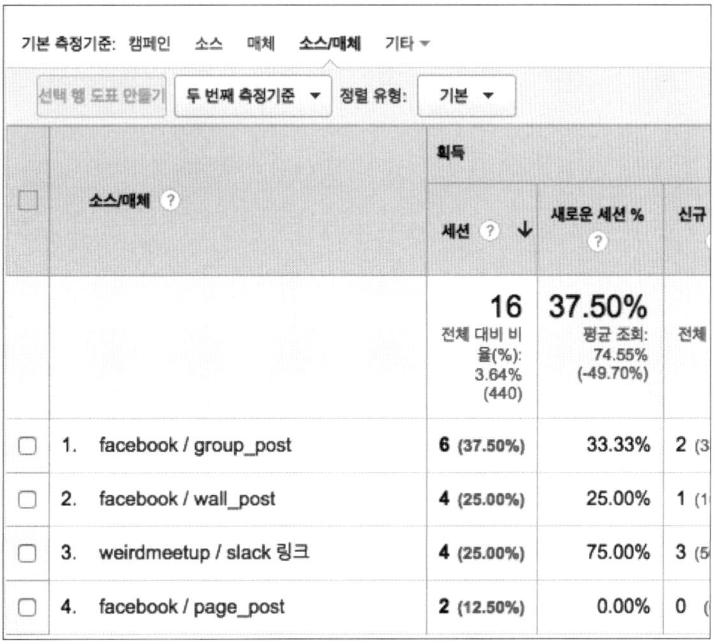

기본 측정기준: 캠페인 소스 매체 소스/매체 기타

선택 행 도표 만들기 | 두 번째 측정기준 | 정렬 유형: 기본

소스/매체	획득 세션	 새로운 세션 %	 신규
	16 전체 대비 비율(%): 3.64% (440)	37.50% 평균 조회: 74.55% (-49.70%)	전체
1. facebook / group_post	6 (37.50%)	33.33%	2 (3
2. facebook / wall_post	4 (25.00%)	25.00%	1 (1
3. weirdmeetup / slack 링크	4 (25.00%)	75.00%	3 (5
4. facebook / page_post	2 (12.50%)	0.00%	0 (

[그림 6-4] 캠페인 추적

6) 캠페인 결과 평가

데이터 및 보고서를 평가하고 분석하여 목표와 비교한다. 팔로워가 좋아하는 것과 좋아하지 않는 것에 대한 추세와 징후를 찾는다. 예를 들어, 페이스북에 있는 사진이 많은 참여를 얻었지만, 같은 사진이 인스타그램에서는 그렇지 못했다면 인스타그램에서는 재미있는 각도로 찍거나 필터링한 다른 시각적 스타일을 사용할 수 있다.

많은 경우에 더 나은 결과를 얻을 때까지 다른 접근법을 시도하여 목표 고객의 반응을 관찰할 수 있다.

연습 문제

1 다음 중 소셜 미디어 플랫폼을 가장 잘 묘사한 것은 무엇입니까?

a. 멀티미디어 파일을 녹음하고 편집하기 위한 온라인 도구

b. 온라인 네트워크를 만들기 위한 온라인 환경

c. 웹사이트를 만들기 위한 온라인 플랫폼

d. 달력 관리를 위한 온라인 도구

해설

소셜 미디어 플랫폼은 사용자가 콘텐츠를 만들고 교환하면서 온라인 네트워크에 연결하고 만들 수 있는 온라인 환경이다. 소셜 미디어 사용은 소셜 미디어 플랫폼 및 광대역 연결이 늘어남에 따라 사용자가 텍스트, 그림, 링크, 동영상 및 오디오 클립과 같은 콘텐츠를 쉽게 공유할 수 있게 되었다.

정답 : b

2 아래 나열된 소셜 미디어 플랫폼을 보고 올바른 설명과 연결하시오.

1. 페이스북 | 2. 인스타그램 | 3. 트위터 | 4. 링크드인

a. ________은 사진 공유에 가장 일반적으로 사용된다.

b. ________은(는) 공용 네트워크에서 정보를 공유하는 데 사용되는 마이크로 블로그 사이트이다.

c. ________은 전문적인 네트워킹 및 구직에 가장 일반적으로 사용된다.

d. ________은 가장 유명한 소셜 미디어 네트워크이다.

해설

인스타그램(Instagram)은 모바일 사진 및 동영상 공유 소셜 네트워크이다.

트위터(Twitter)는 공용 네트워크에서 정보를 공유하는 데 사용되는 마이크로 블로그 플랫폼이다.

링크드인(LinkedIn)은 2003년에 설립되었으며 전문 네트워킹, 정보 공유 및 구직에 사용되는 비즈니스 지향적인 소셜 네트워크이다.

페이스북은 세계적인 미디어이다.

정답 : a. 인스타그램, b. 트위터, c. 링크드인, d. 페이스북

❸ 소셜 미디어 마케팅 캠페인에서 적용되는 단계에 관해서 내용을 채우시오.

정답 : 1. 적절한 플랫폼 선택, 2. 적합한 콘텐츠 계획, 4. 캠페인 추적

M·E·M·O

Chapter

7

소셜 미디어 계정

이 단원을 마치면 다음을 수행할 수 있다.

- 소셜 미디어 프로필이라는 용어를 이해한다.
- 서로 다른 유형의 프로필을 구별한다.
- 소셜 미디어 프로필을 만들 수 있다.
- 소셜 미디어 프로필을 편집할 수 있다.

International
Computer
Driving
Licence

Section 01 소셜 미디어 유형

소셜 미디어는 다양한 유형과 목적을 가진 플랫폼들로 구성된다. 여기에는 주로 사용자들이 콘텐츠를 공유하고 상호작용하는 공간을 제공하는 플랫폼들이 포함된다. 몇 가지 대표적인 소셜 미디어 유형은 다음과 같다.

[표 7-1] 소셜 미디어의 다양한 유형

구분	내용
소셜 네트워킹 사이트(SNS)	가장 일반적인 소셜 미디어 유형으로, 사용자들이 프로필을 생성하고 친구, 가족, 동료 등과 연결할 수 있는 플랫폼이다. 예시로 Facebook이 있다.
마이크로블로깅 플랫폼	사용자들이 짧은 글이나 업데이트를 작성하고 공유하는 플랫폼이다. 예를 들면 Twitter가 있으며, 특정 글자 수 제한이 있다.
이미지 공유 플랫폼	사용자들이 사진이나 이미지를 업로드하고 공유할 수 있는 플랫폼이다. Instagram이 대표적인 예시로, 사용자들은 사진을 게시하고 좋아요, 댓글 등으로 상호작용한다.
비디오 공유 플랫폼	사용자들이 동영상을 업로드하고 공유할 수 있는 플랫폼이다. YouTube가 가장 유명한 비디오 공유 플랫폼이며, 사용자들은 동영상을 시청하고 구독, 좋아요, 댓글 등으로 상호작용한다.
전문적인 네트워킹 플랫폼	비즈니스 또는 직업 관련 커뮤니티와 네트워킹을 할 수 있는 플랫폼이다. LinkedIn이 가장 대표적인 전문적인 소셜 미디어 플랫폼으로, 사용자들은 직장 관련 정보를 공유하고 전문 네트워크를 구축할 수 있다.

이 외에도 소셜 미디어는 뉴스 공유, 관심사 공유, 블로그, 포럼 등 다양한 형태로 존재한다. 각 소셜 미디어 플랫폼은 독특한 기능과 특성이 있으며, 사용자들은 자신의 관심사와 목적에 맞는 플랫폼을 선택하여 활용할 수 있다.

소셜 미디어 플랫폼을 결정한 경우, 관련 플랫폼에서 계정을 설정해야 한다. 소셜 미디어 플랫폼의 사용자 계정을 소셜 미디어 프로필이라고도 한다. 개인, 비즈니스, 그룹 및 이벤트 등에 대한 다양한 유형의 프로필이 있다. 공개/비공개 가시성, 분석 도구와 같은 기능의 특징이 프로필 유형에 따라 다르다.

[개인]
o 친구와 가족들과 연결하기 위해 사용되는 유형
o 개인 선호도에 따라 개인보호 정책을 설정

[비즈니스]
o 일반기업, 브랜드 제품, 공인이 사용하는 대중적인 유형
o 광고나 분석 등의 추가적인 기능을 제공

[그룹]
o 관심, 취미, 전문지식을 공유하기 위한 유형
o 그룹의 필요에 따라 적절한 개인보호정책을 설정

[이벤트]
o 이벤트를 알릴 때 사용하는 유형
o 행사날짜, 시간, 장소, 초대권 정보가 있음

[그림 7-1] 소셜 미디어 프로필

TIP 소셜 미디어 플랫폼은 지속해서 특징 및 기능을 업데이트한다. 따라서, 게시물이나 도움말을 보고, 사용자 커뮤니티에 참여함으로써 최신 정보를 유지한다.

페이스북은 개인, 비즈니스, 그룹, 단체 등에 적합한 다양한 도구를 제공한다. 그 도구에는 프로필, 페이지, 그룹, 이벤트가 있다.

1) 프로필

페이스북 프로필은 개인이 가족, 친구, 커뮤니티와 소통하는 데 사용할 수 있는 도구다. 프로필을 사용하면 여러 사진, 스토리, 게시물 등을 통해 자기만의 이야기를 전달할 수 있으며, 타인의 정보를 공유할 수 있다. 또한, 관심 있는 비즈니스와 단체를 팔로우하고 새로운 소식을 받아볼 수 있다. 페이지, 그룹, 이벤트를 만들고 관리하는 등 다양한 기능을 활용할 수 있다.

Messenger에서 1:1 대화를 할 수 있다.

2) 페이지

비즈니스, 단체, 비영리 단체, 유명인 등은 페이스북 페이지를 사용하여 고객 및 팬과 소통할 수 있다. 페이지는 소셜 미디어에서 비즈니스의 인지도를 높이는 데 유용한 무료 도구다. 페이지를 사용하면 새로운 타겟에게 도달하고 제품, 서비스나 커뮤니티에 관심이 있는 팬 또는 고객과 1:1로 소통할 수 있다. 또한, 페이스북 광고를 활용하여 실질적인 비즈니스 성장을 이룰 수도 있다. 또한, 커뮤니케이션을 관리하고 페이지 인사이트를 통해 타겟에 대해 더 자세히 알아볼 수 있다.

페이스북 페이지가 제공하는 기능 중 일부는 아래와 같다.

- 정보에 관한 팁 : 페이지를 방문하는 사람들이 비즈니스에 대해 자세히 알아보고, 비즈니스에 연락하고, 매장으로 찾아가는 길을 확인할 수 있도록 비즈니스에 관한 정보를 알릴 수 있다.
- 페이지 인사이트 : 작성한 게시물에 대한 참여를 나타낸 인사이트, 페이지 타겟의 인구 통계학적 특성, 페이지 방문 횟수 등을 확인할 수 있다.
- 페이지 역할 : 직원들에게 페이지를 관리하고 게시물을 작성하며 광고를 만들 권한을 제공할 수 있다.
- Messenger/받은 메시지함 : 페이지를 방문하는 사람과 고객이 보낸 메시지를 관리하고 답변을 보낼 수 있다.
- 행동 유도 : 행동 유도 버튼을 추가하여 사람들이 비즈니스에 중요한 행동(예 : 메시지 전송, 서비스 예약)을 하도록 유도할 수 있다.
- 알림 : 사람들이 게시물과 상호작용하거나 페이지를 팔로우할 때마다 알림을 받을 수 있다.
- 게시물 관리 : 페이지 게시 도구 탭을 사용하여 페이지 게시물을 게시하고, 예약하고, 초안을 작성하여 고객들을 위한 새롭고 흥미로운 콘텐츠를 꾸준히 제공할 수 있다.
- 페이스북 광고 : 페이지를 설정한 후에는 광고를 만들 수 있다. 홍보하기 옵션을 사용하여 페이지에서 바로 광고를 만들고 페이스북과 인스타그램에 표시되도록 할 수 있다.

3) 그룹

그룹은 특정 사람들과 공통 관심사에 대해 논의할 수 있는 공간을 제공한다. 취미 모임, 독서 모임, 부서원 모임, 담당자 모임, 가족 모임, 다양한 동아리 모임 등 서로 소식을 주고받고 소통하고 싶은 모임이 있다면 얼마든지 그룹을 만들 수 있다. 공개할 수 있으며, 비공개도 가능하다.

그룹을 사용하는 이유는 다음과 같다. 소수의 사람을 선택하여 그룹을 만든 다음 이 그룹 내에서 소통하고 정보를 공유할 수 있으며 특정한 주제를 논의하는 포럼으로도 활용할 수 있다. 또한, 그룹에 이벤트를 추가하고 캘린더를 설정하여 일정을 관리할 수 있으며, 회원의 액세스 권한을 관리하고 제어할 수 있다.

4) 이벤트

비즈니스, 단체, 커뮤니티, 그룹 또는 개인이 이벤트를 사용하면 페이스북을 통해 모임을 계획하거나 모임에 참여할 수 있다. 디너파티, 비즈니스 홍보 행사, 생일파티, 모금행사 등에 대한 이벤트를 만들 수 있다. 누구나 페이스북에서 이벤트를 만들 수 있다. 비즈니스와 단체는 페이스북 페이지에서 바로 이벤트를 만들 수도 있다.

이벤트를 사용하는 이유는 다음과 같다. 이벤트는 날짜가 정해진 모임에 유용하다. 이벤트에 대한 액세스를 일일이 관리하고 제어할 수도 있고, 이벤트를 전체 공개로 설정할 수도 있다. 사람들이 이벤트에 대한 참석 여부를 회신했는지 확인할 수도 있다. 또한, 이벤트에 관해 사람들에게 추후 연락하거나 메시지를 주고받을 수도 있다.

Section 02 소셜 미디어 프로파일 생성

1 개요

소셜 미디어 플랫폼에서 기업 또는 조직 프로필을 설정하려면 회사 연혁, URL, 연락처 세부 정보, 비즈니스 유형, 프로필 이미지 및 표지 이미지와 같은 정보가 필요하다. 이 정보는 전문적으로 제시되어야 하며 여러분의 브랜드 정체성과 일치해야 한다. 이 정보를 정기적으로 검토하여 정확하고 최신의 상태로 유지하는 것이 중요하다.

페이스북에서는 이러한 유형의 프로필을 페이지라고 한다. 페이지를 만들 때 자동으로 페이지 관리자 역할이 부여된다. 관리자는 페이지를 관리하기 위해 다른 사람에게 다른 수준의 접근 권한을 부여할 수도 있다. 관리자는 페이지를 만들거나 관리하기 전에 개인 페이스북(Facebook) 계정이 있어야 한다.

TIP 프로필과 표지사진 같은 이미지를 만들 때 소셜 미디어 플랫폼에 따라 다양한 크기의 이미지를 요구한다.

2 소셜 미디어 프로파일 만들기

소셜 미디어에서 프로필을 생성하는 방법은 각 플랫폼에 따라 다를 수 있지만, 일반적으로 다음 단계를 따른다.

- 플랫폼 선택: 원하는 소셜 미디어 플랫폼을 선택한다. 대표적인 플랫폼으로는 Facebook, Instagram, Twitter, LinkedIn 등이 있다. 각 플랫폼은 고유한 프로필 생성 절차를 제공한다.
- 가입 및 로그인: 선택한 플랫폼의 웹사이트 또는 모바일 앱을 통해 계정을 만들고 로그인한다. 일부 플랫폼은 기존의 이메일 주소나 소셜 미디어 계정을 통해 가입할 수도 있다.
- 개인정보 입력: 프로필 생성을 위해 기본적인 개인정보를 입력해야 한다. 이는 이름, 생년월일, 성별, 거주지 등을 포함할 수 있다. 일부 플랫폼은 추가적인 정보를 요구하기도 한다.
- 프로필 사진 업로드: 프로필을 대표하는 사진을 선택하고 업로드한다. 일반적으로 사진은 명확하게 보이고 식별 가능해야 한다. 프로필 사진은 다른 사용자들에게 보이는 중요한 요소 중 하나이다.
- 소개/바이오 작성: 자기소개나 짧은 바이오를 작성하는 단계이다. 이를 통해 다른 사용자들이 당신에 대해 더 많이 알 수 있다. 각 플랫폼에서는 글자 수 제한이 있을 수 있으므로 간결하고 인상적인 소개를 작성하는 것이 좋다.

• 추가 정보 입력: 선택적으로 추가 정보를 입력할 수 있다. 이는 학력, 직장, 관심사, 연락처 등을 포함할 수 있다. 이 정보들은 다른 사용자와의 연결이나 공유된 콘텐츠에 대한 문맥(context)을 제공하는 데 도움이 된다.
• 개인정보 및 프라이버시 설정: 각 플랫폼은 개인정보 및 프라이버시 설정을 제공한다. 여기서는 프로필의 가시성, 친구/팔로워 요청, 개인정보 공개 범위 등을 조정할 수 있다. 원하는 대로 프로필을 보호하고 개인정보를 관리할 수 있도록 설정한다.
• 추가 설정 및 사용자 정의: 일부 플랫폼에서는 프로필에 추가 설정 및 사용자 정의를 할 수 있는 기능을 제공한다. 예를 들어, 배경 이미지를 변경하거나 특정 주제에 대한 관심사를 선택할 수 있다.

이러한 단계를 따라가면 소셜 미디어 프로필을 생성할 수 있다. 플랫폼에 따라 유연성과 다양한 설정 옵션이 다를 수 있으므로 해당 플랫폼의 가이드라인과 설정을 살펴보는 것이 좋다.

다음에 등장하는 내용은 제작 예시로 해당 기관의 지속적인 업데이트로 인해 내용이 다르지만, 프로파일을 생성하는 예시화면으로만 참고하기를 바란다.

① 페이스북을 사용하려면 먼저 회원으로 가입해야 하며 가입 후 로그인한다.

② 도구 모음에서 아래쪽 화살표를 선택하고 드롭다운 메뉴에서 "페이지 만들기"를 선택한다.

[그림 7-2] 페이지 생성

③ 기업을 가장 잘 설명하는 페이지 유형을 선택한다.

[그림 7-3] 비즈니스 페이지 유형 선택

④ 다음 화면에서 비즈니스 서비스에 맞는 이름을 입력한다.

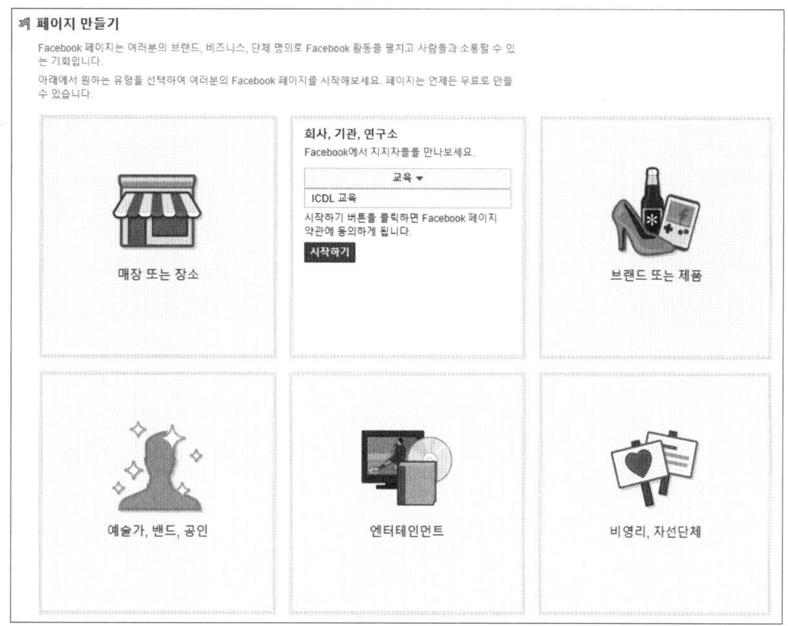

[그림 7-4] 페이지 이름 입력

⑤ 해당 분야의 카테고리를 선택한 후 "시작하기" 버튼을 클릭한다.

⑥ 프로필 사진 탭에서 프로필 사진을 업로드하거나 웹사이트에서 가져온다. 컴퓨터에서 업로드하려면 "업로드 프로파일 그림(Upload a profile picture)" 버튼을 클릭하고 이미지가 저장된 위치를 찾은 다음 열기를 선택한다.

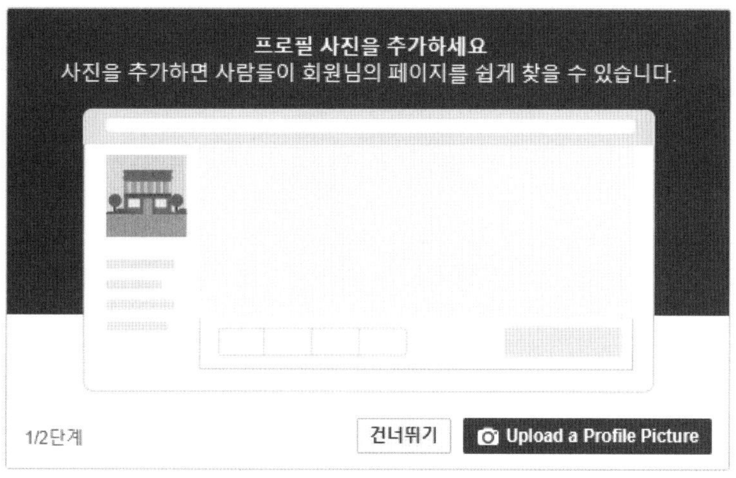

[그림 7-5] 프로필 사진 추가

※ 참고 : 프로필 사진은 소셜 미디어 플랫폼에 나타날 때마다 여러분의 비즈니스 또는 조직 이름 옆에 표시된다. 프로필 사진의 너비는 높이 180픽셀, 너비는 180픽셀인 것이 좋다. 프로필 사진은 컴퓨터에서 170×170픽셀, 스마트폰에서 128×128 픽셀크기의 정사각형모양으로 표시된다.

⑦ 프로필 사진을 업로드한 후 커버 사진을 업로드한다.

[그림 7-6] 커버 사진 추가

⑧ 페이스북 비즈니스 페이지에 커버 사진을 추가하면 커버 이미지가 프로필 페이지 상단에 나타난다. 업로드 시 최소 너비가 400픽셀, 높이가 150픽셀 이상이어야 한다. JPG 파일 형식으로 너비 851픽셀, 높이 315픽셀이고 100킬로바이트(KB) 미만일 때 로딩 속도가 가장 빠르다. 커버 사진은 컴퓨터에서는 너비 820픽셀, 높이 312픽셀, 스마트폰에서는 너비 640픽셀, 높이 360픽셀로 표시된다. 프로필 사진 및 커버 사진에 로고나 텍스트가 포함된 경우 PNG 파일을 사용하는 것이 적합하다. 상기 내용도 페이스북의 정책에 따라 다를 수 있기 때문에 수시로 확인한다.

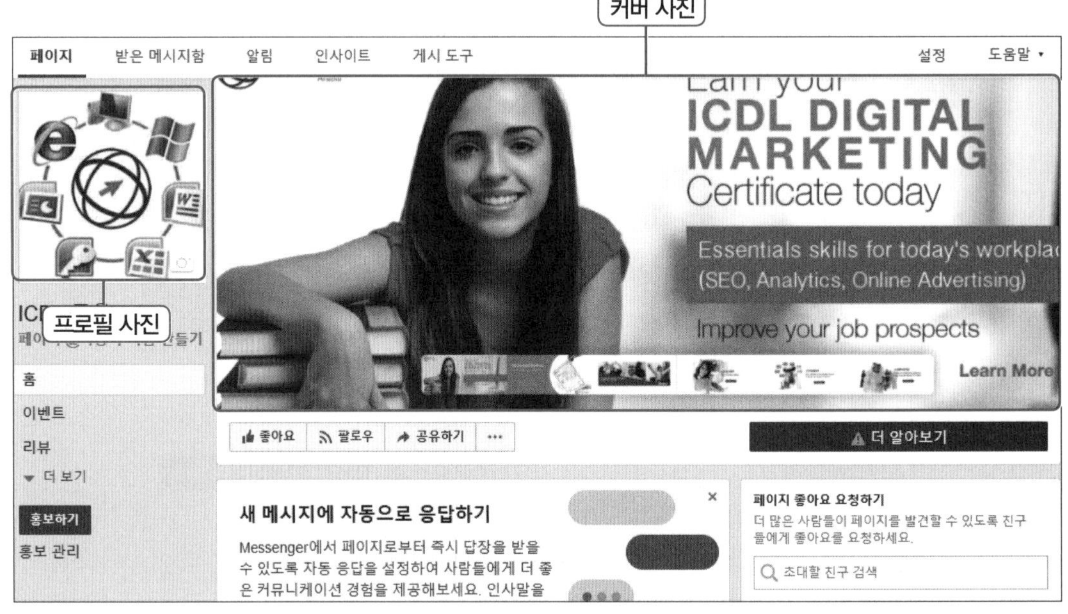

[그림 7-7] 프로필 사진과 커버 사진 추가 결과

Section 03 소셜 미디어 프로필 편집

페이스북에서 초기 페이지를 제작 후, 원하는 정보를 업데이트하고 추가할 수 있다. 사진은 시각적 요소가 중요하며 페이지 정보는 선택한 범주에 따라 다르지만 많은 항목의 정보를 정확하고 충분하게 제공하는 것이 좋다.

1 소셜 미디어 비즈니스 프로필 주요 정보 편집

소셜 미디어에서 프로필을 편집하는 과정은 플랫폼마다 약간씩 다를 수 있지만, 일반적으로 다음과 같은 단계를 따른다.

- 로그인: 해당 소셜 미디어 플랫폼의 웹사이트 또는 모바일 앱에 접속하여 계정에 로그인한다.
- 프로필 찾기: 로그인 후 화면 상단 또는 메뉴에서 "프로필", "내 계정", "설정"과 같이 프로필 관련 메뉴를 찾는다. 이는 플랫폼마다 위치나 레이아웃이 다를 수 있다.
- 프로필 편집: 프로필 관련 메뉴를 선택하면 일반적으로 "프로필 편집", "정보 수정" 또는 "프로필 설정"과 같은 옵션이 나타난다. 해당 옵션을 선택하여 프로필 편집 페이지로 이동한다.
- 개인정보 편집: 프로필 편집 페이지에서는 다양한 개인정보를 편집할 수 있다. 이는 이름, 생년월일, 거주지, 직장, 학력, 관심사 등을 포함할 수 있다. 각 항목을 선택하고 원하는 내용을 수정하거나 추가한다.
- 프로필 사진 변경: 프로필 사진을 변경하려면 "프로필 사진 편집", "사진 업로드", "프로필 이미지 변경"과 같은 옵션을 찾는다. 해당 옵션을 선택한 후 새로운 사진을 업로드하거나 기존의 사진을 편집한다.
- 소개/바이오 수정: 자기소개나 바이오를 편집할 수 있는 부분을 찾아 선택한다. 해당 영역을 클릭하거나 터치하여 소개글을 수정하고, 글자 수 제한이 있는 경우 제한 내에 내용을 작성한다.
- 추가 정보 수정: 프로필에 추가 정보를 입력하거나 수정하려면 해당 정보를 수정할 수 있는 항목을 찾는다. 예를 들어 관심사, 웹사이트, 연락처 등을 입력하거나 수정할 수 있다.
- 프라이버시 설정: 프로필의 가시성과 개인정보 보호 설정을 조정하려면 "개인정보 설정", "프라이버시 설정", "공개 범위"와 같은 옵션을 찾는다. 해당 옵션을 선택하여 원하는 대로 프로필의 가시성을 조절하고, 친구/팔로워 요청을 관리하며, 개인정보 보호를 설정한다.

- 변경 사항 저장: 프로필 편집을 마치면 변경 사항을 저장하거나 업데이트하는 옵션을 찾는다. 대부분의 플랫폼은 "저장", "업데이트", "적용" 등의 버튼을 제공한다. 해당 버튼을 클릭하면 프로필이 수정되고 저장된다.

이러한 단계를 따라가면 소셜 미디어 프로필을 편집할 수 있다. 각 플랫폼은 사용자 경험을 개선하기 위해 레이아웃 및 옵션을 변경할 수 있으므로 특정 플랫폼의 가이드라인을 참조하는 것이 도움이 된다.

다음의 내용은 프로필 편집의 예시이며, 현재 운영되는 사이트의 화면과 다르다는 것을 참고한다.

① 이미 등록한 내용을 편집하기 위해 왼쪽에서 정보 메뉴를 선택하고 관련된 항목의 내용을 수정 및 변경한다.

[그림 7-8] 비즈니스 프로필 편집

② 이전에 올린 이미지를 선택하려면 사진에서 선택을 클릭한다. 또는 컴퓨터에서 이미지를 추가하려면 사진 올리기를 클릭하고 이미지가 저장된 위치를 찾은 다음 열기를 선택한다.

[그림 7-9] 사진 업로드를 클릭

③ 원하는 위치로 사진의 위치를 바꾸려면 사진을 드래그한 후 저장을 클릭한다.

④ 프로필 사진 또는 커버사진을 업데이트하려면 이미지에서 카메라 아이콘을 클릭한다. 사진을 업로드하려면 이전에 올린 이미지를 선택하고 현재 이미지를 편집하거나 현재 이미지를 제거한 다음 해당 기능을 선택하고 지침을 따라야 한다.

⑤ 페이지 정보를 추가하거나 업데이트하려면 왼쪽 창의 메뉴에서 "정보"메뉴를 클릭한다.

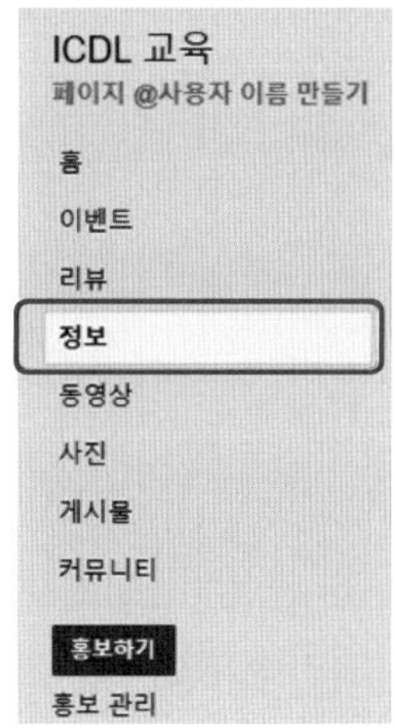

[그림 7-10] 왼쪽 창의 메뉴에서 정보를 클릭

⑥ 새 정보를 추가하려면 정보 페이지에서 관련 항목을 클릭한다.

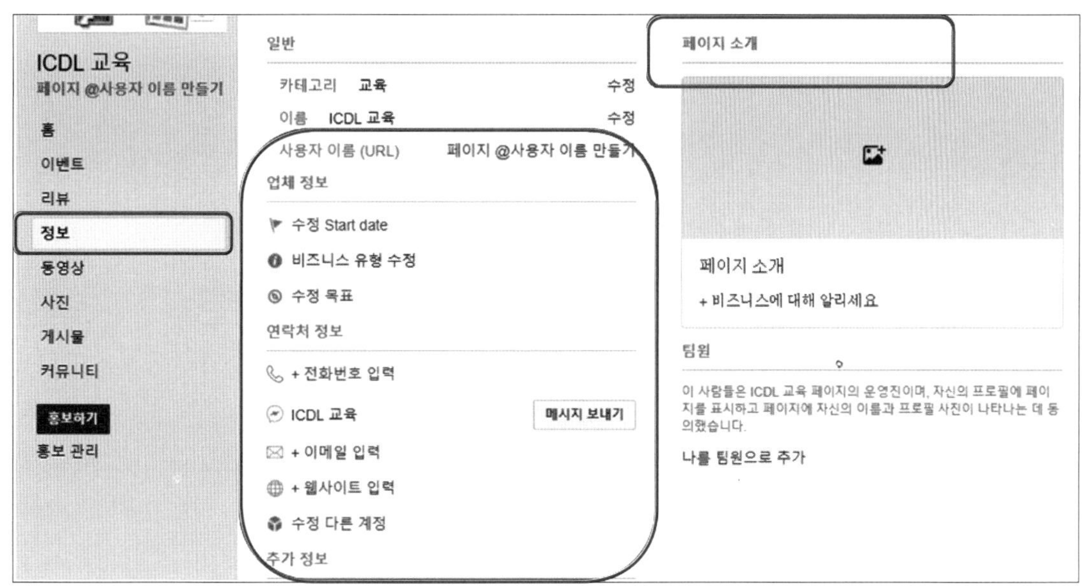

[그림 7-11] 비즈니스 프로필 정보 추가 편집

⑦ 선택 사항에 따라 정보를 추가하고 저장한다. 예를 들어, 사용자 이름을 추가하려면 Page@username을 만든다. 사용자 이름 필드에 사용자 이름을 입력하고 사용자 이름 만들기를 누른다.

[그림 7-12] 사용자 이름 만들기

※ 참고 : 사용자 이름은 5자 이상이며 일반적인 용어나 확장자(.com, .net)는 포함할 수 없다. 사용자 이름을 만들면 페이지의 이름 아래, 페이지의 URL에 표시된다.

⑧ "정보" 메뉴에서 페이지 소개, 홈페이지 주소, 사업목표, 연락처 등을 입력한다.

⑨ 저장 후 주요 정보를 확인한다.

[그림 7-13] 관련 정보 수정

2 비즈니스 프로필 홍보

비즈니스 프로필을 홍보하기 위하여 다음 진행과정을 수행한다.

① 왼쪽 "홍보" 메뉴를 클릭하여 페이지 홍보하기, 메시지 수신 늘리기, 웹사이트 방문자 늘리기 등의 방법을 확인한다. 그중에서 비즈니스에 적절한 방법을 선택한다.

② 다음 화면은 "페이지 홍보하기"이다. 페이스북이 홍보 광고를 위해 선택한 이미지와 문구가 반영된 광고가 데스크톱 뉴스피드, 모바일 뉴스피드 및 페이스북 오른쪽 칼럼에서 어떻게 표시되는지를 확인할 수 있다. 광고의 이미지나 문구를 변경하려면 "광고 크리에이티브" 옆의 "수정"을 클릭한다. 그리고 성별, 연령, 위치, 관심사, 행동, 인구 통계학적 특성에 따라 타겟을 정할 수 있다.

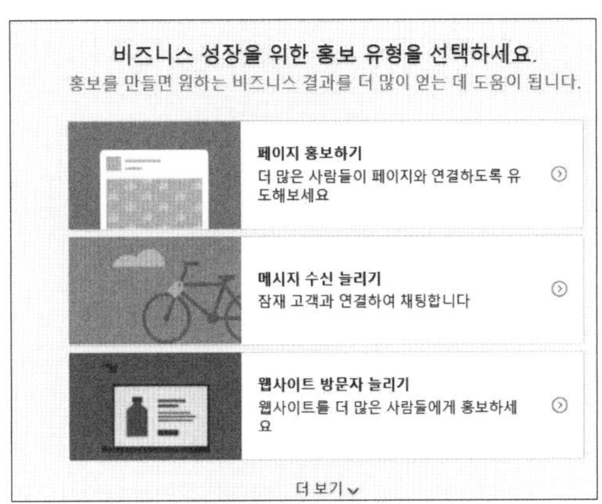

[그림 7-14] 사이트를 홍보하기 위한 방법

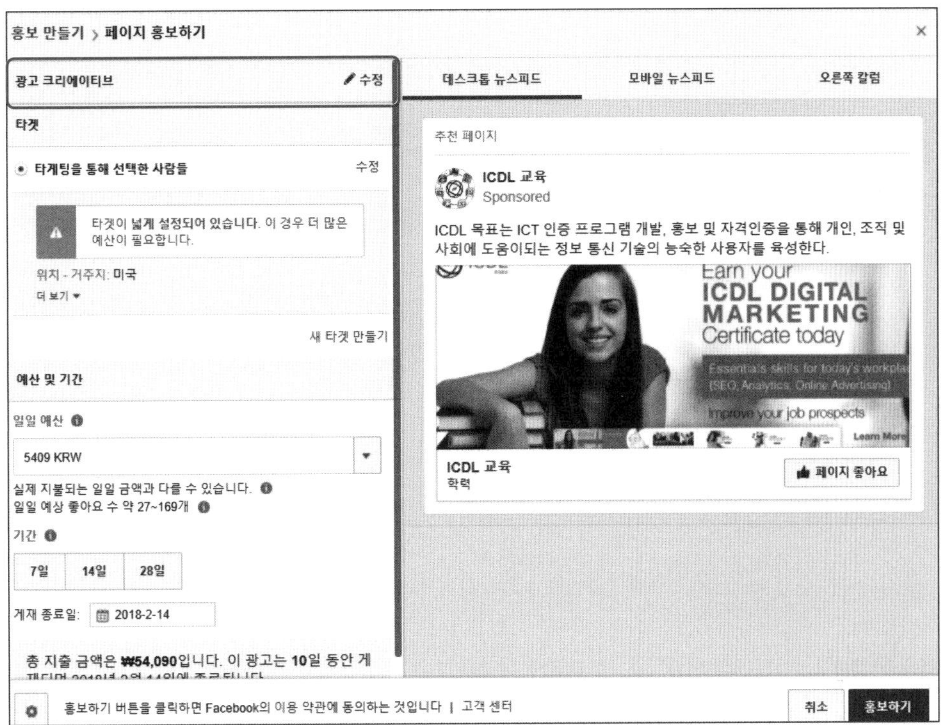

[그림 7-15] 페이지 홍보를 위한 각종 정보 입력하기

③ 기업의 비즈니스가 목표로 하고 있는 잠재고객을 타겟팅 한다. 타겟은 위치(지역), 성별, 연령, 관심사에 따라 세분화하여 할 수 있다.

④ 캠페인 일일 예산을 설정한다. 예산에 따른 추산 캠페인 목표를 확인한 후 예산을 조정할 수 있다.

⑤ 캠페인 기간 또는 게재 일을 설정한다.

연습 문제

1 다음 중 소셜 미디어 플랫폼의 계정을 설명하는 데 사용되는 용어를 고르시오.

a. 소셜 미디어 게시물

b. 소셜 미디어 핀

c. 소셜 미디어 프로필

d. 소셜 미디어 트윗

해설

소셜 미디어 플랫폼을 결정한 경우, 관련 플랫폼에서 계정을 설정해야 한다. 소셜 미디어 플랫폼의 사용자 계정을 소셜 미디어 프로필이라고도 한다. 개인, 사업, 그룹 및 이벤트 등에 대한 다양한 유형의 프로필이 있다. 공개/비공개 가시성, 분석 도구와 같은 기능의 특징이 프로필 유형에 따라 다르다.

정답 : c

2 다음 중 관심분야가 비슷한 사람들의 커뮤니티에 적합한 소셜 미디어 프로필은 무엇인지 고르시오.

a. 이벤트

b. 그룹

c. 비즈니스

d. 개인

해설

그룹은 관심, 취미, 전문지식을 공유하기 위한 유형이며 그룹의 필요에 따라 적절한 개인보호정책을 설정한다.

정답 : b

3 소셜 미디어 플랫폼에 비즈니스 프로필을 제작하시오.

정답 : 직접 실습하기

4 소셜 미디어 플랫폼에서 비즈니스 프로필을 편집하여 프로필 사진과 커버사진 및 기타 관련 세부 정보를 추가하시오.

정답 : 직접 실습하기

소셜 미디어 활용

이 단원을 마치면 다음을 수행할 수 있다.

- 일반적인 소셜 미디어 활동을 이해한다.
- 게시물, 이벤트, 설문조사 및 쿠폰 작성, 수정과 삭제를 수행할 수 있다.

International
Computer
Driving
Licence

Section 01 소셜 미디어 활동

소셜 미디어 플랫폼은 사용자가 자신의 프로필, 포스트, 댓글, 좋아요, 팔로우/팔로워 관계 등에 대한 활동 내용을 확인할 수 있는 기능을 제공한다. 플랫폼에 로그인하여 자신의 계정에서 활동 내용을 확인하고 분석할 수 있다. 이러한 내용을 통해 사용자는 자신의 활동이나 인기 있는 게시물, 상호작용 등을 파악할 수 있다. 따라서 소셜 미디어 플랫폼에서 자신의 활동 내용을 확인하고 관리하는 것이 가장 적절하고 정확한 방법이다.

소셜 미디어 활동을 위해 계정을 생성하고 프로필을 설정하면 잠재고객의 참여를 유도하고 상호작용을 할 수 있다. 게시물을 통해 자사의 제품이나 서비스 또는 기업의 활동에 대해 소식을 알릴 수 있으며, 게시물의 댓글, 좋아요, 공유와 같은 활동을 통해 잠재고객이 내 게시물에 어떻게 반응하였는지를 알 수 있다. 사용자 또는 고객의 행동은 각각 다른 것을 의미하는 데 설명을 하면 아래와 같다.

[표 8-1] 소셜 미디어 활동

구분	내용
POST 게시글	프로필을 설정하여, 잠재고객의 참여를 유도하고 상호 작용할 수 있다. 게시물의 받는 댓글, 공유 및 좋아요 수는 잠재고객이 콘텐츠에 어떻게 관여하는지 나타낸다. 게시물은 상태 업데이트, 이미지 또는 동영상과 같이 내 프로필에 콘텐츠를 게시하는 것을 의미한다. 일부 플랫폼은 콘텐츠를 게시하는 데 다른 용어를 사용한다 페이스북에서는 '게시(post)' 트위터에서는 '트윗(twit)'으로, 핀터레스트(Pinterest)에서는 '핀(pin)'이라고 한다.
COMMENT 댓글	댓글은 게시물에 대한 응답이다. 여러분의 고객은 게시물에 댓글을 달 수 있으며, 또 댓글에 응답할 수 있다. 다른 사람이나 조직의 게시물에 댓글을 달아 연결하고 대화를 시작할 수도 있다.
SHARE 공유	공유는 콘텐츠의 출처(처음 게시한 사람)가 포함된 소셜 미디어 플랫폼의 다른 프로필 및 사이트에서 콘텐츠를 다시 게시하는 방법이다. 잠재고객이 제공할 수 있는 최고의 칭찬은 콘텐츠를 공유하는 것이다.
LIKE 좋아요	'좋아요' 버튼은 청중이 게시물이나 페이지에 대한 합의 또는 지지를 표현하는 방법이다. 플랫폼에 따라 서로 다른 좋아요(Like) 버튼이 사용된다. 예를 들어 페이스북에서 엄지손가락 기호이고 인스타그램과 트위터에서는 하트 기호이다. 게시물이 받는 "좋아요" 및 "공유"의 양은 성공의 주요 척도이다.
TAG 태그	태그는 게시물이나 사진 또는 동영상에서 언급된 사람이나 조직을 식별하는 방법이다. 태그는 프로필에 대한 링크를 생성하므로 누군가가 태그를 클릭하면 프로필로 이동한다. 게시물 아래의 댓글에 이름을 태그 하는 것은 친구와 게시물을 공유하는 또 다른 방법이다.

HASHTAG 해시태그	해시 태그는 소셜네트워크서비스(SNS) 등에서 사용하는 기호로, 해시기호(#) 뒤에 띄어쓰기없이 특정단어나 문구를 쓰면 그 단어에 대한 글을 모아 분류해서 볼 수 있다. 해시 태그는 항목별로 게시물 및 기타 미디어를 분류하는 데 사용되므로 쉽게 검색할 수 있다. 해시 태그를 클릭하면 해당 해시 태그를 사용하는 모든 게시물과 미디어가 표시된다. 해시 태그는 2007년 트위터에서 사용되었으며 인스타그램, 핀터레스트를 비롯한 다른 채널에서 흔히 볼 수 있다.
 팔로워	소셜 미디어 사용자가 내 프로필이나 콘텐츠에 관심이 있는 경우 해당 사용자는 나를 팔로우할 수 있다. 나의 공개소식을 팔로워의 뉴스 피드에 표시할 수 있다. 플랫폼마다 처리 방법이 다르다.

Section 02 포스트 만들기 및 업데이트

1 개요

소셜 미디어 플랫폼에는 다양한 유형의 게시물이 있다. 페이스북의 예를 들면 다음과 같다.

[표 8-2] 페이스북의 다양한 게시물

구분	내용
NEWS 뉴스	뉴스 게시는 자사의 정보를 최신 상태로 유지하는 방법이다. 청중에게 흥미로운 텍스트, 이미지 및 동영상을 게시할 수 있다. 예를 들어, 주스 바는 페이스북에 '오늘의 스무디' 사진을 게시하여 고객이 주스바에 와서 구매해 볼 것을 권장할 수 있다.
EVENT 이벤트	이벤트란 사람들에게 다가오는 이벤트에 대해 알리고 누가 올지 관리하는 방법이다. 사람들은 이벤트를 공유하고 프로필이나 페이지 달력에 추가할 수 있다. 예를 들어, 새로운 스무디 또는 전문가와 대화를 위한 이벤트를 시작할 수 있다.
설문조사	설문조사는 잠재고객에게 질문하는 방법이다. 잠재고객과의 소통 및 의견 제시를 위한 좋은 방법이다. 예를 들어, 주스바 고객으로부터 피드백을 얻으려면 "바나나와 라임, 딸기와 블루베리 중 어떤 스무디를 먹고 싶습니까?"라는 투표를 할 수 있다.
-50% 쿠폰	쿠폰은 페이지를 통해 고객에게 할인을 제공하는 방법으로 웹사이트 또는 실제 매장에서 사용할 수 있다. 예를 들어, 바나나와 라임 스무디를 홍보할 때 최초로 구매하는 5명 고객에게 할인권을 주어 직접 사용하거나 친구들과 공유하게 하여 고객의 관심을 모을 수 있다.

2 진행절차

소셜 미디어에서 포스트 및 업데이트를 하는 방법은 주로 다음과 같은 단계를 따른다.

- 로그인: 해당 소셜 미디어 플랫폼의 웹사이트 또는 모바일 앱에 접속하여 계정에 로그인한다.
- 포스트 작성/업데이트 찾기: 로그인 후 일반적으로 "포스트 작성", "글쓰기", "새 게시물", "업데이트"와 같은 버튼이나 링크를 찾는다. 이는 플랫폼마다 위치나 레이아웃이 다를 수 있다.
- 텍스트 작성: 포스트 작성/업데이트 창이 나타나면 텍스트를 입력한다. 이는 자유롭게 생각이나 감정, 정보 등을 포함할 수 있다. 일부 플랫폼은 글자 수 제한을 둘 수도 있으므로 해당 제한 내에서 내용을 작성한다.
- 이미지/동영상 추가: 포스트에 이미지나 동영상을 첨부하려면 "이미지 추가", "동영상 추가", "미디어 추가"와 같은 옵션을 찾는다. 해당 옵션을 선택하여 컴퓨터나 모바일 기기에서 이미지나 동영상을 업로드한다.
- 링크 추가(선택사항): 포스트에 링크를 첨부하려면 "링크 추가", "URL 추가"와 같은 옵션을 찾는다. 해당 옵션을 선택하고 링크 주소를 입력하면 링크가 포스트에 포함된다.
- 해시태그 추가(선택사항): 포스트에 해시태그를 추가하려면 "#" 기호를 사용하여 특정 주제나 키워드를 태그한다. 예를 들어, "#여행", "#음식", "#기술"과 같은 형식으로 입력한다. 해시태그를 사용하면 다른 사용자들이 해당 주제나 키워드로 검색했을 때 포스트가 노출될 수 있다.
- 포스트/업데이트 예약(선택사항): 일부 플랫폼은 포스트나 업데이트를 예약하여 특정 시간에 자동으로 게시하도록 설정할 수 있다. 이를 활용하려면 "예약", "게시 일정", "일정 설정"과 같은 옵션을 찾아 원하는 날짜와 시간을 선택하거나 입력한다.
- 공개 범위/프라이버시 설정: 포스트의 공개 범위 또는 프라이버시 설정을 조절하려면 해당 설정을 제공하는 옵션을 찾는다. 예를 들어, "공개", "친구만 보기", "비공개"와 같은 옵션을 선택하여 포스트의 가시성을 조절한다.
- 포스트/업데이트 게시: 포스트 작성/업데이트를 마치면 "게시", "업데이트", "공유" 등의 버튼을 클릭하여 포스트를 게시한다. 게시한 포스트는 사용자의 프로필이나 타임라인에 나타나며, 다른 사용자들이 볼 수 있다.

위의 단계를 따라가면 소셜 미디어에서 포스트를 작성하거나 업데이트할 수 있다. 플랫폼에 따라 추가적인 기능이나 설정이 제공될 수 있으므로 해당 플랫폼의 가이드라인을 참조하는 것이 도움이 된다.

다음의 내용은 실제 운영되는 화면과는 다르며, 다만 예시 화면으로 참고한다.

페이스북의 게시물인 뉴스, 이벤트, 설문조사 및 선정 게시물을 작성, 편집 및 삭제할 수 있다.

1) 뉴스 게시물 만들기

① 게시도구(publishing tool)는 게시물, 동영상은 브랜드콘텐츠, 잠재고객용광고 양식, 이벤트, 캔버스 등에 페이스북에서 위의 게시도구(Publishing Tools)를 클릭 후 게시물 만들기 버튼을 클릭한다.

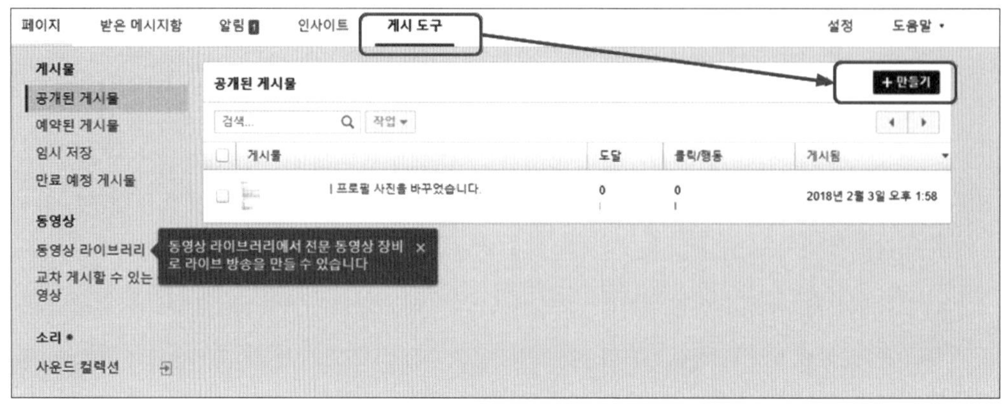

[그림 8-1] 게시도구를 이용하여 게시물 만들기

② 페이지의 왼쪽 "게시물" 메뉴를 클릭하면 오른쪽의 방문자 게시물 부분에서 게시물을 추가할 수 있다.

[그림 8-2] 페이지의 게시물을 클릭하면 오른쪽에 게시글 추가 버튼을 클릭

③ 게시물에 관련 콘텐츠를 추가하고 게시를 클릭한다. 게시할 수 있는 콘텐츠는 아래와 같다.

a. 글쓰기
b. 사진 및 동영상
c. 라이브 방송
d. 이벤트 만들기
e. 리스트 작성하기
f. 쿠폰 만들기
g. 노트 작성
h. 투표할 설문지 만들기

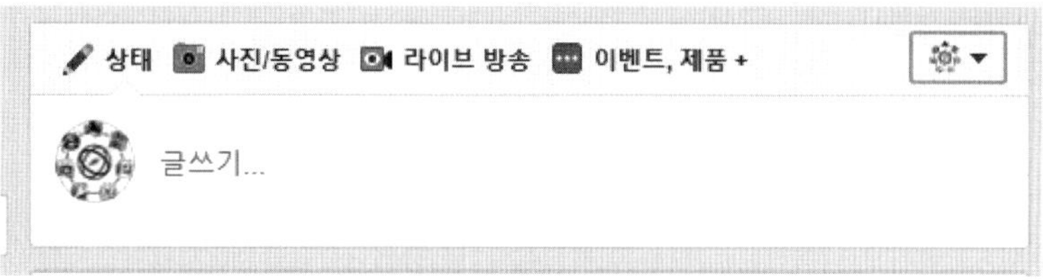

[그림 8-3] 콘텐츠를 추가

2) 뉴스 게시물 삭제

① 게시물의 왼쪽에서 선택한 후 상단의 작업에서 삭제 기능을 선택하여 삭제한다.

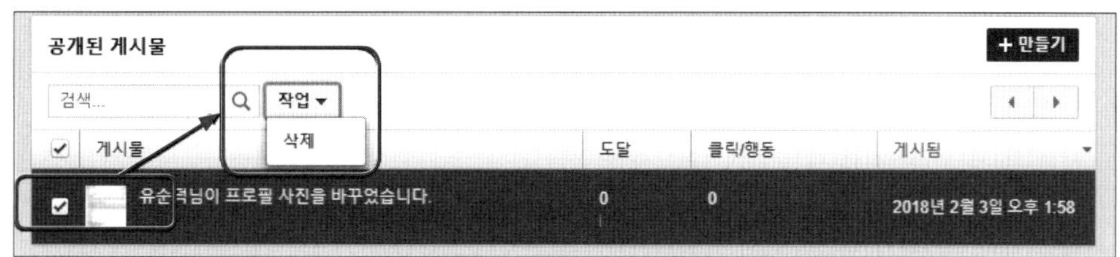

[그림 8-4] 뉴스 게시물 수정 또는 삭제

② 작업 - 편집 또는 삭제에서 관련 기능을 선택한다.

a. 게시물 편집을 선택한 경우 게시물의 관련정보를 편집하고 완료를 클릭한다.

b.게시물을 선택한 후, 삭제를 클릭한다.

3) 이벤트 만들기

① 왼쪽 "이벤트" 메뉴를 클릭한다.

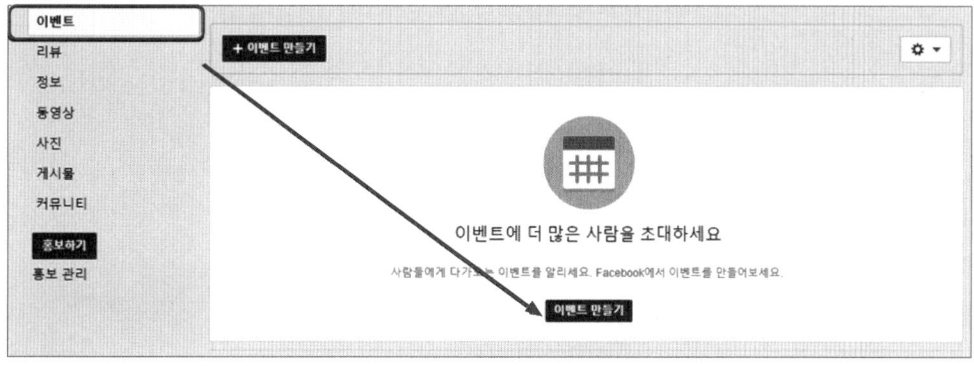

[그림 8-5] 이벤트 메뉴 초기화면

② 본문의 "이벤트 만들기"를 클릭한다.

[그림 8-6] 이벤트 만들기 클릭

③ 이벤트 만들기를 선택한 후 관련된 정보를 입력 후 게시를 클릭한다.

[그림 8-7] 이벤트 결과물 확인

④ 새 이벤트 페이지에 세부사항을 입력하고 공개를 클릭한다. 이벤트 세부 정보는 다음과 같다.

a. 이벤트 사진

b. 이름

c. 위치

d. 시작 및 종료 날짜 및 시간

e. 이벤트에 대한 설명

f. 쉽게 찾을 수 있도록 이벤트를 설명하는 태그

g. 이벤트 티켓을 받거나 살 수 있는 웹사이트

h. 이벤트를 편집할 수 있는 사용자 또는 페이지

4) 이벤트 수정 또는 삭제

① 이벤트 페이지의 오른쪽 위에 있는 "수정"을 클릭한다.

[그림 8-8] 이벤트 수정

② 이벤트를 수정하려면, 이벤트 수정 페이지에서 관련 정보를 업데이트하고 저장을 클릭한다.

③ 이벤트를 삭제하려면 이벤트 수정 페이지에서 이벤트 취소를 클릭한다.

④ 이벤트 취소 버튼을 선택하여 참석자에게 이벤트가 취소 되었음을 알리거나 이벤트 삭제 버튼을 클릭하여 참석자에게 이벤트가 취소 되었음을 알리고 모든 게시물을 제거한다.

이벤트 수정

설명 ICDL 교육을 위한 홍보 이벤트 입니다.

키워드 결과 리스트에 키워드를 입력하여 선택하세요

어린이 동반 가능

티켓
이벤트 티켓을 받을 수 있는 웹사이트를 사람들에게 알려주세요

티켓 URL 티켓 구매 웹사이트 링크를 추가하세요 판매 중

옵션
이벤트에서 수정하고 게시할 수 있는 사람을 선택하세요

공동 주최자 페이지 및 친구 추가

게시 옵션 누구나 게시할 수 있음(신고된 게시물은 승인을 받아야 함)
누구나 게시할 수 있음(모든 게시물이 승인을 받아야 함)
주최자만 게시물을 올릴 수 있도록 설정

참석자 명단 참석자 명단 표시

이벤트 취소 취소 저장

[그림 8-9] 이벤트 취소

⑤ 이벤트를 취소 또는 삭제를 한다.

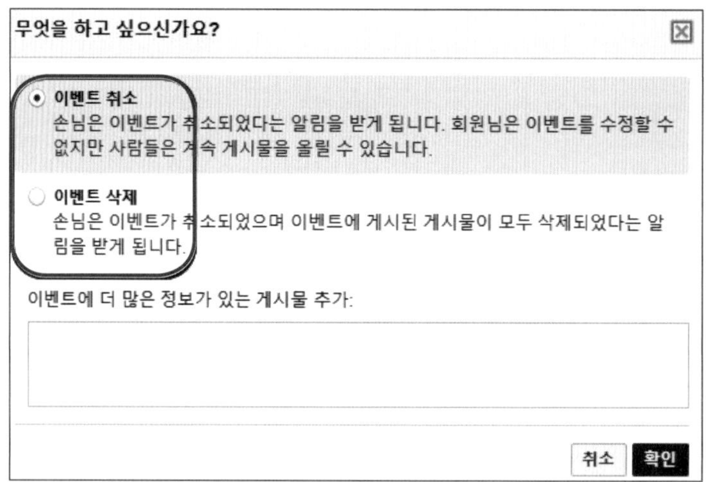
무엇을 하고 싶으신가요?
이벤트 취소
손님은 이벤트가 취소되었다는 알림을 받게 됩니다. 회원님은 이벤트를 수정할 수 없지만 사람들은 계속 게시물을 올릴 수 있습니다.
이벤트 삭제
손님은 이벤트가 취소되었으며 이벤트에 게시된 게시물이 모두 삭제되었다는 알림을 받게 됩니다.
이벤트에 더 많은 정보가 있는 게시물 추가:
취소
확인

[그림 8-10] 프로필에 이벤트를 취소 또는 삭제

5) 설문조사 만들기

① "이벤트, 제품"에서 "투표할 설문 만들기"를 클릭한다.

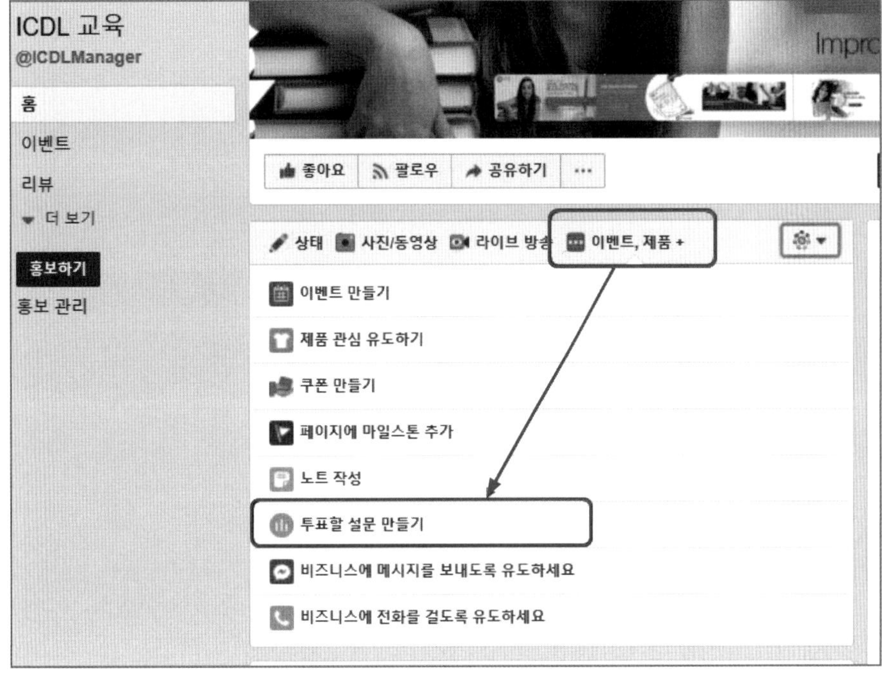

[그림 8-11] 프로필에 설문조사 만들기

② 질문을 입력하고 설문조사 기능 추가(Add poll options)를 클릭한다.

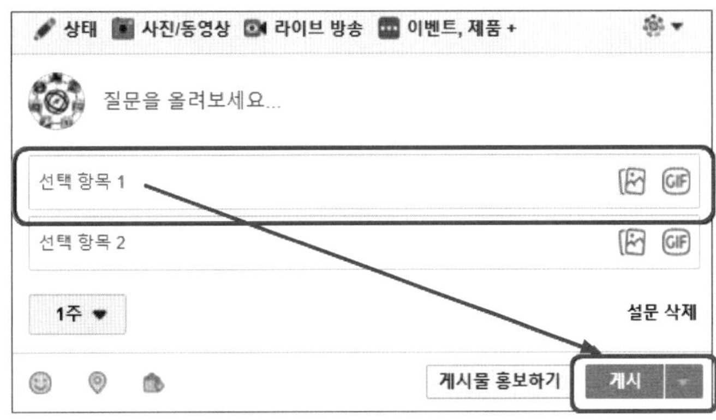

[그림 8-12] 질문을 게시

③ 옵션 추가를 클릭하여 관련 설문조사 기능을 입력하고 게시를 클릭한다.

[그림 8-13] 설문조사 게시

6) 설문조사 수정 또는 삭제

① 설문조사를 보려면 왼쪽 메뉴의 게시물로 이동한 후 "..." 아이콘 버튼을 클릭하면 아래펼침 메뉴가 표시된다. 여기에서 게시물 수정을 선택한다.

[그림 8-14] 설문게시물 선택

② 게시물 수정 후 "수정완료" 버튼을 누르면 게시된다.

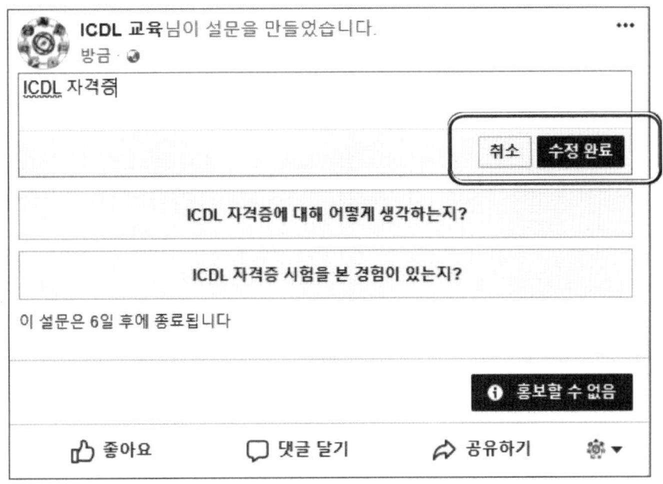

[그림 8-15] 설문 게시물 수정

③ 설문 게시물을 삭제하려면 게시물 오른쪽 메뉴에서 게시물 삭제를 선택한다.

7) 쿠폰 만들기

① 메인페이지 초기화면에서 "이벤트, 제품 +" 를 클릭하면 하단에 쿠폰만들기 메뉴가 표시가 된다.

② "쿠폰 만들기"를 선택한다.

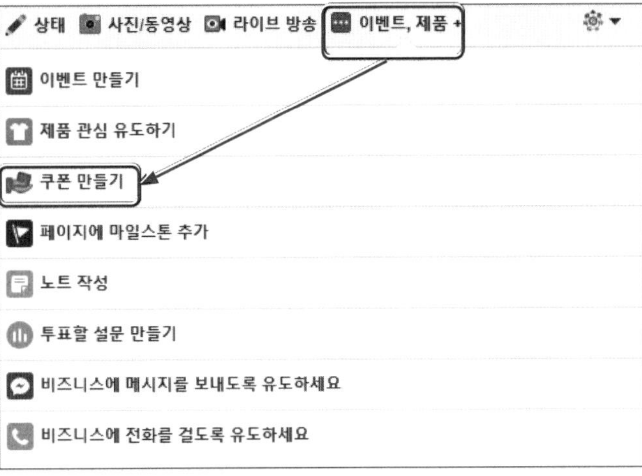

[그림 8-16] 이벤트, 제품 +를 클릭 후 쿠폰 만들기를 선택

③ 쿠폰작성 페이지에서 관련정보를 적절하게 완성한다.

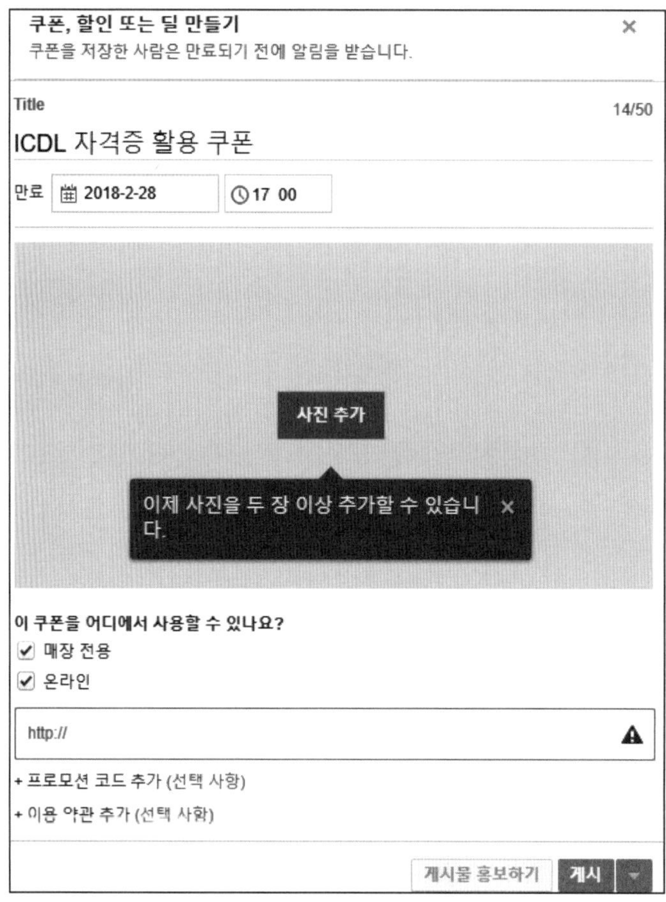

[그림 8-17] 원하는 내용을 입력

a. 쿠폰 제목을 입력한다.

b. 만료 날짜를 설정한다.

c. 사진을 추가한다.

d. 쿠폰 사용장소를 선택한다. 매장전용과 온라인을 모두 선택할 수 있다. 그리고 온라인 선택 시 유효한 웹사이트 URL을 입력해야 한다.

e. 선택사항으로 프로모션 코드를 설정한다.

f. 선택사항으로 쿠폰관련 중요규정 및 법적정보, 이용약관 등을 입력한다.

④ 데스크톱 장치의 뉴스 피드에 쿠폰이 적절하게 표시되었는지 확인한다.

8) 쿠폰 수정 및 삭제

① 쿠폰 게시물로 이동한 후 오른쪽의 "..." 아이콘을 클릭하면 아래펼침메뉴가 표시된다. 여기에서 게시물 수정을 선택한다.

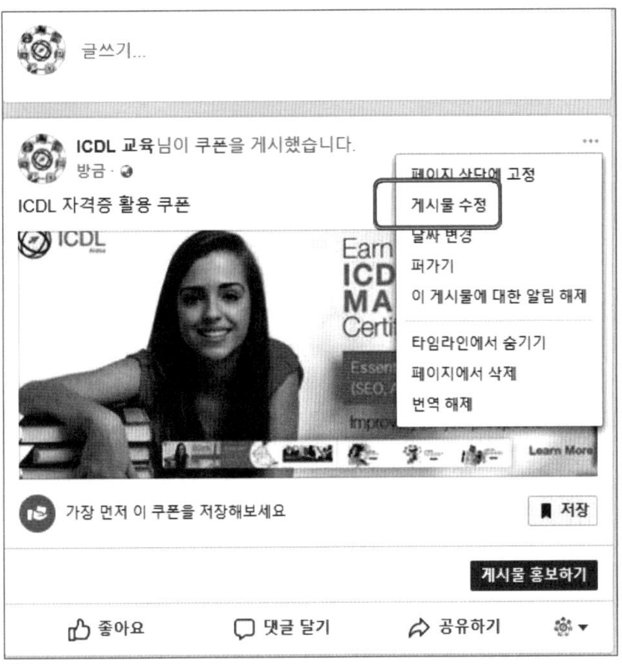

[그림 8-18] 쿠폰 게시물 선택

② 게시물 수정 후 "수정완료" 버튼을 누르면 게시된다.

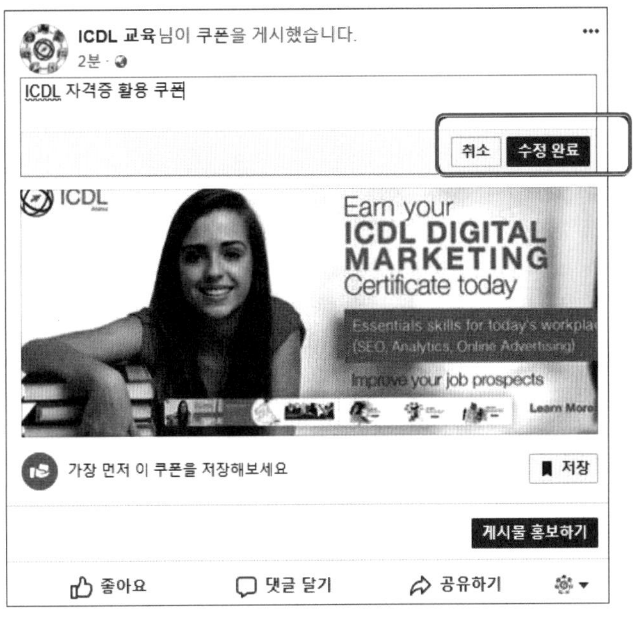

[그림 8-19] 쿠폰 게시물 수정

③ 쿠폰 게시물을 삭제하려면 게시물 오른쪽 메뉴에서 삭제를 선택한다.

연습 문제

1 아래의 소셜 미디어 액션을 다음 설명과 연결하시오.

a. 게시물에 언급된 사람을 식별하는 방법이다.

b. 게시물에 응답하는 방법이다.

c. 다른 프로필의 콘텐츠를 다시 게시하는 방법이다.

d. 프로필에 콘텐츠를 게시하는 방법이다.

e. # 문자 뒤에 단어 또는 문구를 작성한다.

f. 잠재고객이 게시물에 대한 지지를 표현하는 방법이다.

해설

태그는 게시물이나 사진 또는 동영상에서 언급된 사람이나 조직을 식별하는 방법이다

댓글은 게시물에 대한 응답이다. 여러분의 고객 및 고객은 여러분의 게시물에 댓글을 달 수 있으며 여러분의 댓글에 응답할 수 있다. 다른 사람이나 조직의 게시물에 댓글을 달아 연결하고 대화를 시작할 수도 있다.

공유는 콘텐츠의 출처(처음 게시한 사람)가 포함된 소셜 미디어 플랫폼의 다른 프로필 및 사이트에서 콘텐츠를 다시 게시하는 방법이다.

포스트(Post)는 프로필을 설정하여, 잠재고객의 참여를 유도하고 상호 작용할 수 있다. 게시물이 받는 댓글, 공유 및 좋아요 수는 잠재고객이 콘텐츠에 어떻게 관여하는지 나타난다.

해시 태그는 #문자 앞에 단어 또는 구이다. 해시 태그는 항목별로 게시물 및 기타 미디어를 분류하는 데 사용되므로 쉽게 검색할 수 있다.

좋아요 버튼은 청중이 게시물이나 페이지에 대한 합의 또는 지지를 표현할 수 있는 방법이다.

정답 : a. 태그(Tag), b. 댓글(Comment), c. 공유(Share), d. 포스트(Post), e. 해시태그(Hashtag), f. 좋아요(Like)

2 뉴스 게시, 이벤트, 쿠폰 및 설문조사를 만드시오.

정답 : 직접 실습하기

3 뉴스 게시, 이벤트, 쿠폰 및 설문조사를 수정하시오.

정답 : 직접 실습하기

4 뉴스 게시, 이벤트, 쿠폰 및 설문조사를 삭제하시오.

정답 : 직접 실습하기

Chapter

9

소셜 미디어 관리 서비스

이 단원을 마치면 다음을 수행할 수 있다.

- 소셜 미디어 관리 서비스라는 용어를 이해한다.
- 일반적인 소셜 미디어 관리 서비스를 식별한다.
- 예약된 일정이라는 용어를 이해한다.
- 게시물 예약을 할 수 있다.
- URL 단축기라는 용어를 이해한다.
- URL 단축기를 사용하여 링크를 추적한다.

International
Computer
Driving
Licence

Section 01 소셜 미디어 관리 서비스

전문적으로 소셜 미디어 계정을 관리하려면 콘텐츠 게시, 상호 작용, 광고 및 활동 추적 및 분석을 관리해야 한다. 이 모든 것은 많은 시간이 필요하다.

대부분의 소셜 미디어 플랫폼은 게시물 일정을 계획하고 활동을 추적 및 분석할 수 있는 도구를 제공한다. 많은 소셜 미디어 프로필을 관리하는 조직의 경우 소셜 미디어 관리 서비스를 통해 작업을 보다 효율적으로 수행할 수 있다. 다양한 소셜 미디어 관리 서비스는 다양한 기능을 제공한다. 기업의 필요에 따라 가장 적합한 옵션을 선택해야 한다.

[그림 9-1] 소셜 미디어 관리

일반적인 도구는 다음과 같다.

- Hootsuite(hootsuite.com)를 사용하면 무료 버전으로 최대 3개의 소셜 미디어 계정을 관리하거나 유료 사용 시 50개의 계정과 여러 사용자를 관리할 수 있다.
- Sproutsocial(sproutsocial.com)은 여러 소셜 계정을 쉽게 관리하고 상세한 분석을 제공하므로 소셜 미디어 대행사에서 자주 사용하는 프리미엄 서비스이다.
- Buffer(buffer.com)는 소셜 미디어 전반에 걸쳐 콘텐츠 게시를 예약하는 도구이다. 게시에 가장 적합한 시간을 선택하고 콘텐츠의 참여 및 도달 범위에 대한 분석을 제공한다.
- Oktopost(oktopost.com)는 회사에서 보유한 많은 프로필(페이스북, 구글 플러스, 트위터, 링크드인 등)에 대한 게시 일정을 미리 예약하고 배포한다. 배포 후 모든 게시물에 대한 클릭결과, 참여 및 전환율을 측정할 수 있다.

Section 02 게시 계획표

1 개요

"예약된 게시물"은 게시물이 향후 게시될 시기를 지정할 수 있게 해 주는 기능이다. 대부분의 소셜 미디어 플랫폼은 게시물을 예약하는 기능을 제공한다.

2 진행절차

Hootsuite에서 일정을 예약하려면 Hootsuite 계정을 만들고 소셜 네트워크를 추가한다.

① Hootsuite에서 Publisher를 선택한다.

② 게시할 소셜 네트워크를 선택한다.

③ 작성 상자에 게시물을 작성한다.

④ 예약을 클릭하여 게시물을 예약한다.

⑤ 게시물을 게시할 날짜 및 시간을 선택한다.

⑥ 일정을 클릭한다.

Section 03 URL 단축 서비스

1 개요

URL 단축 서비스는 월드와이드 웹상의 긴 URL(Uniform Resource Locator, 웹페이지 주소)을 짧게 만들어 주고 그것의 사용을 추적하는 온라인 서비스이다.

단축 URL은 SNS의 글자 수 한계를 보완하기 위해 등장한 서비스이다. 트위터의 경우 최대 140자의 글자를 쓸 수 있는데, 여기에 일반적인 웹페이지 주소가 삽입되면 사용자들이 실제로 쓸 수 있는 글자 수가 줄어들기 때문에 이를 줄여야 더 많은 글자를 입력할 수 있다. 많게는 수십바이트의 URL을 URL 단축서버의 주소뒤에 10자리 이내 주소로 단축시켜 주기 때문에 트위터에서 많이 사용한다.

단축 URL의 장점과 단점은 다음과 같다. 단축 URL의 장점은 단지 주소를 줄여 줄 뿐만 아니라 그 주소를 클릭한 사용자들의 컴퓨터 환경이나 시간도 알아낼 수 있다. 이는 마케팅에 활용뿐만 아니라 단축 URL 서비스를 통해 특정 집단의 사용패턴 등을 알아낼 수도 있다. 또한, 더 짧은 링크는 모든 유형의 마케팅 커뮤니케이션에서 사용하기가 더 쉽다. 예를 들어 글자수가 제한된 트위터(Twitter)와 같은 마이크로블로그 또는 소셜 미디어 사이트에 링크를 게시하는 경우 더 짧은 URL을 갖는 것이 중요하다.

단축 링크뿐만 아니라 일반적으로 이러한 서비스는 링크를 추적하고 사용 방법을 추적할 수 있게 한다. 링크를 클릭한 횟수, 클릭한 국가 및 사이트를 알 수 있다.

사용 가능한 URL 단축 서비스가 많이 있지만, 일반적으로 사용되는 서비스 중 일부는 다음과 같다.

- tinyurl.com
- bit.do
- bit.ly(bitly.com)

단축 URL의 단점은 원래 웹페이지의 주소를 보여주지 않고 단축된 주소를 보여주므로 해당 사이트가 어떤 사이트인지 전혀 알 수 없어서 피싱 등 사기 사이트에 연결될 수 있다. 또한, 악성코드에 연계되어 문제가 발생하는 경우도 있다.

단축 URL에 대한 피해에 대응하기 위해서는 단축된 URL을 클릭하지 않는 것이지만, SNS에서 단축 URL을 사용하기 때문에 단축 URL을 클릭하는 경우가 발생한다. 따라서 이를 방지하기 위해서는 인터넷 브라우저를 최신 버전으로 업데이트하고, 백신을 설치하는 것이 좋다.

2 진행절차

짧은 URL을 만들고 링크를 추적하려면 URL 단축 서비스를 사용한다.

① 웹 브라우저에서 bitly.com으로 이동한다.

② "Create new"를 누른 후 link를 선택한다.

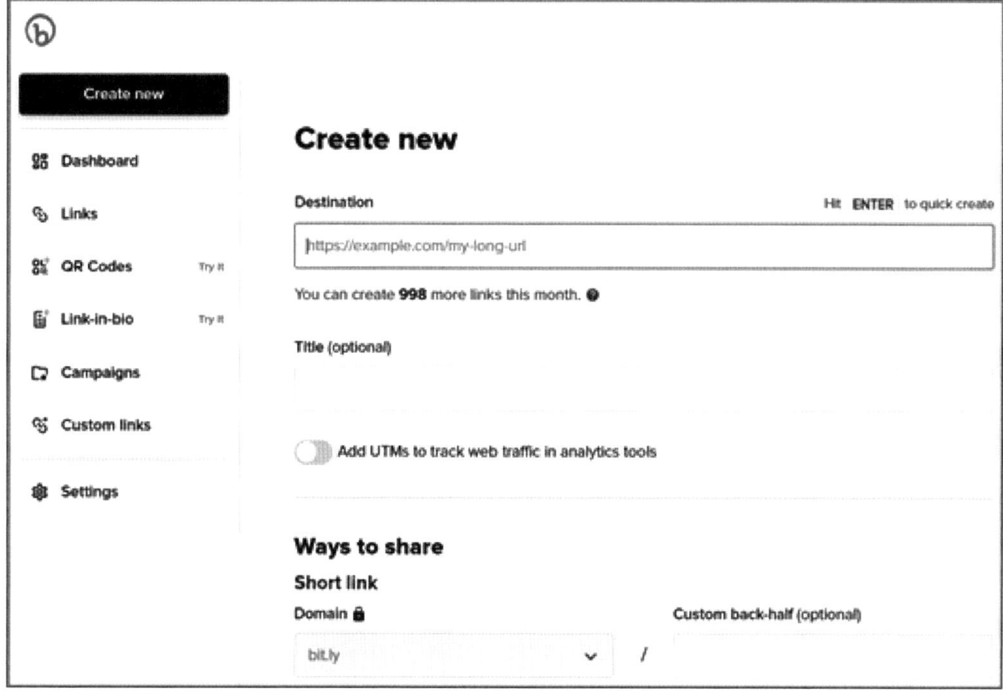

[그림 9-2] 단축 URL 생성 입력화면

③ "Destination"에 단축하려는 URL을 입력하고, [Enter] 키를 누른다.

④ 생성된 단축 URL을 복사하여 필요에 따라 사용한다.

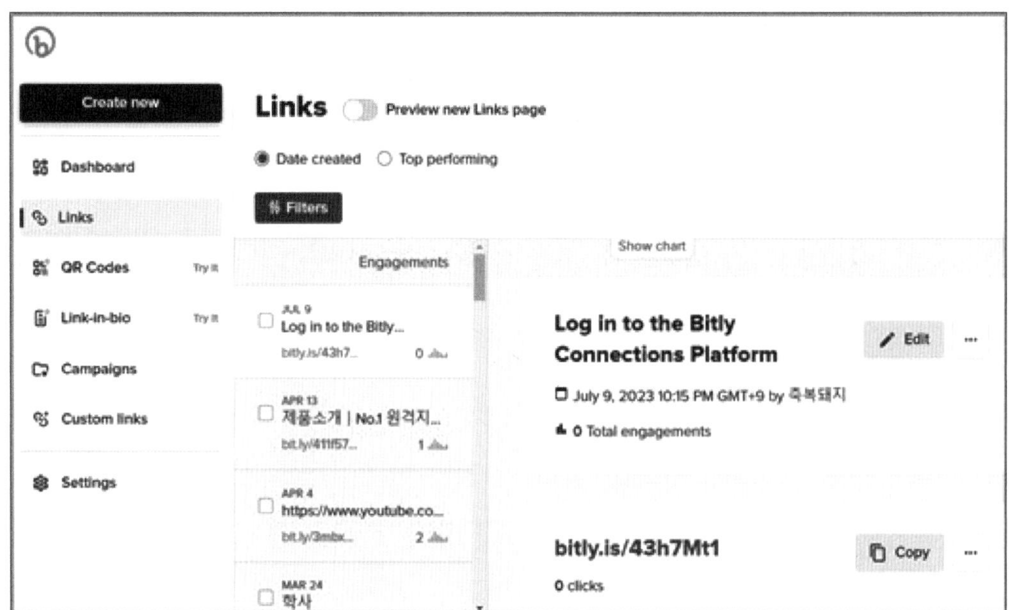

[그림 9-3] 단축 URL 생성 결과화면

⑤ "Engagements"에서는 이전에 생성된 단축 URL을 확인할 수 있다.

연습 문제

1 소셜 미디어 관리 서비스의 정의에 대해 맞게 설명한 것을 고르시오.

a. 하드 드라이브의 미디어 파일을 관리하기 위한 것이다.

b. 여러 플랫폼의 다양한 소셜 미디어 계정을 관리한다.

c. 온라인으로 제품과 서비스를 검색한다.

d. 온라인 저장소 계정에 파일을 업로드 한다.

해설

다양한 소셜 미디어 관리 서비스가 다양한 기능으로 제공된다. 대부분의 소셜 미디어 플랫폼은 게시물 일정을 계획하고 활동을 추적 및 분석할 수 있는 도구를 제공한다. 여러 플랫폼에서 많은 소셜 미디어 프로필을 관리하는 조직의 경우 소셜 미디어 관리 서비스를 통해 작업을 보다 효율적으로 수행할 수 있다.

정답 : b

2 소셜 미디어 관리 서비스 2가지에 대해 나열하시오.

정답 : Hootsuite(hootsuite.com), Sproutsocial(sproutsocial.com), Buffer(buffer.com), Oktopost(oktopost.com)

3 나중에 발표될 초안 게시물은 어떤 용어를 의미하는지 고르시오.

a. 연결(linked)

b. 예정(scheduled)

c. 계획(planned)

d. 설계(designed)

해설

"예약된 게시물"은 게시물이 향후 게시될 시기를 지정할 수 있게 해주는 기능이다. 대부분의 소셜 미디어 플랫폼은 게시물을 예약하는 기능을 제공하거나 소셜 미디어 관리 서비스 중 하나를 사용할 수 있다.

정답 : b

4 소셜 미디어 관리 서비스에 게시물을 작성하고 다음 주에 게시되도록 설정한다.

정답 : 직접 실습하기

5 URL 단축 서비스 2가지를 나열하시오.

정답 : tinyurl.com, bit.do, bit.ly(bitly.com)

6 원하는 링크를 단축하여 짧은 URL을 만들고 확인하시오.

정답 : 직접 실습하기

M·E·M·O

소셜 미디어 마케팅 및 홍보

이 단원을 마치면 다음을 수행할 수 있다.

- 소셜 미디어 영향요인을 이해한다.
- 관련 용어와 콘텐츠에 맞게 내용을 최적화해야 하는 중요성을 이해한다.
- 온라인 홍보 캠페인에서 동영상 마케팅 및 그 중요성을 이해한다.
- 소셜 미디어를 통한 비즈니스에 대한 리뷰, 추천의 중요성에 대해 이해한다.
- 바이럴 콘텐츠를 만드는 방법을 인식한다.
- 소셜 미디어 콘텐츠를 제작을 위한 우수 사례를 인지한다.

International
Computer
Driving
Licence

Section 01 영향 요인

소셜 미디어는 입소문과 추천을 효과적으로 활용할 수 있기 때문에 강력한 마케팅 도구이다. 조사에 따르면 가족, 친구 및 동료의 추천은 다른 무엇보다 구매 결정에 영향을 미친다는 사실이 밝혀졌다. 영향력 있는 사람들과 연결하고, 리뷰를 권장하고, 추천 링크를 많게 하여 온라인 입소문을 낼 수 있다.

1 인플루언서

인플루언서(Influencer)는 자신의 분야에서 소셜 미디어에 많은 수의 추종자를 만든 소셜 미디어 파워 사용자이다. 영향력 있는 사람은 추종자들로부터 높은 존경을 받는다. 인플루언서(Influencer)란 타인에게 영향을 미치거나 변화를 유도하는 사람이다. 그들의 행동을 지원하는 추종자들의 행동 또는 의견에 영향을 줄 수 있다. 영향력 있는 사람은 브랜드가 잠재고객을 확보하도록 도울 수 있다.

인플루언서로 정의되는 사람은 블로거, 트위터리안, 저널리스트, 작가, 소비자, 소매업자, 그리고 경쟁사 고객 등 다양하다. 특정 영역의 전문가로서 명성을 크게 얻는 프로페셔널 인플루언서는 유명인, 모델, 전문가, 활동가, 연구자 등이다. 그리고, 소셜 네트워크 서비스상에서 정보 전파에 강한 영향력을 가지는 개인 인플루언서는 인스타그래머, 파워 블로거, 유튜버, 페이스북 운영자, 트위터리안, 커뮤니티운영자, 일반 사용자 등이다.

인플루언서는 인스타그램과 같은 SNS 계정으로 패션, 미용, 여행, 요리, 육아, 스포츠 등 자신의 분야에 대해 전문적으로 제작한 사진, 동영상 콘텐츠를 게시한다. 예를 들어, 패션 인플루언서는 패션 블로거처럼 인스타그램 계정에 자신의 생활양식을 자주 노출하면서 패션 관련 이미지와 일상복 콘텐츠를 게시하며, 팔로워들의 패션 소비 행동에 영향을 미친다. 또한, 이들은 인스타그램 사용자들을 타겟으로 하여 자신의 패션 스타일을 반영한 패션 상품을 판매하기도 한다.

소셜 네트워크 서비스상에서 소비자가 구매하고자 하는 상품에 대해 자신만의 개성과 이야기가 담긴 콘텐츠를 제작하고, 솔직한 의견을 말하며 다른 사람들과 적극적으로 소통하는 인플루언서들은 소비자들에게 큰 인기를 끈다. 인플루언서가 올리는 특정 제품에 대한 평가나 의견은 이들이 제공하는 정보를 신뢰하는 소비자들의 인식과 구매 의도에 큰 영향을 끼친다. 이에 따라 인플루언서에 대한 기업의 수요가 높아지고 있다. 기업 제품의 특성에 따라 가장 잘 어필될 수 있는 미디어 플랫폼에서 활동하고 있는 인플루언서를 찾아 마케팅하는 것도 효과적이다. 물론 인플루언서와 제품이 얼마나 어울리는지 고려해봐야 한다. 제품을 자연스럽게 표현해낼 수 있는 인플루언서에게 맡겨야 충분한 효과를 낼 수 있다.

온라인 건강식품 상점의 경우 식품 블로거에게 연락을 취하여 시도하고 싶은 제품이 있는지 물어보아야 한다. 블로거가 제품을 시험해 보고 좋아하는 사람이 있으며 조리법 게시판에 공급업체를 언급한다.

인플루언서는 더 많은 사람이 자신이 게시한 광고를 봐야 더 많은 수익이 들어오기 때문에 클릭을 유도할 만한 콘텐츠를 만드는 것이 중요하다. 여기에 클릭 수에 따라 광고주가 비용을 지급하는 방식(CPC : Cost Per Click)이나 동영상 재생 수에 따라 광고주가 비용을 지급하는 방식(CPV : Cost Per View)을 적용한다면 광고주 입장에서는 광고비를 더 효율적으로 집행할 수 있다. 실제 구매가 발생해야 광고비용을 지급하는 방식(CPS : Cost Per Sale)에서는 광고주가 광고 노출과 비교해 얼마나 많은 매출이 발생했는지 파악할 수도 있다.

2 리뷰

리뷰는 고객 또는 제3자에 의한 제품 또는 서비스에 대한 평가이다. 온라인 리뷰는 비즈니스의 평판, 검색 엔진 순위 및 영향력에 영향을 미칠 수 있다.

★★★★★ · 6 days ago

4 stars for a 1st class meal!

Beautiful meal and excellent service, just a bit busy and noisy for us in the restaurant.

Yes, I recommend this restaurant

[그림 10-1] 비즈니스 리뷰

기업에서 리뷰를 신중하게 관리하는 것이 중요하다. 만족한 고객은 제3자 사이트에 기업에 대한 리뷰를 남길 수 있다. 긍정적인 리뷰는 여러분의 기업을 홍보하는 중요한 방법이 될 수 있다.

고객이 불만이라면 기업에서 반드시 문제를 해결해야 한다. 특히, 부정적인 온라인 리뷰로 인해 명성이 손상되거나 다른 사람이 제품을 구매하지 못하게 될 수 있다. 부정적인 리뷰를 남기기 전에, 고객에게 문제를 해결할 수 있는 옵션을 제공해야 한다.

부정적인 리뷰를 받으면 전문적이고 정중한 태도로 답변한다. 모든 피드백에 대해 조치하고 고객 만족을 위해 문제를 해결해야 한다.

사람들은 옐프(Yelp) 및 트립 어드바이저(TripAdvisor)와 같은 리뷰 사이트, 아마존(Amazon)과 같은 소매업체 웹사이트 또는 구글 마이 비즈니스 및 야후와 같은 지역 리뷰 사이트를 통해 리뷰를 남길 수 있다. 기업의 웹사이트에 리뷰 기능을 포함할 수도 있다. 소셜 네트워크 페이스북, 트위터 및 구글 플러스에는 리뷰 기능이 포함되어 있다. 페이스북 사용자는 별표 평가를 남기거나 선택 리뷰를 작성하여 비즈니스 페이지에 리뷰를 게시하거나 비즈니스를 평가할 수 있다.

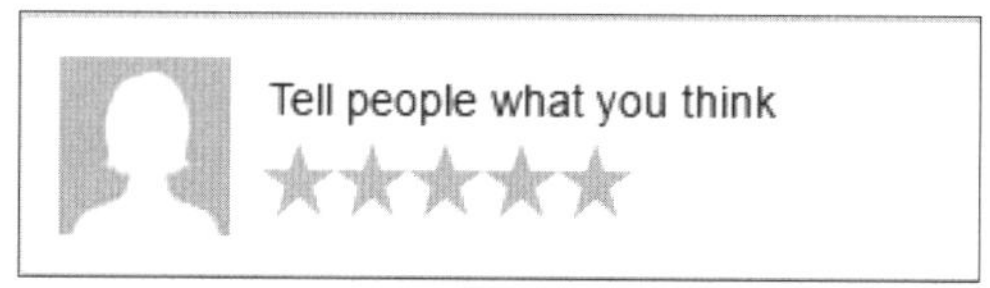

[그림 10-2] 별표로 평가한 사례

평점과 리뷰를 공개로 설정하거나 친구에게만 표시하거나 일부에게만 공개하도록 설정할 수 있다.

[그림 10-3] 평점과 리뷰를 공개로 설정

3 추천인

추천인은 다른 사이트의 링크 클릭을 통하여 해당 사이트를 방문한 웹사이트 방문자이다. 소셜 미디어 사이트는 추천 링크의 중요한 원천이며 때로는 소셜 추천이라고도 한다.

Section 02 목표 고객

1 목표 고객

목표 고객은 제품 또는 서비스가 목표로 삼고 있는 특정 그룹이다. 소셜 미디어에서 여러분의 게시물을 통해 접근하고자 하는 사용자이다.

[그림 10-4] 목표 고객

2 목표 고객에 맞게 소셜 미디어에서 콘텐츠 최적화

목표 고객에게 호감을 살 수 있도록 맞춤 설정된 콘텐츠를 게시하고 콘텐츠를 최적화할 수 있다. 전통적인 미디어 채널과 비교할 때 소셜 미디어의 주요 차이점은 대상 고객과의 양방향 커뮤니케이션이 가능하다는 것이다. 따라서 목표 고객이 여러분의 콘텐츠에 참여하고 상호 작용하도록 유도하는 콘텐츠를 게시해야 한다(예 : 댓글을 달고 의견을 작성하고 네트워크와 공유하기). 콘텐츠를 계획할 때는 잠재고객이 온라인을 사용할 가능성이 높고 모바일 또는 데스크톱 장치를 사용하는 경우, 유형과 항목이 관심사에 호소할 가능성이 높은 내용을 생각해 보아야 한다. 예를 들어, 주로 스마트폰이나 테블릿에서 소셜 미디어를 사용하는 경우, 콘텐츠 및 동영상이

화면에 최적화되도록 해야 한다.

소셜 미디어 플랫폼을 사용하면 매우 구체적인 목표고객 대상을 지정하여 특정 고객에게 다가갈 수 있다. 관심, 브라우징 습관 및 소셜 네트워크 사용습관뿐만 아니라 성별, 연령, 위치, 언어 등의 인구 통계를 기준으로 유료 게시물(광고)에 대한 목표 고객을 정의할 수 있다. 예를 들어, 페이스북의 광고에 대한 목표 고객은 인구 통계정보 및 여행 의도, 교육 수준 및 결혼 상태와 같은 세부 정보로 정의할 수 있다. 페이스북과 트위터는 지난달 여러분의 웹사이트를 방문한 사람들에게 광고를 보여주는 기능을 제공하고 광고 그룹에서 사람들을 제외할 수도 있다. 예를 들어, 신규 고객에게만 제공되는 입문 오퍼가 있는 경우 페이스북은 맞춤 이메일 주소를 맞춤 잠재고객 목록에 업로드 하면 이전 고객이 광고를 보지 못하게 할 수 있다.

광고가 도달할 가능성이 있는 사용자 수 및 목표 고객 변수를 원하는 대로 수정할 수 있다.

일부 플랫폼에서는 무료 게시물에 대한 목표 고객을 지정할 수 있다. 예를 들어, 페이스북에서 관심 분야별로 게시물의 선호도를 정의할 수 있으며 나이, 성별, 위치 및 언어를 기반으로 소식을 볼 수 있는 사람을 제한할 수 있다.

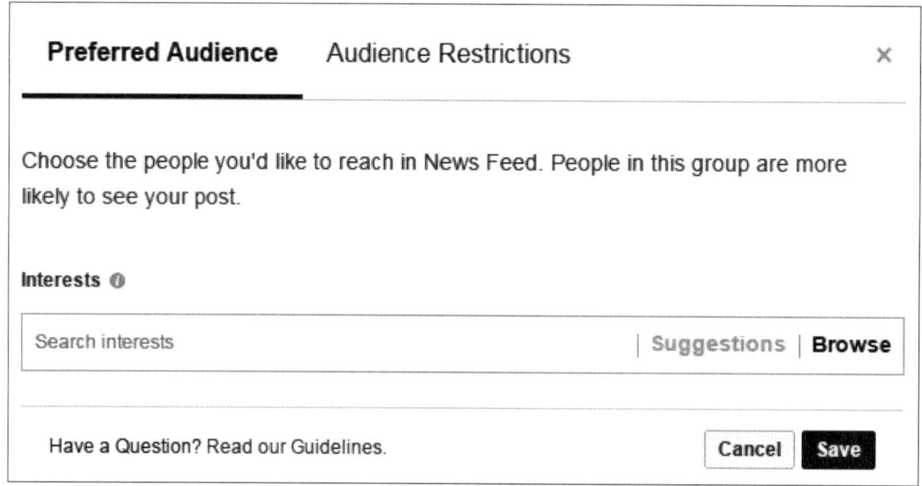

[그림 10-5] 선호 고객

Section 03 콘텐츠 활성화

1 동영상 마케팅

좋은 품질의 동영상은 매우 매력적이며 많은 시청자에게 쉽게 공유될 수 있기 때문에 동영상 마케팅은 디지털 마케팅에서 널리 사용된다. 동영상은 텍스트 기반 또는 이미지 기반 게시물보다 소셜 미디어에서 더 많이 활용하는 경향이 있다. 동영상의 유형에 따라 사람들의 감정에 호소하고 지속적인 영향을 미치며 서면 기사나 설명서보다 정보를 쉽게 전달할 수 있다.

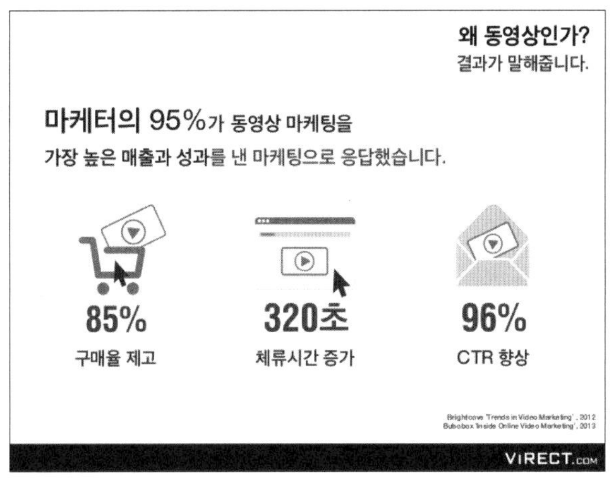

[그림 10-6] 동영상 마케팅

목표 고객의 참여를 유도하기 위해 동영상은 가치와 콘텐츠에서 양질이어야 한다. 또한, 동영상 정보에서 시청자가 원하는 것을 얻을 수 있는 방법을 제공하는 것이 좋다.

소셜 미디어의 일반적인 동영상 유형은 다음과 같다.

[표 10-1] 동영상 마케팅의 형태

구분	내용
정서적으로 호소력 있는 광고	– 정서적으로 호소력 있고 유머스러운 광고는 사람들에게 브랜드 또는 제품을 기억하게 만든다. – 피앤지(P&G)의 남성용 화장품 브랜드인 올드 스파이스(Old Spice)는 “당신의 남자에게서 날 수 있는 향기가 나는 남자”라는 광고를 통해 성공을 거두었다.

구분	내용
학습용 동영상	– 학습용 동영상은 새로운 기술을 배우거나 단계별로 처리할 수 있는 방법을 제시하는 동영상이다. – 미용 브랜드는 전문지식을 설명하기 위해 메이크업 동영상 안내서를 제작한다.
제품시연 동영상	– 제품 시연 동영상은 제품 설명서를 읽을 필요가 없는 시각적 지침을 제공하는 동영상이다. – 예를 들어 제조업체인 삼성은 세탁기 설치방법을 보여주는 유튜브(YouTube)에 학습서를 제공했다.
유머러스한 광고	– 사람들을 웃게 만드는 유머러스한 동영상이 더 많이 공유될 수 있다. – 영국의 전기 소매상인 커리스(Currys)는 할리우드 배우이자 코미디언인 제프 골드블럼(Jeff Goldblum)을 고용하여 온라인 크리스마스 시리즈 광고를 만들었다. 이 광고는 모두 입소문이 많이 났다.
추천 동영상	– 실제고객의 추천이 있는 동영상은 진정성을 확보한다. – 팀워크 메시징 서비스 기업인 슬랙(Slack)은 실제 클라이언트가 참여한 샌드위치 동영상(Sandwich Video)을 사용하여 서비스 사용방법에 대한 전문적인 평가 동영상을 제작했다.
실시간 방송 이벤트	– 실시간 방송된 이벤트는 언제든지 재생될 수 있다. – 레드불(Red Bull)은 절벽 다이빙 및 산악자전거와 같은 수많은 극한 스포츠 이벤트를 후원하고, 그 영상을 유튜브 및 웹사이트에서 재생할 수 있도록 했다.

2 바이럴 콘텐츠

바이럴(Viral)은 바이러스(Virus)의 형용사형으로 바이러스와 오럴의 합성어이며, '감염시키는, 전이되는' 등의 의미가 있다. 즉 바이러스가 전염되듯이 소비자들 사이에 소문을 타고 물건에 대한 홍보성 정보가 끊임없이 전달되도록 하는 마케팅 기법을 의미한다.

바이럴 콘텐츠는 인터넷을 통해 빠르고 광범위하게 공유되는 콘텐츠이다. 종종 동영상이나 '밈'들이 바이럴 된다. 소셜 미디어에는 이러한 종류의 콘텐츠가 많이 존재한다.

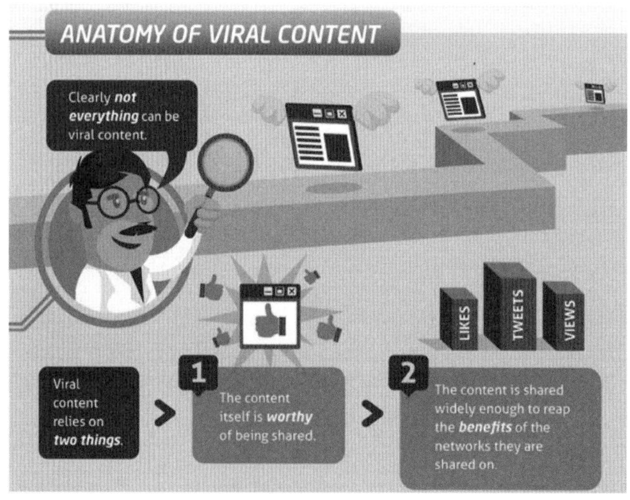

[그림 10-7] 바이럴 콘텐츠

다음과 같은 경우 콘텐츠가 바이럴이 될 가능성이 더 높다.

[표 10-2] 콘텐츠가 바이럴로 되는 경우

구분	내용
유머러스	– 사람들은 재미있다고 생각하는 콘텐츠를 접하고 공유하는 경향이 있다. – 유튜브에서 가장 많이 본 동영상은 음악가의 재미있는 댄스 동작으로 유명한 팝 동영상 강남 스타일이다.
독창성	– 사람들은 전에 보지 못했던 것을 공유하는 경향이 있다. – 눈에 띄기 위해서는 참신하고, 독특한 아이디어가 있어야 한다. 예를 들어 액션 영화배우 장 클로드 반 담(Jean-Claude Van Damme)이 두 개의 움직이는 트럭 사이에 서 있는 볼보의 동영상 광고는 이전에 시도되지 않았던 대담한 곡예였기 때문에 바이럴이 되었다.
사용자와 공감	– 사람들은 정서적으로 영향을 끼치며 자신의 네트워크에 같은 영향을 미칠 것으로 생각하는 것을 공유하는 경향이 있다. – 유튜브의 달러 면도클럽(Dollar Shave Club) 비디오는 재미있었기 때문에 바이럴을 통해 화자 되었지만, 고객이 구매하기에는 너무 비싸고 구매하기가 어려워 점차적으로 소비자의 관심이 줄어들었다.
토론 생성	– 사람들은 토론하고 토론한 내용을 네트워크를 통해 공유하는 경향이 있다. – 사람들은 소식에 댓글을 달고 네트워크에 공유하여 대화를 계속한다. – 도브(Dove)의 '진짜 미인' 캠페인은 '젊고 날씬하고 예뻐야 한다'는 고정관념 타파를 시도하여 90대 노인여성과 완벽하지 않은 외모의 소유자 5명의 "진짜" 여성 모델을 찾아 진정한 아름다움에 대한 의견과 토론을 이끌어 낸 동영상 광고이다.

3 매력적인 콘텐츠 제작을 위한 우수 사례

여러분의 콘텐츠가 여러분의 목표 고객에게 매력적으로 도달하기 위한 몇 가지 팁은 다음과 같다.

① 게시물간의 길고 불규칙한 간격을 피하고 정기적으로 제시한다.

② 때로는 여러분의 목표 고객이 온라인에 있는 가능성이 높을 때 게시하여 메시지가 잘 도달할 수 있도록 한다.

③ 목표 고객에게 호소하기 위해 특별히 관련되고 맞춤화된 콘텐츠를 게시한다.

④ 다른 기업을 조사하고 관련 웹사이트와 블로그를 보고 아이디어와 내용을 검색한다.

⑤ 상호 작용을 장려하도록 경쟁 방법을 설계하고 게시한다.

⑥ 여러분의 광고 목표에 도달하기 위하여 좋은 이미지 및 동영상을 게시한다.

연습 문제

1 다음 중 소셜 미디어에 영향력을 미치는 사람을 가장 잘 묘사한 것을 고르시오.

a. 그는 소셜 미디어에서 많은 사람을 팔로우한다.

b. 그는 소셜 미디어에서 유명인사의 프로필에 대한 부정적인 의견을 게시한다.

c. 그는 소셜 미디어에서 행동을 통해 목표 고객을 끌어낼 수 있다.

d. 그는 소셜 미디어 광고를 통해 도달 범위를 증진한다.

해설

그들의 행동을 지원하는 추종자들의 행동, 또는 의견에 영향을 줄 수 있다. 영향력 있는 사람들은 브랜드가 잠재고객을 확보하도록 도울 수 있다.

정답 : c

2 소셜 미디어 마케팅 시 목표 고객에게 영향을 주는 세 가지 요인을 나열하시오.

해설

인플루언서는 인스타그램과 같은 SNS 계정에 패션, 미용, 여행, 요리, 육아, 스포츠 등 자신의 분야에 대해 전문적으로 제작한 사진, 동영상 콘텐츠를 게시한다.

리뷰는 고객 또는 제3자에 의한 제품 또는 서비스의 평가이다. 온라인 리뷰는 비즈니스의 평판, 검색 엔진 순위 및 영향력에 영향을 미칠 수 있다.

추천인은 다른 사이트의 링크 클릭을 통하여 해당 사이트를 방문한 웹사이트 방문자이다. 소셜 미디어 사이트는 추천 링크의 중요한 원천이며 때로는 소셜 추천이라고도 한다.

정답 : 인플루언서의 게시, 리뷰, 소셜 추천

3 소셜 미디어에서 신제품을 홍보하는 데 사용할 수 있는 세 가지 유형의 영상에 대해 나열하시오.

정답 : 정서적으로 호소력 있는 광고, 학습용 동영상, 제품시연 동영상, 유머러스한 광고, 추천 동영상, 실시간 방송된 이벤트

4 소셜 미디어에서 다음을 설명하는 데 사용된 용어를 고르시오.

"자전거는 조립하기 쉽고 좋아하지만, 포장이 너무 많이 되어 있다!"

★★★★★
Excellent

The bike was easy to assemble and I love it but there was a lot of packaging!"

a. 좋아요   b. 리뷰

c. 댓글   d. 팔로우

정답 : b

5 다음 중 소셜 미디어의 바이럴 콘텐츠를 가장 잘 묘사한 것을 고르시오.

a. 제품에 대한 고객 평가이다.

b. 소셜 미디어 광고 유형이다.

c. 광범위하고 신속하게 공유되는 콘텐츠이다.

d. 나중에 게시할 예정인 콘텐츠이다.

해설

바이럴 콘텐츠는 인터넷을 통해 빠르고 광범위하게 공유되는 콘텐츠이다. 종종 동영상이나 밈들이 바이럴된다. 소셜 미디어에는 이러한 종류의 콘텐츠가 많이 존재한다.

정답 : c

6 바이럴 콘텐츠의 세 가지 일반적인 특징을 나열하시오.

정답 : 유머러스, 독창성, 사용자의 공감, 토론 생성

7 다음 중 효과적인 소셜 미디어 콘텐츠를 제작하기 위한 우수사례 기술을 세 가지 고르시오.

a. 게시물 간에 길고 불규칙한 간격으로 게시한다.

b. 목표 고객이 온라인 상태일 때 게시한다.

c. 목표 고객에게 호소력 있는 콘텐츠를 게시한다.

d. 상호 작용을 하도록 경쟁방법을 설계하고 게시한다.

해설

① 정기적으로 게시하고 게시물간의 길고 불규칙한 간격을 피한다.
② 때로는 여러분의 목표 고객이 온라인에 있는 가능성이 높을 때 게시하여 메시지가 잘 도달할 수 있도록 한다.
③ 잠재 목표 고객에게 호소하기 위해 특별히 관련되고 맞춤화된 콘텐츠를 게시한다.
④ 다른 기업을 조사하고 관련 웹사이트와 블로그를 보고 아이디어와 내용을 검색한다.
⑤ 상호 작용을 장려하도록 경쟁 방법을 설계하고 게시한다.
⑥ 여러분의 광고 목표에 도달하기 위하여 좋은 이미지 및 동영상을 게시한다.

정답 : b, c, d

M·E·M·O

Chapter

11

소셜 미디어 참여, 리드 생성 및 판매

이 단원을 마치면 다음을 수행할 수 있다.

- 소셜 미디어 의견 및 불만사항 관리와 우수 사례를 파악한다.
- 프로필 내용 및 댓글에 대해 알림 설정한다.
- 사용자의 행동 유도와 소셜 미디어 플랫폼을 통한 리드 창출의 중요성에 대해 이해한다.
- 일반적인 행동 유도 예제를 확인할 수 있다.

International
Computer
Driving
Licence

Section 01 댓글 및 알림

1 개요

1) 소셜 미디어 마케팅의 댓글 관리

댓글은 소셜 미디어에서 상호 작용과 참여를 유도하는 중요한 요소이다. 댓글은 게시물에 대한 참여도를 보여주며, 관계를 구축하고 리드를 수집할 수 있는 기회이다. 리드(Lead)는 기업의 제품을 구매하고자 하는 요구, 의도, 예산을 가진 개인이나 조직의 신상 정보이다.

사람들은 온라인에 나타난 입소문 형태로 행동할 수 있으며 목표 고객에게 영향을 미칠 수 있다. 긍정적인 상품 인지도 유지를 위해 자신의 게시물이나 페이지에 대한 모든 의견에 대해 적절한 대응을 해야 한다. 긍정적인 의견은 권장 사항으로 작용하여 목표 고객에게 긍정적인 영향을 줄 수 있다. 소셜 미디어 관리 시 목표 고객의 의견이 부정적일지라도 긍정적으로 의견을 표현하는 것이 매우 중요하다. 이는 목표 고객이 듣고 있기 때문이다. 소셜 미디어 사이트에 대한 부정적인 의견이나 불만은 신속하고 적절하게 처리되어야 한다. 고객에게 연락하여 오프라인에서 문제를 해결하도록 요청하는 것이 가장 좋다.

2) 알림

알림은 소셜 미디어 프로필에 게시하거나 댓글과 같은 활동이 있는 경우에 알려준다. 적절한 시기에 의견과 문의에 응답하는 것이 중요하다. 대부분의 소셜 미디어 플랫폼에는 이 기능이 포함되어 있거나 소셜 미디어 관리 서비스를 이용하여 사용할 수 있다.

2 진행절차

알림을 설정하려면 다음 진행절차를 따른다.

① 페이스북에서 관련 페이지로 이동한다.

② 비즈니스 프로필 페이지 상단에서 '설정'을 선택한다.

③ 좌측편의 "알림"을 선택한다.

④ 원하는 알림 설정을 지정한다. 데스크톱 및 모바일에서 페이스북의 새로운 알림을 수신할 수 있다. 페이지에서 게시물에 댓글을 달거나 새로운 좋아요, 공유 게시물이 있을 때마다 알림을 받아 볼 수 있다. 이메일로 알림을 받을 수도 있다. 바탕 화면을 사용하는 경우 팝업 알림으로 받을 수도 있다. 휴대전화를 사용하는 경우 휴대전화에 문자 알림을 설정할 수 있다.

페이지설정에서 알림을 설정했는데도 알림을 받을 수 없다면 모바일기기에서 알림이 해제되어 있는 것일 수 있다. 모바일기기에서 설정 〉 알림을 누르고 페이스북의 알림이 켜져 있는지 확인한다.

[그림 11-1] 알림 설정하기

Section 02 행동 유도 계획

행동 유도 문구는 사용자에게 특정 업무나 목표를 수행하라는 지시이다. 이는 매혹적이고, 주의를 집중시키며, 이용자가 그 행동의 대가로 무엇을 얻을 것인지에 대해 명확하게 설명해야 한다.

효과적인 참여를 촉진하기(예 : 클릭을 유도하기) 위한 문구는 웹사이트 트래픽을 증가시키고 리드를 생성할 수 있다. 예를 들어 클릭을 유도하려는 방법의 사례로는 정기적인 마케팅 커뮤니케이션, 이메일 수신, 구매, 안내서 요청, 견적 요청 또는 전화요청 등의 메시지 수신이 있다.

몇 가지 사례는 다음과 같다.

- 견적을 받기
- 가입하기
- 지금 구매하기
- 지금 쇼핑하기
- 자세히 알아보기
- 앱 내려받기

뉴스 피드 광고 및 스폰서 게시물과 같은 소셜 미디어 광고에는 행동 유도 문구 버튼이 포함되어 있어 사용자가 다음 단계에서 수행해야 하는 절차를 분명하게 제시한다.

[그림 11-2] 페이스북 광고에서 '쇼핑하기' 행동 유도

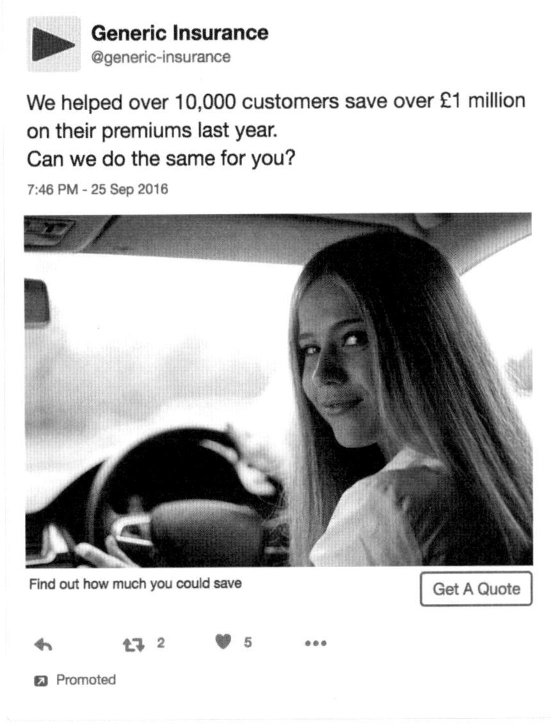

[그림 11-3] 트위터 광고에서 '견적 가져 오기' 행동

다양한 소셜 미디어 플랫폼에는 행동 유도(예. 클릭 촉진) 문구를 포함시킬 수 있는 여러 방법이 있다. 트위터에서 견적을 받고, 설치하고, 쇼핑하고, 사이트를 방문하고, 지금 시청하고, 구독할 수 있는 트윗과 트위터에 대한 행동 유도 문구를 추가할 수 있다.

페이스북에서는 지금 전화, 메시지 보내기, 견적 보기, 문의하기, 가입하기, 지금 예약하기, 비즈니스에 대해 동영상 보기, 지금 구매하기, 쿠폰보기, 앱 사용하기, 이메일 보내기와 같은 행동 유도 기능을 추가할 수 있다.

버튼 추가 방법은 다음과 같다.

① 페이지의 커버 사진아래에서 "+버튼추가"를 클릭한다.

② 드롭다운 메뉴에서 버튼을 선택하고 필수 정보를 입력한다.

③ "버튼 추가"를 클릭한다.

버튼을 만든 후에 버튼 테스트를 할 수 있다.

[그림 11-4] 페이스북 비즈니스 페이지에 행동 버튼 추가

연습 문제

1 고객이 제품에 대한 불평을 소셜 미디어에 의견으로 적은 경우 가장 좋은 대처방법은 무엇인지 고르시오.

a. 그들의 의견에 대답하고 동의하지 않는다.

b. 그들의 댓글을 무시한다.

c. 그들의 의견에 신속하고 적절하게 응답한다.

d. 소셜 미디어 프로필을 삭제한다.

해설

소셜 미디어 사이트에 대한 부정적인 의견이나 불만은 신속하고 적절하게 처리되어야 한다. 고객에게 연락하여 오프라인에서 문제를 해결하도록 요청하는 것이 가장 좋다.

정답 : c

2 페이지 게시물에 대한 의견이 있을 때마다 알려주도록 소셜 미디어 프로필의 알림을 설정하시오.

정답 : 직접 실습하기

3 행동유도문구(Call to Action)를 가장 잘 설명한 것을 고르시오.

a. 광범위하고 신속하게 공유되는 콘텐츠이다.

b. 소셜 미디어 이용자들에게 어떤 특정한 행동을 완료하라는 지시이다.

c. 소셜 미디어에 게시된 제품에 대한 리뷰이다.

d. 불만 고객이 게시한 부정적인 의견이다.

해설

행동 유도 문구는 사용자에게 특정 업무나 목표를 수행하라는 지시이다. 이는 매혹적이고, 주의를 집중시키며, 이용자가 그 행동의 대가로 무엇을 얻을 것인지에 대해 명확하게 설명해야 한다.

정답 : b

4 소셜 미디어 게시물에 포함할 수 있는 3가지 행동 유도 방법을 나열하시오.

정답 : 견적을 받기, 가입하기, 지금 구매하기, 지금 쇼핑하기, 자세히 알아보기, 앱 내려받기

Chapter 12 온라인 광고

이 단원을 마치면 다음을 수행할 수 있다.

- 검색 엔진 마케팅(SEM) 플랫폼의 일반적인 예를 확인할 수 있다.
- 디스플레이 광고 플랫폼의 일반적인 예를 확인할 수 있다.
- 다양한 종류의 온라인 광고를 이해한다.
- 스폰서 게시물이라는 용어를 이해할 수 있다.
- 소셜 미디어에 대한 상호작용 및 참여 증가에 있어 스폰서 게시물의 중요성을 인식할 수 있다.

International Computer Driving Licence

Section 01 온라인 광고 개요

오프라인 광고란 TV나 라디오에 광고를 내보내거나, 인쇄된 신문이나 잡지의 광고 지면을 사는 것이라고 볼 수 있다. 그러나 온라인 광고는 인터넷 세상에서 다양한 웹 페이지 상에서 광고 지면을 사는 것이라고 볼 수 있다. 온라인광고에는 고객에게 메일을 보내기, 검색 엔진 최적화(SEO), 클릭당 지급(PPC : Pay Per Click), 온라인 배너까지 다양하게 존재하며 검색 연동형 광고, 배너 광고 등이 있다. 오프라인과 온라인 광고 모두 한정된 예산을 가지고 소비자의 관심을 효과적으로 끌 수 있는 채널에 광고나 상품을 보여주어야 한다.

검색 엔진(검색 엔진 마케팅), 웹사이트 및 블로그(디스플레이 광고), 스폰서 게시물 및 프로모션 트윗(소셜 미디어 광고)과 같은 다양한 온라인 채널을 통해 광고할 수 있다.

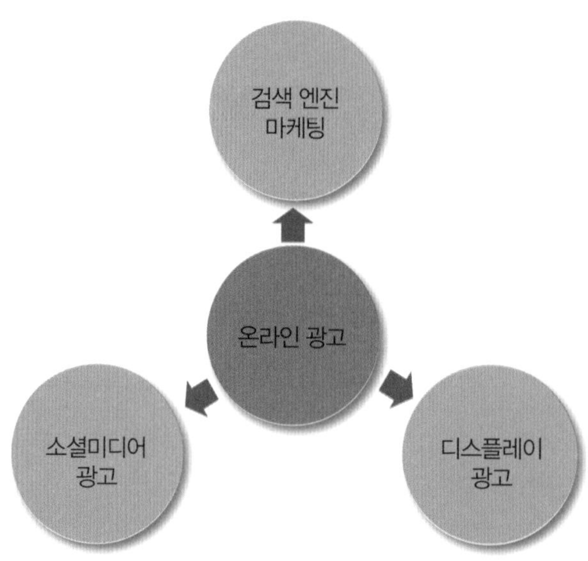

[그림 12-1] 온라인 광고 채널들

Section 02 검색 엔진 마케팅 플랫폼

1 개요

검색 엔진 마케팅(SEM : Search Engine Marketing)은 검색 엔진 결과 페이지에(SERP : Search Engine Results Page) 내 사이트의 가시성을 증가시켜 사이트를 홍보하는 온라인 마케팅 방법으로 '키워드 광고'와 '자연검색광고'가 있다. 누군가가 여러분의 광고를 클릭할 때만 지급하는 클릭당 지급 광고(PPC : Pay Per Click) 방식은 '키워드 광고' 시 적용된다. '자연검색광고'는 검색 엔진 최적화(SEO)를 통해 그 순위를 높일 수 있다. 검색 엔진 광고를 사용하면 제품 또는 서비스를 검색하는 정확한 시간에 고객에게 도달할 수 있다. 또한, 정확한 검색어 및 위치를 지정하여 효과적으로 고객을 타겟팅할 수 있다. 예를 들어 지역 비즈니스 면 해당 지역의 고객에게만 도달할 수 있다.

SEM 플랫폼을 사용하면 온라인으로 검색할 때 목표 고객을 타겟팅하는 광고 캠페인을 만들 수 있다. 검색 엔진 광고를 위한 가장 일반적인 두 가지 SEM 플랫폼은 구글 애즈와 마이크로소프트 빙이 있다.

[그림 12-2] 구글 애즈

[그림 12-3] 마이크로소프트 빙

2 검색 엔진 마케팅

검색 엔진 광고를 시작하려면 다음의 단계를 수행한다.

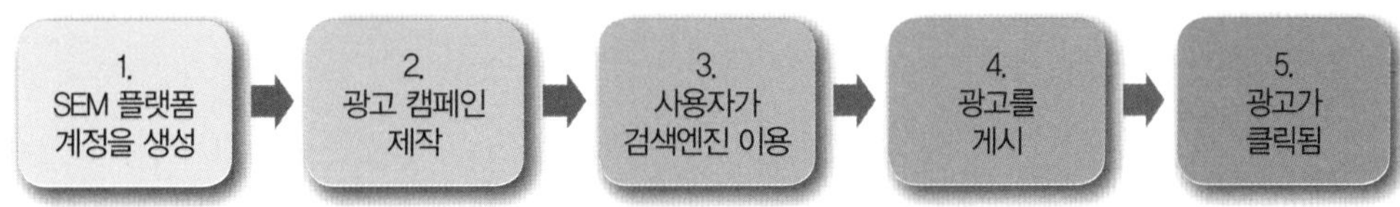

[그림 12-4] 검색 엔진 마케팅 절차

① 1단계 : SEM 플랫폼 계정을 생성한다. 예를 들면, 구글 애드워즈 계정을 설정한다.

[그림 12-5] SEM 플랫폼 계정을 생성

② 2단계 : 광고 캠페인을 제작한다. 표준 서식에서 관련 세부정보를 완성한다. 예를 들어, 구글 애드워즈에서 SEM 캠페인을 만든다.

[그림 12-6] SEM 캠페인 작성

다음은 상기의 메뉴에 따라 관련 내용을 입력하는 과정이다.

[표 12-1] SEM 캠페인 작성내용

구분	내용
A. 예산책정	지출하려는 금액을 기준으로 한다. 예를 들어, 구글 애드워즈에서는 하루에 지출할 금액을 설정할 수 있다.
B. 목표 고객위치 선택	전 세계 또는 지역에서 고객을 타겟팅할 수 있다.
C. 광고 네트워크 유형을 선택	예를 들어 구글 애드워즈에서는 구글 검색 사이트와 구글 검색 엔진을 사용하는 사이트로 구성된 검색 네트워크를 선택한다.
D. 키워드 선택	제품 또는 서비스를 찾을 때 사람들이 검색할 것으로 생각하는 단어이다. 원치 않는 클릭을 제거하기 위해 광고가 게재되지 않도록 불필요한 키워드를 제외시킬 수 있다. 구글 애드워즈를 사용하는 경우 사용할 수 있는 구글의 키워드 플래너는 검색 광고에 대한 키워드 정보를 제공한다.
E. 입찰가 결정	광고 클릭에 대해 지급할 최대 금액이다. SEM 플랫폼은 선택한 예산과 키워드를 기반으로 계산하거나 수동으로 설정할 수 있다.
F. 광고 문안 작성	텍스트 기반이며 대개 방문 페이지로 알려진 광고를 클릭한 사용자에게 전달되는 URL을 포함한다. 광고 문안은 광고 또는 웹 페이지의 제목이고 키워드 또는 클릭 유도 문안이 포함된 광고 제목 텍스트, 그리고 제공하는 것에 대한 설명이다.

캠페인에 광고를 삽입한다.

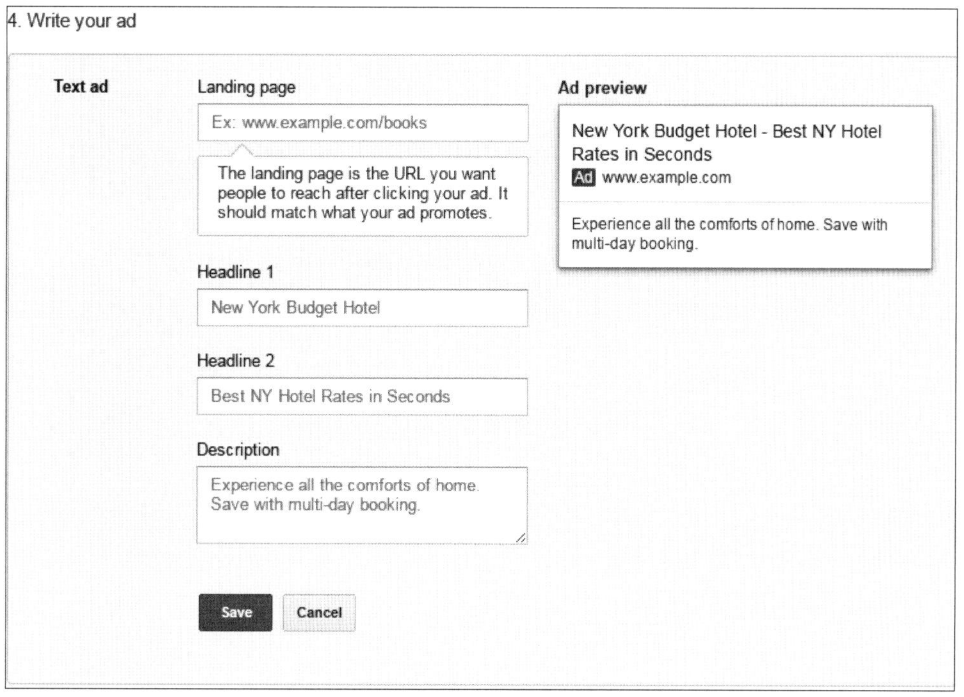

[그림 12-7] 광고 삽입

③ 3단계 : 사용자가 검색 엔진에서 단어 또는 구문을 검색한다.

④ 4단계 : 광고를 게재한다. 검색어가 광고에서 식별한 키워드와 일치하면 광고는 검색 결과 페이지에 표시된다. 일반적으로 광고는 검색 결과 페이지에서 자연 검색 결과의 상단 또는 우측에 표시되며 광고로 식별된다. 광고 게재 순위는 다른 광고주의 예산과 광고의 품질에 따라 결정된다. 예를 들어, 키워드 "ECDL"을 식별하고 누군가가 'ECDL'을 검색하면 광고가 게재되는 위치는 입찰가를 입찰하는 다른 광고주보다 해당 키워드에 대해 더 높은 입찰가를 가졌는지에 따라 달라진다.

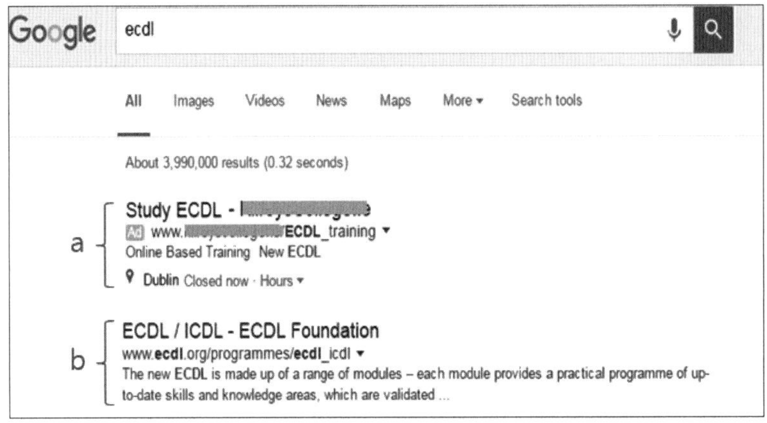

[그림 12-8] 구글에서 검색 결과(Google SERP)

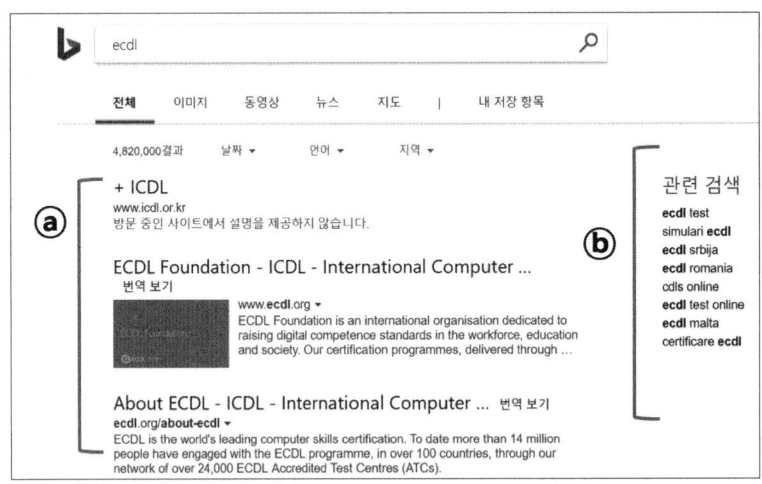

[그림 12-9] 빙에서 검색 결과(Bing SERP)

a. 키워드광고 페이지로 사용자가 검색된 결과에서 광고를 클릭하면 광고주에게 비용이 청구된다.

b. 자연 검색 결과는 일반적으로 광고 옆이나 아래에 나타난다. 자연검색결과에서 순위를 높이기 위해 사이트가 검색 엔진 최적화(SEO)를 한다.

⑤ 5단계 : 기업 광고를 클릭한다. 검색하는 사람들에게 여러분의 사이트가 검색되면 검색자는 여러분의 광고를 클릭할 수 있다. 여러분의 광고가 클릭 되었을 때 비용을 지급한다. 광고 설정 방법에 따라 비용을 지급한다. 예를 들면, 광고를 클릭하는 사람이 웹사이트를 방문하거나 웹사이트를 방문하여 찾기를 하거나 전화를 하는 경우에 비용을 지급한다.

Section 03 디스플레이 광고 플랫폼

1 개요

많은 디스플레이 광고 플랫폼이 있지만, 가장 큰 것은 구글 디스플레이 네트워크이다. 구글 디스플레이 네트워크에는 구글에 속하거나 구글 네트워크에 있는 사이트, 블로그, 동영상 또는 앱을 포함하고 있다. 여기에는 다른 구글 제품인 구글 애즈를 사용하여 광고 공간을 판매하는 사이트가 포함된다. 다른 예로 야후, 빙(Bing) 네트워크 및 유튜브 광고(구글 디스플레이 네트워크의 일부) 등이 있다.

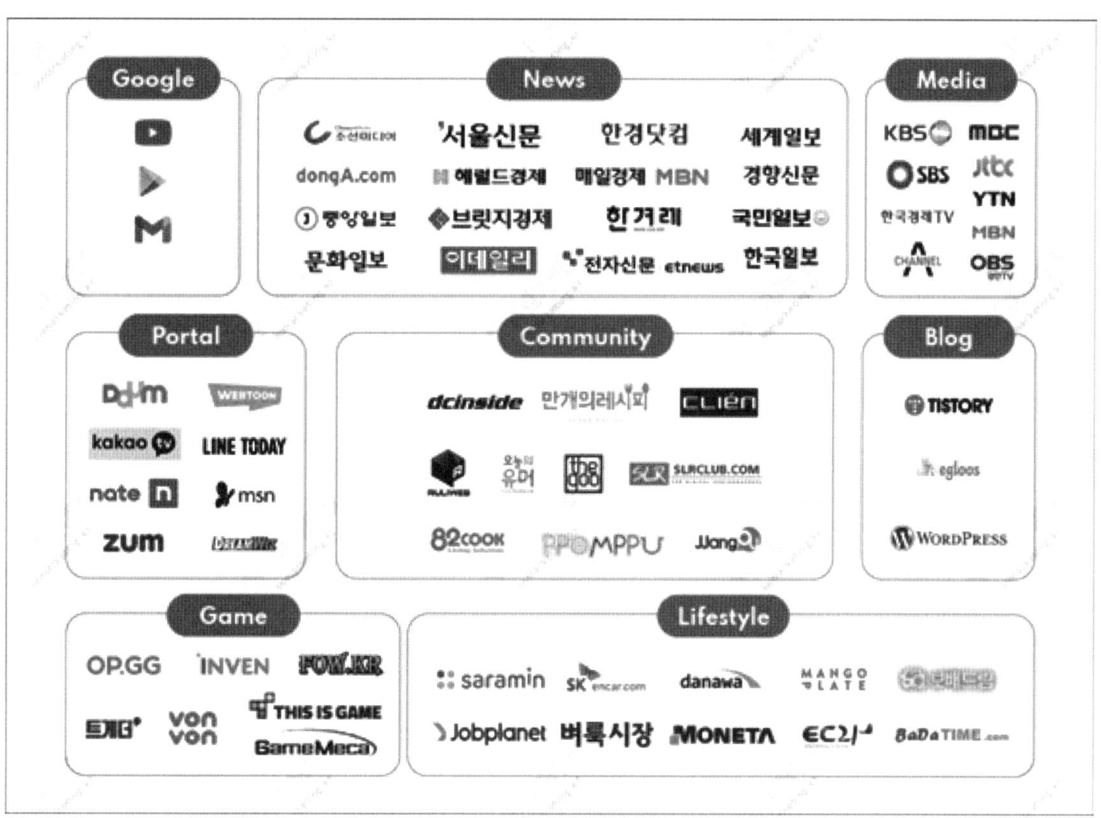

[그림 12-10] 구글 디스플레이 네트워크 주요 매체 예(참고: https://bit.ly/3O7Yifr)

2 디스플레이 광고

디스플레이 광고 플랫폼은 온라인 방문자에게 광고를 보여주는 디스플레이 광고를 지원한다. 디스플레이 광고는 웹사이트에서 사용자에게 노출되는 광고로 포털사이트의 메인화면이나 뉴스사이트에서 흔히 볼 수 있다. 디스플레이 광고 시 목표 잠재고객이 있을 가능성이 높은 위치에 광고가 게재되도록 비용을 지급한다(예 : 관심 있는 사이트, 블로그 또는 모바일 앱 보기). 예를 들어 결혼부케를 판매하는 경우 누군가가 결혼에 대한 블로그를 탐색할 때 광고가 표시될 수 있다. 디스플레이 광고를 사용하면 제품이나 서비스에 대한 인지도를 높일 수 있지만 비용이 많이들 수 있다. 디스플레이 광고를 시작하려면 일련의 단계를 준비해야 한다.

[표 12-2] 디스플레이 광고 단계

구분	내용
1단계 : 온라인 광고 계정 만들기	구글 디스플레이 네트워크를 사용하려면 구글 애즈 계정을 설정해야 한다.
2단계 : 광고 캠페인 만들기	– 구글 애즈에서 새로운 캠페인을 만들고 관련 세부 정보를 작성한다. – 광고 네트워크를 선택 한다(예 : 디스플레이 네트워크만 선택 시 구글 디스플레이 네트워크에만 광고를 게재한다). – 광고가 관련 사이트에 자동으로 게재되게 하거나 사이트를 지정할 수 있다. – 최대 일일 예산 및 입찰 환경 설정을 선택한다. 클릭 수(광고 클릭 횟수), 노출 수(광고를 본 횟수) 또는 전환 수 – 연령, 관심 분야, 위치와 같은 요소를 기반으로 광고의 잠재고객을 선택한다.
3단계 : 광고 만들기	구글 애즈에서 텍스트, 이미지, 디스플레이 또는 모바일 광고를 만들 수 있다.
4단계 : 광고 게재	사용자가 광고 캠페인과 관련된 페이지를 탐색하면 페이지 상단이나 측면에 광고가 표시된다.
5단계 : 결제	광고 게재 여부, 클릭 여부 또는 지정된 작업 완료 여부에 따라 지급금액이 달라진다. 이는 설정하는 동안 지정한 내용에 따른다.

Section 04 디스플레이 광고 유형

제품, 서비스 및 마케팅 목표가 무엇인지에 따라 선택할 수 있는 다양한 광고 형식과 유형이 있다. 디스플레이 광고 플랫폼은 다양한 유형의 광고를 만드는 데 도움이 되는 도구를 제공한다. 예를 들어, 구글 디스플레이 네트워크는 서식과 디스플레이 광고 작성 도구를 제공한다.

1) 텍스트 광고

텍스트 광고는 텍스트만 포함한다. 예를 들어 구글 검색 광고는 텍스트 전용이며 광고 제목 텍스트, 방문 페이지 URL 및 설명 텍스트를 포함한다. 구글 디스플레이 네트워크의 텍스트 광고는 사용 가능한 공간에 맞게 조정되는 반응형 광고라고 한다. 여기에는 행동 유도, 주요 키워드 및 홍보가 포함되어 있다.

2) 이미지 광고

이미지 광고는 이미지뿐만 아니라 텍스트를 포함할 수 있다. 구글 디스플레이 네트워크에서 디스플레이 광고 작성 도구를 사용하여 이미지 광고를 만들 수 있다. 서식을 선택하고 머리기사 텍스트, 설명 텍스트 및 클릭 유도 문구를 추가하여 서식을 사용자가 정의한다. 로고를 추가하고 광고에 표시되는 표시 URL과 방문 페이지(사용자가 광고를 클릭하면 방문하는 페이지)의 도착 URL을 설정하고 광고 크기를 설정할 수 있다.

3) 동영상 광고

동영상 광고는 주의를 끌기에 아주 효과적이기 때문에 온라인에서 대중적으로 사용된다. 사람들이 탐색하는 동안 웹사이트에 표시될 수 있다. 또한, 다른 동영상이 시작되기 전에 유튜브와 같은 동영상 공유 플랫폼에 나타날 수 있다. 광고주는 광고가 건너뛸 수 있는지 또는 전체 광고를 보아야 하는지 선택할 수 있다.

[그림 12-11] 동영상 광고 게재

4) 플로팅 광고

플로팅 광고는 보고 있는 웹 페이지의 콘텐츠 위에 떠다니는 창에 열리고 기본 콘텐츠가 어둡게 표시된다. 이 광고의 목표는 사용자의 주의를 끌기 위한 것이다. 때로는 닫기 버튼이 없기 때문에 자신이 하는 일을 계속하기 전에 닫을 때까지 기다려야 한다.

5) 팝업 광고

팝업 광고는 기본 창 상단 또는 기본 브라우저 창(팝 언더라고도 함) 뒤에 있는 창에서 열린다. 여기에는 텍스트, 이미지, 동영상과 같은 다양한 형식이 포함될 수 있다. 대부분의 웹 브라우저에는 팝업 창을 차단하는 옵션이 있다.

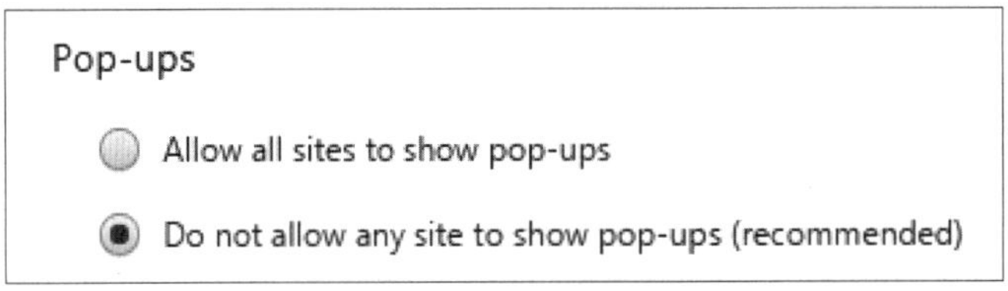

Pop-ups

Allow all sites to show pop-ups

Do not allow any site to show pop-ups (recommended)

[그림 12-12] Chrome 팝업 설정

6) 배너 광고

배너 광고는 전통적으로 모양이 직사각형이며 페이지 상단에 '배너'로 표시된다. 또한, 다른 크기로 제공될 수 있으며 페이지의 측면이나 하단에 나타난다. 일반적으로 광고주의 웹사이트에 연결되는 텍스트, 이미지 또는 애니메이션을 포함할 수 있다.

검색 엔진 온라인 마케팅이 중요해지는 추세는 맞지만, 배너광고 형태의 디스플레이 광고 역시 온라인 광고의 한 형태로 많이 사용되고 있다. 기업 입장에서는 최다 사용자 방문 시기가 중요하지만, 방문자에게 언제 해당 제품과 관련된 요구가 생기는지를 파악하는 것도 중요하다.

온라인 배너 광고 시간대를 결정할 때는 광고주가 판매하는 제품과 관련된 소비자들의 요구가 무엇인지 파악하고 언제 어떠한 상황에서 그러한 욕구가 내적으로 활성화되는지 파악한 후 배너 시간대와 어떠한 웹 페이지를 통해 배너 활동을 할 것인지 결정하는 것이 중요하다고 할 수 있다.

Section 05 소셜 미디어 광고

1 소셜 미디어 광고를 사용하는 이유

소셜 미디어 광고에는 많은 장점이 있다.

① 소셜 네트워크는 의도적으로 브랜드 추종자의 친구에게 타겟 광고하여 친구들 사이에 실제 입소문과 추천을 할 수 있게 한다.

② 스폰서 게시물은 전통적인 미디어 광고보다 브랜드를 재미있고 실험적인 기회가 되도록 한다.

③ 소셜 미디어 광고에서 참여도는 분명하기 때문에 메시지나 제안에 대한 유용한 피드백을 즉시 얻을 수 있다.

④ 광고를 제작하고 소셜 미디어에 게시하는 데 소요되는 총처리시간이 짧다. 반짝 세일 같이 제한된 시간 안에 매우 빠르고 강력하게 홍보될 수 있으며 신속하게 중단할 수 있다.

⑤ 소셜 미디어 광고의 클릭은 종종 다른 광고 플랫폼보다 비용이 저렴하다.

⑥ 플랫폼은 잠재고객 타겟팅에 대한 상세한 세부 정보를 제공한다.

[그림 12-13] 광고 전달

2 잠재고객 타겟팅

페이스북은 자신의 프로필에 대한 정보, 좋아하는 페이지, 클릭한 광고, 사용하는 다른 앱과 웹사이트 및 데이터 제공 업체의 기타 정보와 같이 페이스북에서 공유하는 정보를 통해 잠재고객의 관심과 선호도를 결정한다. 광고주는 이 정보를 사용하여 잠재고객을 매우 정교하게 타겟팅할 수 있다.

페이스북에서 다음과 같은 요소를 기반으로 도달하려는 잠재고객을 선택할 수 있다.

[표 12-3] 잠재고객 선택 기준

구분	내용
인구 통계	나이, 성별, 관심사 및 언어 등
위치	국가, 지역 및 비즈니스 근접성 등
관심사	음악, 영화, 스포츠, 게임, 쇼핑 등
행동	쇼핑 습관, 여행 의도, 접근한 기기 등
연결	페이지 또는 프로필, 친구 또는 네트워크에 관심을 보인 사람들을 포함
파트너 범주	타사 데이터 공급자가 제공하는 오프라인 행동에 대한 정보

3 소셜 미디어 광고

소셜 미디어 플랫폼은 광고를 만들고 관리하는 데 도움이 되는 다양한 도구를 제공한다. 예를 들어, 페이스북 직접 페이지에서 게시물을 홍보하거나 광고 작성 및 파워 에디터(Power Editor) 도구를 사용하여 추가 옵션을 설정할 수 있다. "광고 관리자"에서 모든 광고를 관리할 수 있다.

대부분의 소셜 미디어 플랫폼에는 광고를 게시하는 일련의 단계가 있다.

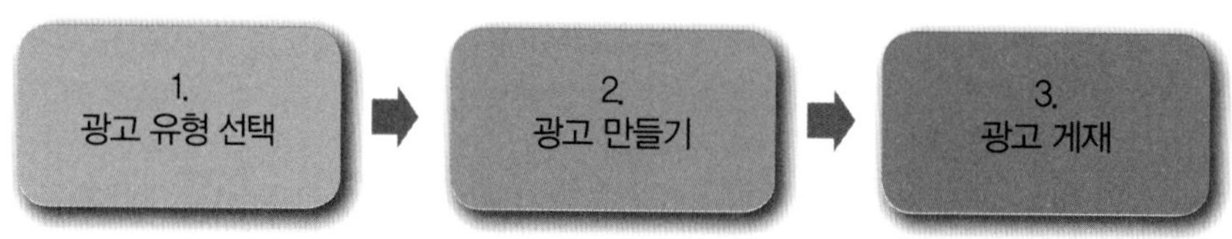

[그림 12-14] 광고 게시 단계

① 1단계(광고 유형 선택) : 비즈니스 목표 및 광고로 달성하고자 하는 것을 기반으로 작성하는 광고 유형이다. 예를 들어 페이스북 페이지에서 웹사이트를 홍보하여 방문 수를 늘릴 수 있다. 또는 여러분의 페이지를 홍보하여 더 많은 "좋아요(Likes)"를 얻을 수 있다. 이를 위해 페이지 홍보하기를 클릭한다.

[그림 12-15] 페이스북에서 홍보유형

② 2단계(광고 만들기) : 다음으로 광고를 만들고 타겟팅 옵션과 예산을 선택한다. 예를 들어, 페이스북에서 샘플 광고를 생성하고 원하는 대로 광고 텍스트와 이미지를 수정할 수 있다. 페이지를 홍보하는 경우 제목은 자동으로 페이지 이름이다. 페이지 또는 웹사이트를 홍보할 때 이미지 대신 동영상을 추가할 수 있다. 잠재고객, 예산, 광고 기간 및 지급 옵션을 선택할 수 있다. 예산 및 광고 기간은 광고를 게재하고자 하는 사람들의 수를 기반으로 하며, 광고를 보려는 사람들의 수이다. 또한 광고 게재 방식을 미리 볼 수 있다.

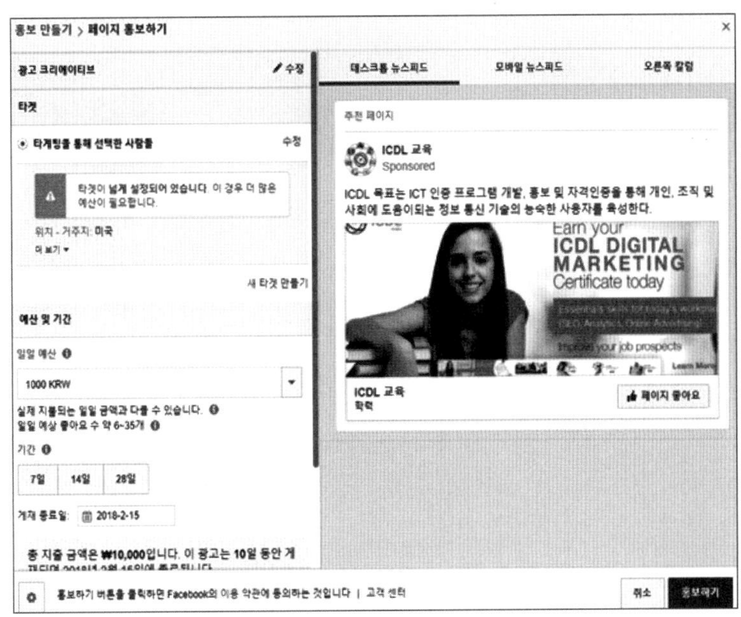

[그림 12-16] 페이스북 홍보정보 입력

③ 3단계(광고 게재) : 마지막으로 광고는 선택한 잠재고객에게 게재된다. 페이스북에서 데스크톱 뉴스 피드, 모바일 뉴스 피드 또는 둘 다에 광고가 표시되는지를 결정할 수 있다. 페이지 또는 웹사이트를 홍보하기로 선택한 경우 광고는 데스크톱의 오른쪽 열에 잠재고객에게 게재될 수도 있다. 페이스북 광고 네트워크는 인스타그램(Instagram)에도 광고한다. 페이스북 광고에는 스폰서 게시물이 포함된다. 트위터 광고에는 "홍보 트윗"이 포함된다.

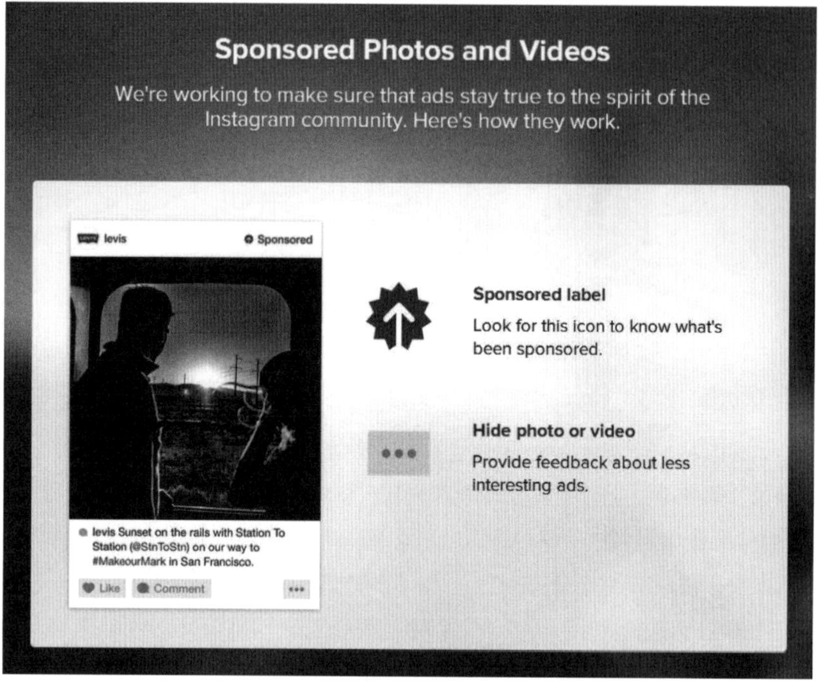

[그림 12-17] 스폰서 광고 사례

[그림 12-18] 홍보 트윗 광고사례

연습 문제

1 다음 중 검색 엔진 마케팅 플랫폼은 무엇인지 고르시오.

a. MailChimp

b. 페이스북

c. Bing Ads

d. 윅스(Wix)

해설

검색 엔진 마케팅 플랫폼 중 대표적인 것은 구글 애드워즈와 Bing Ads가 있다.

정답 : c

2 다음 중 디스플레이 광고 플랫폼은 무엇인지 고르시오.

a. 워드프레스(WordPress)

b. SEO

c. 구글 디스플레이 네트워크

d. URL 단축기

해설

많은 디스플레이 광고 플랫폼이 있지만, 가장 큰 것은 구글 디스플레이 네트워크(https://www.google.com/ads/displaynetwork)이다. 구글 디스플레이 네트워크에는 구글에 속하거나 구글 네트워크에 있는 사이트, 블로그, 동영상 또는 앱을 포함하고 있다.

정답 : c

3 디스플레이 광고의 세 가지 유형을 나열하시오.

정답 : 텍스트 광고, 이미지 광고, 동영상 광고

4 다음 중 소셜 미디어 플랫폼 광고를 설명하는 데 일반적으로 사용되는 것을 다음에서 고르시오.

a. 팝업 게시물

b. 계획된 트윗

c. 스폰서 게시물

d. 프로모션 트윗

해설

페이스북 광고에는 스폰서 게시물이 포함된다. 트위터 광고의 3종 세트는 다음과 같다.

① 프로모션 트윗(promotion tweet)

② 프로모션 계정(promotion account)

③ 프로모션 트렌드(promotion trends)

정답 : c, d

5 소셜 미디어에 광고를 사용하는 3가지 이유를 나열하시오.

정답 : (1) 소셜 네트워크는 의도적으로 브랜드가 브랜드 추종자의 친구에게 광고를 타겟팅하여 친구들 사이에 실제 입소문과 추천을 할 수 있게 한다.

(2) 스폰서 게시물은 브랜드를 전통적인 미디어 광고보다 재미있고 실험적인 기회가 되도록 한다.

(3) 소셜 미디어 광고에서 참여도는 분명하기 때문에 메시지나 제안에 대한 유용한 피드백을 즉시 얻을 수 있다.

M·E·M·O

Chapter

13

이메일 마케팅

이 단원을 마치면 다음을 수행할 수 있다.

- 이메일 마케팅 플랫폼의 일반적인 사례를 확인한다.
- 이메일 마케팅 플랫폼에 계정을 만들 수 있다.
- 옵트인(Opt-in), 옵트아웃(Opt-out)을 이해한다.
- 이메일 마케팅 플랫폼에서 연락처 목록을 작성, 편집 및 삭제한다.
- 이메일 캠페인을 만들고 이메일 마케팅 플랫폼에서 서식을 선택한다.
- 이메일 마케팅 플랫폼에서 이메일 보내기를 할 수 있다.
- 이메일 마케팅 플랫폼에서 이메일 예약을 할 수 있다.

International
Computer
Driving
Licence

Section 01 이메일 마케팅 플랫폼

이메일 마케팅은 이메일을 통해 소비자에게 직접 도달하는 것과 연관되어 있다. 이메일 마케팅은 저렴한 비용과 적은 노력으로 많은 수신자에게 도달할 수 있으며 구현하기가 비교적 쉽다.

[그림 13-1] 이메일 마케팅

이메일 마케팅은 특별 행사나 판매를 강조하면서 홍보할 수 있다. 또한, 이메일을 이용하여 블로그 게시물이 포함된 소식지를 보내고 구매 검토 기회를 제공하고, 구매 후 고객의 정보를 업데이트할 수도 있다. 이메일은 텍스트 및 리치 미디어[1] 의 형식을 취할 수 있다.

구매고객 및 구독자의 연락처 목록을 사용하거나 이메일 목록을 살 수 있다. 다수의 연락처, 여러 목록 및 여러 마케팅 캠페인을 관리하는 경우 이메일 마케팅 플랫폼이 필요하다. 이메일 마케팅 캠페인을 만들고 받는 사람의 행동을 추적하여 마케팅 성공 여부를 측정할 수 있다. 또한, 이 정보는 캠페인 수정 및 개선에 사용될 수 있다.

많은 이메일 마케팅 플랫폼이 있지만, 널리 사용되는 두 가지는 다음과 같다.

- MailChimp(www.mailchimp.com)
- constantcontact(www.constantcontact.com)

두 플랫폼 모두 요구사항 및 용량에 따라 무료 및 유료 옵션을 제공한다.

1) 리치 미디어란 콘텐츠에 대한 시청자의 상호작용과 참여를 유도하는 동영상, 오디오, 기타요소 등의 고급기능을 포함하는 광고

Section 02 이메일 마케팅 계정 생성

1) 개요

이메일 마케팅 플랫폼을 사용하려면 계정을 만들어야 한다.

2) MailChimp에서 계정 생성 절차

① www.mailchimp.com을 방문한다.

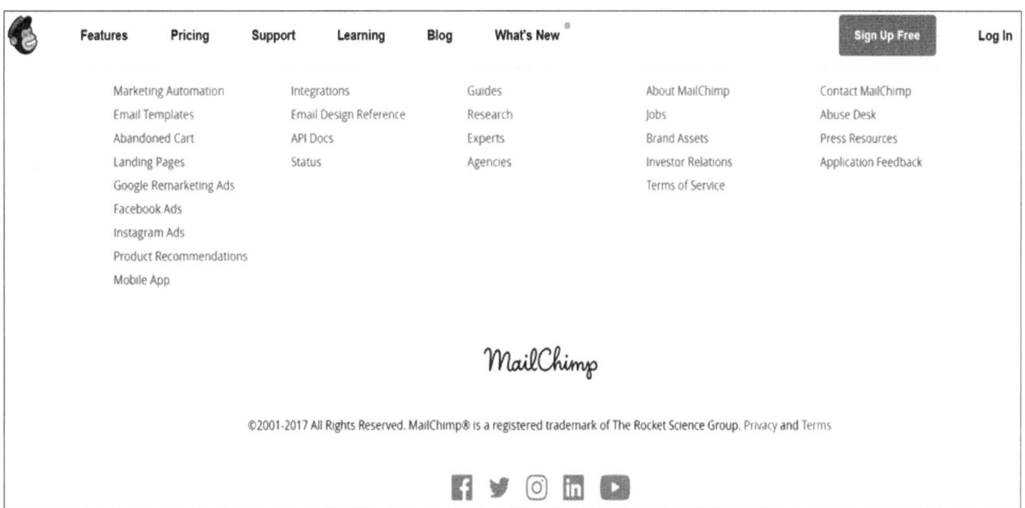

[그림 13-2] mailchimp 메인 페이지(www.mailchimp.com)

② "무료 가입(Signed Up Free)"을 클릭한다.

③ 이메일, 사용자 이름 및 암호를 입력한다.

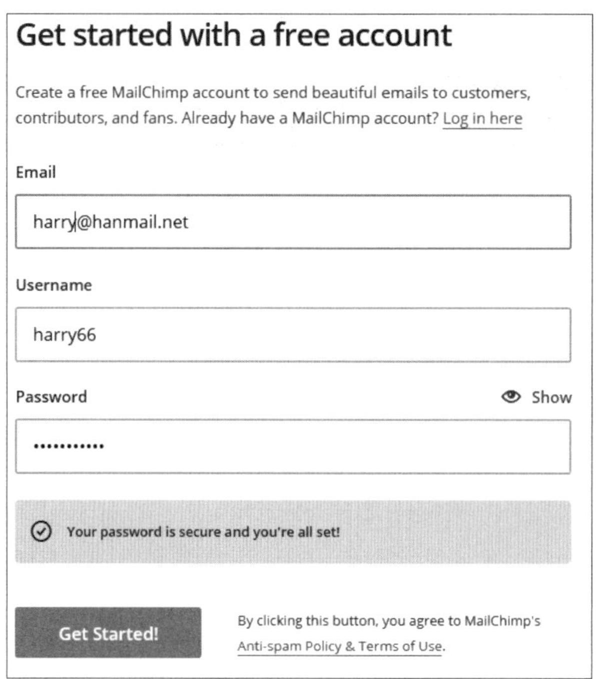

[그림 13-3] 이메일, 사용자 이름 및 암호를 입력

④ 시작하기(Get Started!)를 클릭한다.

⑤ 제공한 이메일 주소로 보낸 확인 이메일에 있는 부분의 "계정 활성화"를 클릭한다.

⑥ 자신이 누구인지 확인하는 단계를 완료한 후 "등록 확인"을 클릭한다.

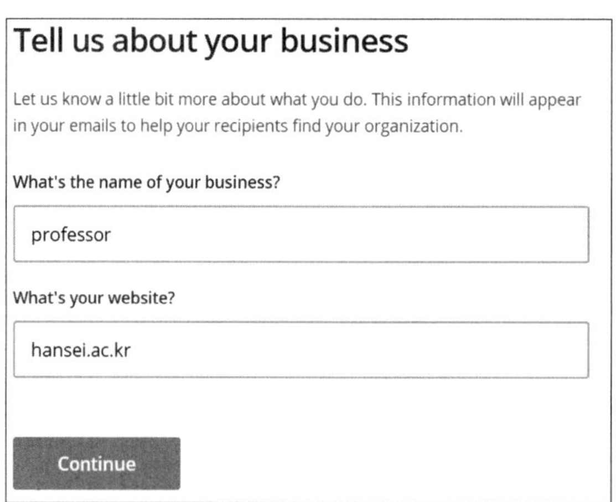

[그림 13-4] 직업과 웹사이트 정보 입력

⑦ 환영화면에서 이름, 회사 이름, 웹사이트, 실제 주소, 온라인 판매 여부, 소셜 미디어 연결 계정, 도움을 청할 이메일을 입력 후, "Let 's Go!"를 클릭한다.

Section 03 연락처 목록 생성 및 관리

1 옵트인 및 옵트아웃

이메일 마케팅 캠페인의 성공 여부는 연락처의 품질에 크게 좌우된다. 옵트인(Opt-in)은 당사자가 개인 데이터 수집을 허용하기 전까지 당사자의 데이터 수집을 금지하는 제도이다. 기업과 같은 단체가 광고를 위한 메일을 보낼 때, 수신자의 동의를 얻어야 메일을 발송할 수 있도록 하는 방식도 옵트인(Opt-in)방식이다.

이메일 마케팅용 연락처에는 마케팅을 목적으로 하는 의사소통을 위해 구독하거나 가입하기로 선택한(Opt-in) 사람들이어야 한다. 이 사람들은 이미 제공하는 정보에 관심을 표명했으므로 여러분의 메시지를 더 잘 받을 것이다.

수신자들은 이메일로 연락할 수 있는 권한을 부여하지 않은 경우 이메일을 스팸 또는 원치 않는 이메일로 볼 수 있다. 원하지 않는 이메일은 무시되거나 브랜드에 대한 부정적인 견해를 유발할 수 있으며 일부 국가에서는 보낼 수 없다. 모든 이메일 마케팅에서는 사람들에게 이메일을 수신 거부할 수 있는 옵션을 제공해야 한다.

옵트아웃(Opt-out)은 당사자가 자신의 데이터 수집을 허용하지 않는다고 명시할 때 정보수집이 금지되는 제도이다. 기업과 같은 단체가 광고를 위한 메일을 보낼 때, 수신자가 발송자에게 수신거부 의사를 밝혀야만 메일 발송이 금지되고 수신거부 의사를 밝히기 전에는 모든 수신자에게 메일을 보낼 수 있는 방식이다.

이메일 마케팅을 목적에 따라 별도의 목록을 작성하는 것이 좋다. 이벤트 또는 블로그 등 다양한 통로를 통해 수집된 연락처 목록은 수신날짜, 시간, 전송상태, 반송, 삭제, 거부, 수신자 구독 방법과 같은 많은 세부 정보를 포함한다. 그리고 이메일 마케팅 플랫폼을 사용하면 구독자의 연락처 목록을 설정하고 관리할 수 있다.

국내의 경우 영리목적의 광고성, 이벤트성 등의 정보를 전자우편 등으로 전송하는 경우 정보통신망법에 의하여 법적 표기. 의무를 준수하여야 하며 수신거부방법에 준해 처리하고 수신거부의사를 밝힌 수신자에게 계속 전송해서는 안 된다.

2 진행절차

1) 이메일 마케팅 플랫폼에 연락처 만들기

① 로그인한 후 MailChimp에서 “목록(List)” 페이지로 이동한다.

② "목록(Contact List)"을 클릭한다.

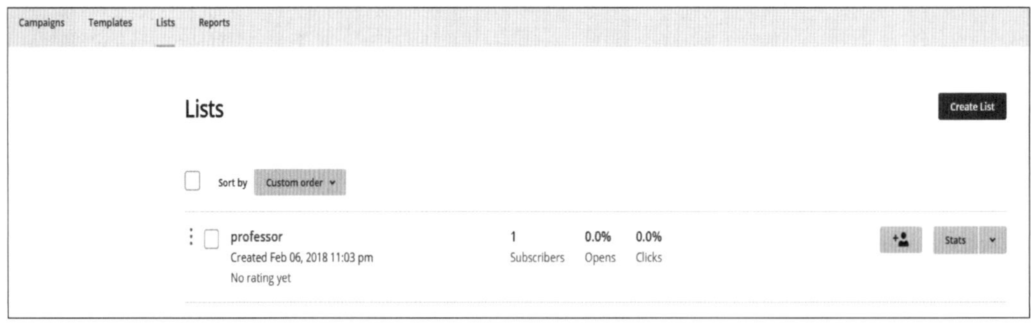

[그림 13-5] 직업과 웹사이트 정보 입력

③ 목록 세부 사항을 완성한다. 내용을 잘 알 수 있는 목록 이름으로 입력한다. 이 자료는 수신자가 볼 수 있다.

④ 이메일의 "보낸 사람" 필드에 표시할 이메일 주소와 이름을 입력한다.

⑤ 수신자가 메일을 수신하는 이유를 상기시키기 위한 텍스트를 입력한다. 이렇게 처리하면 메일이 스팸이 아닌 진짜임을 상대방에게 알릴 수 있다.

⑥ "저장"을 클릭한다.

⑦ "연락처 가져오기"를 클릭하여 기존 연락처를 가져온다.

⑧ 관련 소스를 선택하고 다음을 클릭한다. 확장자가 .csv 혹은 .txt 파일을 사용하거나 .xls 또는 .xlsx 파일에서 복사하여 붙여넣거나 구글 연락처(Google Contacts) 및 세일즈포스(Salesforce)와 같은 서비스에서 연락처를 가져올 수 있다.

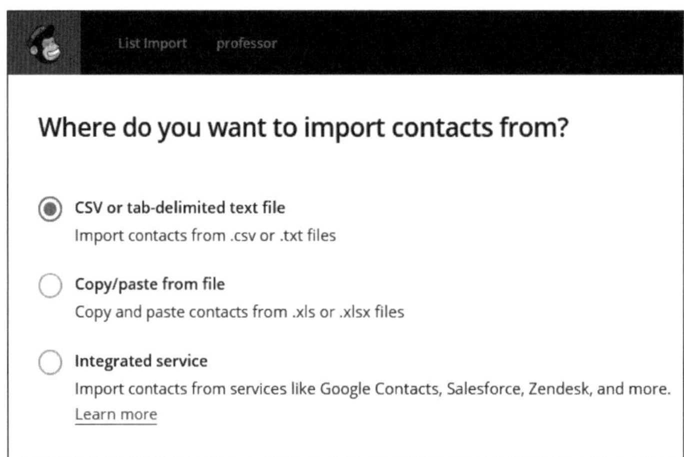

[그림 13-6] 연락처 가져오기

⑨ 선택한 소스에 따라 정보를 완성하고 다음을 클릭한다.

⑩ "가져 오기"를 클릭하면, 목록이 생성된다.

2) 이메일 마케팅 플랫폼에서 연락처 추가 및 삭제

① MailChimp에서 목록 페이지로 이동하고 목록에 있는 목록이름을 클릭한다.

② 연락처 관리(Manage Contacts)를 클릭한다.

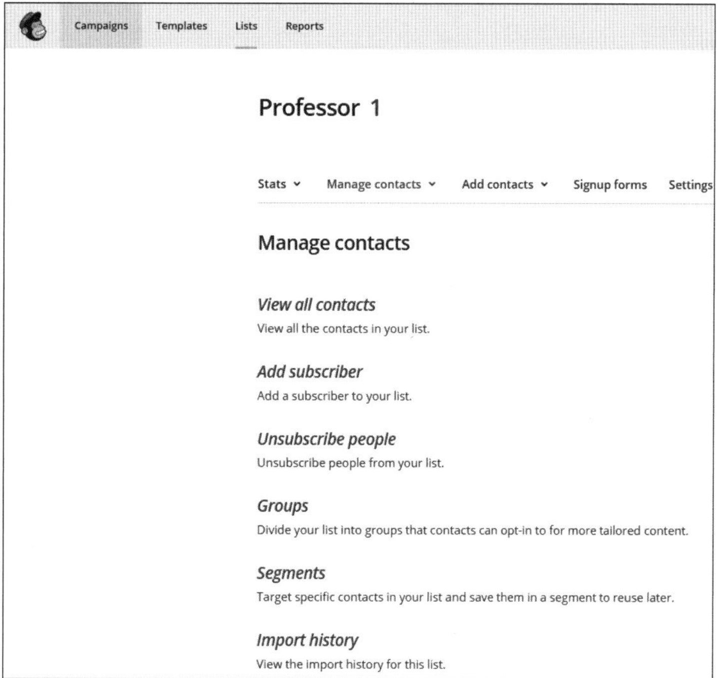

[그림 13-7] 구독자 추가(ADD Subscribers)

③ 목록에 누군가를 추가하려면 구독자 추가를 클릭하고 이메일 주소, 이름을 입력하고 권한 확인란을 선택한 다음 구독을 클릭한다.

④ 연락처에서 누군가를 제거하려면 해당자를 클릭하고 삭제 버튼을 클릭한다.

3) 이메일 마케팅 플랫폼에서 연락처 목록 삭제

① MailChimp에서 목록 페이지로 이동하고 목록 이름 옆에 있는 확인란을 클릭한다.

② "삭제(delete)"를 클릭한다.

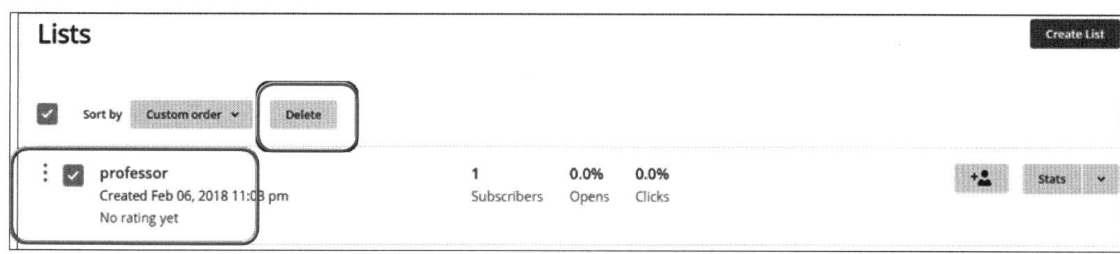

[그림 13-8] 연락처 목록 삭제

Section 04 이메일 캠페인 작성 및 관리

이메일 마케팅 플랫폼은 수신자 지정 및 전문적으로 디자인된 이메일을 작성, 전송 및 예약할 수 있는 도구를 제공한다. 수신자의 목록을 정의하고, 적절한 서식을 선택, 콘텐츠 추가, 메일을 보낼 시기를 예약할 수 있다. MailChimp는 기본 배치에서 전문적으로 디자인된 서식에 이르기까지 다양한 서식을 제공한다. 일부 플랫폼에서는 이메일을 확인한 사람, 링크를 클릭한 사람 및 링크를 클릭한 횟수와 같은 내용을 확인하는 기능도 제공한다.

TIP 수신자가 메일을 열도록 유도하기 위해 메일 제목을 잘 설명하고, 흥미로운 정보를 제공한다.

1 이메일 마케팅 플랫폼에서 서식을 사용하여 캠페인 만들기

① MailChimp에서 "캠페인" 페이지로 이동하고 캠페인 작성을 클릭한다.

② 이메일 작성(Create an email), 광고 작성(Create an Ad), 캠페인작성(Create a Lending Page) 중 "이메일 작성"을 클릭한다.

③ 일반 캠페인, 일반 텍스트 캠페인(텍스트만), A/B 테스트 캠페인(어떤 캠페인이 가장 효과적인지 비교하기 위해 사용됨) 또는 RSS 캠페인(RSS 피드를 기반으로 자동화됨) 이름을 작성한 후 시작한다.

④ 수신자와 발신자를 지정한다. 발신자 지정 시 확인하는 절차가 필요하다.

⑤ 캠페인 주제를 정하고 이메일 콘텐츠를 제작한다. 페이스북, 트위터, 웹사이트 등에 연결할 수도 있다.

⑥ 서식 선택 페이지에서 적절한 서식을 선택하고 다음을 클릭한다. 기본 페이지에는 기본 배치가 포함되어 있으며 테마 페이지에는 범주별로 그룹화된 전문적으로 디자인된 서식이 포함되어 있다.

⑦ 디자인 페이지에서 내용과 디자인을 완성한다.

⑧ 미리 보기 및 테스트를 클릭하여 이메일 콘텐츠 및 디자인을 미리 확인한다.

⑨ 서식으로 저장을 클릭하여 나중에 사용할 수 있도록 이메일 콘텐츠를 서식으로 저장하고 서식 이름을 입력한 다음 저장을 클릭한다.

⑩ 다음을 클릭한다.

⑪ 확인 페이지에서 피드백을 검토하고 필요한 사항을 변경한다.

2 이메일 마케팅 플랫폼에서 이메일 보내기

① 이메일을 바로 보내려면 확인 페이지에서 보내기를 선택한다.

② "지금 보내기"를 클릭한다.

3 이메일 마케팅 플랫폼에서 이메일 예약

① 이메일 예약을 보내도록 하려면 일정(Schedule) 페이지에서 예약을 선택한다.

② 관련 날짜 및 시간을 입력한다.

③ 캠페인 예약을 클릭한다.

연습 문제

1 다음 중 이메일 마케팅 플랫폼은 무엇인지 2개를 고르시오.

a. MailChimp

b. 구글(Google) 디스플레이 네트워크

c. 유튜브(YouTube)

d. Constant Contact

해설

많은 이메일 마케팅 플랫폼이 있지만, 널리 사용되는 두 가지는 Mailchimp와 Constant Contact이다.

정답 : a, d

2 누군가가 이메일로 마케팅 내용을 수신하기로 선택할 때 다음 중 어떤 용어가 적합한지 고르시오.

a. 옵트아웃

b. 옵트인

c. 수신 거부

d. 제출하기

해설

기업과 같은 단체가 광고를 위한 메일을 보낼 때, 수신자의 동의를 얻어야 메일을 발송할 수 있도록 하는 방식도 옵트인(Opt-in)방식이다.

정답 : b

3 이메일 마케팅 플랫폼에 계정을 만드시오.

정답 : 직접 실습하기

4 이메일 마케팅 플랫폼에 연락처 목록을 만드시오.

정답 : 직접 실습하기

5 미리 정의된 서식을 사용하여 이메일 마케팅 플랫폼에 이메일 캠페인을 만드시오.

정답 : 직접 실습하기

6 이메일 마케팅 플랫폼에서 이메일 캠페인을 보내시오.

정답 : 직접 실습하기

7 이틀 후에 이메일 캠페인을 보내도록 예약하시오.

정답 : 직접 실습하기

Chapter
14

모바일 마케팅

이 단원을 마치면 다음을 수행할 수 있다.

- 모바일 마케팅을 사용하는 몇 가지 이유에 대한 개요를 학습한다.
- 모바일 응용 프로그램이라는 용어를 이해한다.
- 모바일 응용 프로그램을 마케팅에 사용하는 방법에 대해 이해한다.
- 모바일 마케팅 캠페인 시 고려 사항에 대해 이해한다.
- 모바일 광고 옵션을 이해한다.

International
Computer
Driving
Licence

Section 01 모바일 마케팅 개요

1 모바일 마케팅

스마트폰의 가장 큰 특징은 사용자가 원하는 애플리케이션을 자유롭게 설치할 수 있다는 것이다. 모바일 마케팅이란 바로 스마트폰과 같은 모바일 디바이스(mobile device)를 기반으로 진행하는 마케팅 활동을 의미한다. 즉 모바일 마케팅은 스마트폰, 태블릿 및 휴대 전화를 비롯한 기기에서 직접 마케팅 전략을 활용하여 고객들에게 도달하는 것이다. 인터넷에 연결된 개인 모바일 디바이스를 통해 소비자들에게 기업의 제품과 서비스를 홍보하는 콘텐츠를 효과적으로 전달하는 것이 가장 중요한 목적이다.

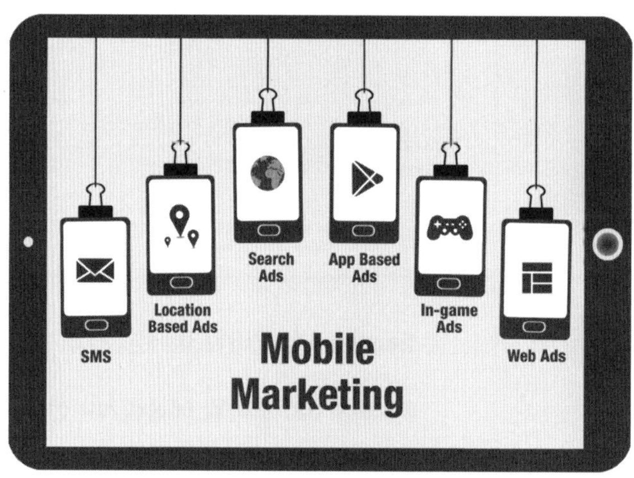

[그림 14-1] 모바일 마케팅

2007년 iPhone 출시 이후, 모바일 기기는 현대 생활의 핵심 부분으로 진화했다. 소비자는 모바일 장치를 사용하여 뉴스보기, 동영상 시청, 음악 듣기, 이메일 보내기, 검색, 온라인 뱅킹, 음식 주문, 웹 브라우징, 길찾기 및 쇼핑을 할 수 있다. 대다수의 모바일 사용자는 하루 24시간 내내 장치를 손에 가지고 다니기 때문에 소비자를 쉽게 연결시킬 수 있다. 이러한 장치를 통해 사람들에게 도달하는 것은 기업에게 거대한 마케팅 기회를 제공할 뿐만 아니라 새로운 도전 과제이다. 소비자는 모든 모바일 마케팅 활동이 편리하고 개인화되고 우수한 경험을 제공할 것으로 기대한다. 웹사이트, 광고 및 앱이 소비자의 기기와 위치에 적합하지 않으면, 소비자들은 매력적인 모바일 환경을 제공하는 웹사이트나 앱으로 이동한다.

2 모바일 마케팅 사용 이유

1) 더 많은 고객에게 접근

2015년에 모바일은 데스크톱을 추월하여 전 세계 인터넷 접근의 주요 수단이 되었다. 기업이 마케팅 계획에서 모바일을 간과하면 잠재고객의 상당 부분을 잃어버릴 수 있다. 모바일 플랫폼은 더 많은 고객에게 실시간으로 정보를 제공할 수 있다.

[그림 14-2] 모바일 마케팅

2) 위치 기반 고객 타겟팅

스마트폰 및 앱은 GPS(Global Positioning System) 및 Wi-Fi의 데이터를 사용하여 사용자의 위치를 파악한다. 안드로이드(Android) 및 iOS(iPad 및 iPhone 운영 체제)와 같은 운영 체제 및 위치 추적 권한이 부여된 앱의 위치 정보(Geolocation)를 사용하여 사용자의 직장, 주택 및 주간 일정을 파악한다. 위치기반 데이터를 사용하여 사용자의 근접한 동선과 관련된 콘텐츠, 광고 및 쿠폰을 제공할 수 있다. 예를 들어 앱 안의 광고는 실시간 홍보를 위해 특정 지역의 비즈니스를 표적화할 수 있다. 고객이 해당 기업을 찾을 수 있게 도와준다. 구글과 같은 검색 엔진은 위치 정보를 사용하여 모바일 검색을 풍부하게 한다. 그들은 모바일 검색 사용자에게 편리하고 직관적인 경험을 제공하는 것을 목표로 한다. 따라서 지역 검색 결과 페이지에는 가장 가까운 업체의 이름과 영업시간이 표시된 지도 보기와 전화를 걸고, 길 찾기를 위한 버튼이 포함될 수 있다. 지역 검색을 위해 온라인 상태를 최적화하는 기업은 더 많은 모바일 고객을 확보하게 된다.

Section 02 모바일 애플리케이션

1 모바일 애플리케이션

일반적으로 앱으로 알려진 모바일 애플리케이션은 스마트폰 및 태블릿과 같이 휴대 기기에서 실행되도록 설계된 응용 프로그램이다. 스마트폰과 태블릿에는 이메일, 달력, 지도, 사진 및 동영상과 같은 작업을 위한 앱이 설치되어 있다. 앱은 모바일 장치의 기능을 확장할 수도 있다. 캔디크러시(Candy Crush)와 같은 엔터테인먼트 및 게임 앱이 있다. 워드 프로세싱과 같은 생산성 응용 프로그램, 동영상 및 이미지 편집 응용 프로그램, 페이스북(Facebook) 및 트위터(Twitter)와 같은 소셜 네트워킹 앱, 스냅챗(Snapchat) 및 왓츠앱(WhatsApp)과 같은 소셜 메시징 응용 프로그램 등이 있다. 일부 기업은 앱 기반으로만 운영한다. 예를 들어 우버(Uber)는 앱을 사용하여 고객의 정확한 위치를 결정하고 차를 공유하는 서비스를 제공한다. 앱은 모바일 운영체제(OS)용으로 설계되었으며 해당 운영체제에서 설치할 수 있다. 따라서 아이폰(iPhone) 및 아이패드(iPad) 앱은 애플(Apple)의 App Store에서 다운로드할 수 있으며 안드로이드(Android)를 실행하는 기기의 앱은 구글플레이(Google Play)에서 제공된다.

2 앱 마케팅

비즈니스 및 서비스 홍보 앱(App)은 기업에서 제작하고 제공할 수 있다. 비즈니스 자체 앱 또는 타사 앱을 통해 프로모션을 수행할 수 있다. 푸시 알림으로 앱 다운로드 사용자에게 직접 정보를 보낼 수 있다. 예를 들어 아마존(Amazon)과 같은 온라인 소매 업체는 "우리는 충성도가 높은 고객에게 20% 할인을 제공한다."라는 푸시 알림을 사용하여 앱을 보유한 고객에게 할인 프로모션을 보낼 수 있다. 소매업체는 페이스북 같은 타사 앱의 뉴스피드 광고를 통해 해야 할 일에 대해 광고를 할 수 있다.

광고를 클릭하면, 해당 바구니에 할인코드가 적용된 모바일 사이트로 보내진다. 기업은 페이스북 프로모션 클릭에 대해 비용을 지급해야 하지만, 자체 앱의 트래픽은 무료이다.

3 오퍼링 서비스

많은 기업이 모바일 고객에게 더 나은 서비스를 제공하기 위해 앱을 만든다. 예를 들어 모바일 뱅킹은 현대 생활의 핵심 부분으로, 은행 앱이 요구 사항을 충족시키지 못하면 많은 고객이 계정을 폐쇄한다. 항공 애플리케이션을 사용하면 승객이 탑승권을 휴대전화에 저장하고 체크인하고 항공편 상태를 쉽게 지켜볼 수 있다. 에어비앤비(Airbnb) 응용 프로그램에서 사용자는 숙박 시설 디렉터리('주변' 옵션 포함)를 탐색할 수 있을 뿐만 아니라 숙박 호스트에게 메시지를 보내고 프로필 및 결제 옵션을 수정하고 고객 서비스에 액세스할 수 있다. 기업이 모바일 앱을 개발하는 데 드는 비용은 상당하다. 특히 각 운영체제(Android 및 iOS)마다 다른 앱이 필요하다. 이러한 이유로 많은 중소기업은 모바일 또는 반응형 웹사이트에 투자한다.

4 판매확보

당연히 많은 기업은 앱을 통해 매출을 창출하기를 희망한다. 대형 소매 업체는 고객이 모바일에서 제품 및 서비스를 더욱 쉽게 구매할 수 있도록 앱을 개발한다. 일부 기업은 앱 자체의 판매로 수익을 창출한다. 일부 앱은 프리미엄(Premium) 모델로 무료로 제공한 다음 앱 안의 구매라고 하는 추가 기능을 제공한다. 이런 기능은 캔디크러시 사가(Candy Crush Saga)와 같은 게임에서 채택되고 있는데, 그로 인해, 이 회사는 한 달 만에 수백만 달러의 수익을 올리고 있다.

Section 03 모바일 마케팅 고려 사항

모바일 사용자를 대상으로 한 마케팅 캠페인은 맞춤화되고 편리한 모바일 환경을 제공해야 한다. 그렇지 않으면 잠재고객이 이탈하거나 사용하지 않아 손해를 볼 위험이 있다. 여기에는 모바일 친화적인 웹사이트를 만들고 모바일용 키워드 및 광고를 조정하는 작업이 포함된다.

1 모바일 친화적인 웹사이트 만들기

웹사이트의 모든 페이지는 모바일에서 원활하게 작동해야 한다. 모바일 사용자는 쉽게 탐색하고, 작업을 완료할 수 있어야 한다. 동시에 누르지 않도록 링크가 서로 가깝지 않아야 한다. 글꼴 크기는 작은 화면에 적합해야 하며, 단추는 상호 작용하기 쉽고, 타이핑은 최소화해야 한다.

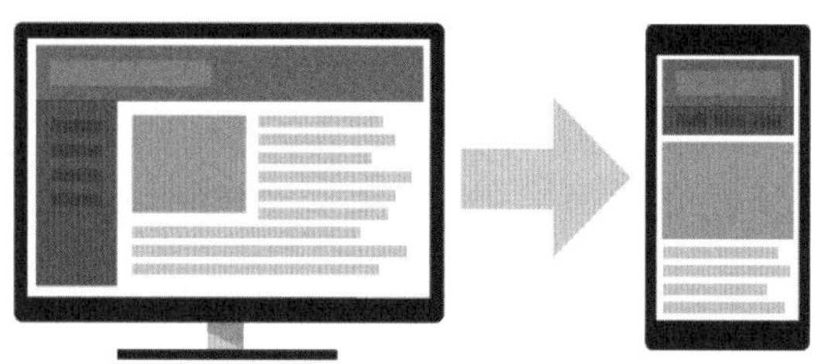

[그림 14-3] 모바일 친화적 사이트

반응형 웹사이트 디자인은 자동으로 화면의 해상도에 맞춰 조정된다. 따라서 데스크톱 및 모바일용으로 별도의 웹사이트를 개발할 필요가 없다. 모바일 친화적인 웹사이트도 빠르게 올려져야 한다. 크기가 큰 파일은 내려받는데 시간이 오래 걸리므로 성능을 높이기 위해 작은 파일을 사용한다. 모바일 친화적인 웹사이트는 사용자가 내려받도록 강요하는 대신 다른 사이트에서 제공된 영상을 전달해야 한다.

모바일 친화적인 웹사이트는 모바일 사용자가 여러분의 사이트와 상호 작용하도록 권장한다. 그것은 검색 엔진에서 모바일 검색 엔진 순위를 결정하는 데 사용되는 요소이다. 모바일 친화성 사이트는 여러 모바일 장치에서 서로 다른 모바일 운영 체제에서 잘 작동해야 한다.

TIP 구글의 모바일 친화성 테스트 사이트같이 모바일에서 사이트가 잘 작동되는지 테스트할 수 있는 온라인 도구가 있다.

2 모바일용 키워드 조정

모바일 사용자가 검색을 수행할 때 일반적으로 이동 중에 작은 화면과 키보드를 사용하여 특정 항목을 찾는다. 검색 용어는 데스크톱 사용자보다 짧다. 검색의 문맥 의도를 고려하고 모바일 관련 상황에 맞춰야 한다. 예를 들어 구글은 주유소, 미용사 및 식당과 같은 지역 서비스에 대한 "주변 검색"이 인기를 얻고 있다고 조언한다.

기업은 옐프(Yelp) 및 구글 마이 비즈니스(Google My Business)와 같은 디렉터리에 등록하고 모바일 검색을 위한 온라인 인지도를 최적화해야 한다. 연락처 세부 정보, 영업시간 및 설명은 항상 최신 상태로 유지해야 한다.

모바일 검색결과, 대부분 사용자는 세 번째 또는 네 번째 결과보다 아래로 스크롤 하지 않으므로 키워드에 대해 높은 순위를 차지하는 것이 매우 중요하다.

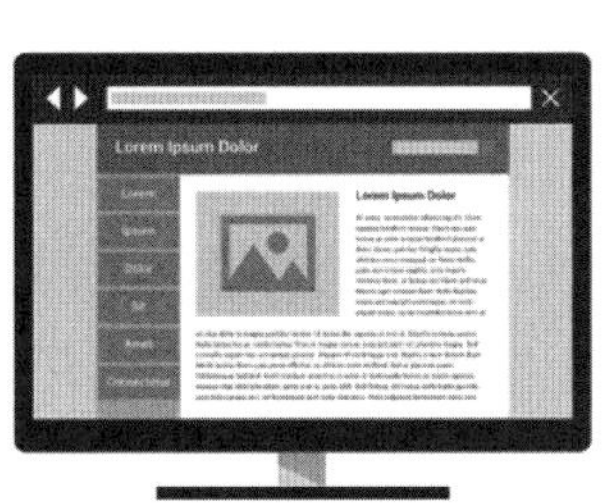

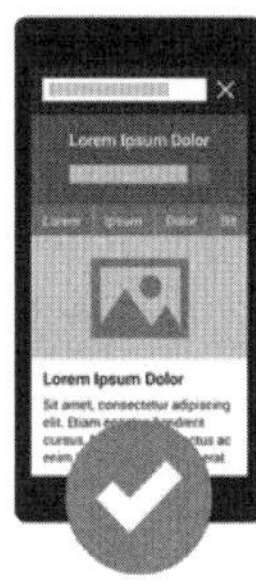

[그림 14-4] 모바일 검색 환경 고려

3 모바일용 광고 맞춤 설정

광고는 휴대 기기용으로 맞춤 설정해야 한다. 글꼴 크기, 이미지 크기 및 텍스트 길이가 짧은 화면에 맞는지 확인하려면 모든 장치에서 테스트해야 한다. 행동 유도 문구는 명확하고 간결해야 하며 '지금 전화하기' 또는 '앱 다운로드' 버튼과 같이 모바일 사용자에게 가치를 제공해야 한다. 특히 광고가 사용되는 웹사이트는 모바일 친화적이어야 한다.

[그림 14-5] 모바일용 광고 맞춤 설정

Section 04 모바일 광고

1) 모바일 광고

모바일 광고는 스마트폰 및 태블릿과 같은 휴대 기기 사용 고객을 광고 목표로 한다. 모바일 광고는 지리적 위치, 기기 모델, 운영체제, 통신사, 과거에 사용된 앱, 인구 통계학적 목표 및 구매 의도와 같은 행동을 기반으로 목표를 정할 수 있다.

[그림 14-6] 모바일 광고

모바일 광고 플랫폼에는 구글 애드워드(Google AdWords) 및 인모비(InMobi) 등이 있다. 이 플랫폼은 모바일용 광고 버전을 자동으로 만들거나 모바일용 맞춤 광고를 만드는 옵션을 제공한다. 데스크톱 기기에서 사용할 수 있는 것과 같은 유형의 광고를 사용하여 휴대 기기에 광고를 게재할 수 있지만, 모바일 광고는 휴대 기기에 맞게 최적화되어야 한다. 모바일 광고는 동영상, 검색, 디스플레이, 소셜 미디어, 애플리케이션 등이 있는데 이 중에서 제품의 특성에 따라 선택할 수 있다.

2) 동영상 광고

광고의 핵심으로 동영상을 사용하고 앱 및 모바일 웹사이트에 게시한다. 모바일 동영상 광고의 유지율은 데스크톱 유지율보다 높다.

모바일 동영상 광고는 조회가 가능한 경우에 자동 재생되며, 기본적으로는 자동으로 설정되어 소비자에게 소리를 들려주는 옵션을 제공한다. 페이스북을 포함한 많은 플랫폼은 영상에 시각적인 자막을 사용하고 소리를 제거한 영상을 권장한다. 사용자의 관심을 매우 신속하게 파악해야 한다. 동영상 프레임이 중요하다. 즉 일부 광고주는 더 많은 모바일 화면공간을 사용하기 위해 정사각형 형식을 사용한다.

3) 검색 광고

검색광고는 모바일 장치의 검색결과 페이지에 나타난다. 광고주가 제공하는 제품을 검색할 때, 정확한 광고를 통해 목표 고객을 확보할 수 있다. 검색 후 구매 기간은 모바일이 데스크톱보다 훨씬 짧기 때문에 모바일 검색 사용자의 상황과 의도를 고려해야 가치가 있다. 예를 들어, 호텔에 대한 대부분의 모바일 검색은 그날 밤 예약이므로 많은 호텔의 광고에 '오늘 밤 예약'이라는 버튼이 포함된다. 모바일 검색 광고에는 '앱 다운로드' 또는 '전화하기(Click to call)' 버튼이 포함될 수 있으며, 전환으로 추적할 수 있다.

4) 디스플레이 광고

모바일 사이트 및 앱에 텍스트, 이미지, 애니메이션, 오디오 및 동영상과 같은 다양한 형식으로 게재된다. 배너 광고는 앱 개발자에게 수익을 제공하기 때문에 무료 앱에서 흔히 볼 수 있다.

5) 소셜 미디어 광고

소셜 미디어 앱을 사용하거나 소셜 미디어 모바일 사이트를 방문할 때 광고 대상 고객을 정할 수 있다. 대부분의 소셜 미디어 사용자는 모바일을 이용한다(페이스북의 일일 활성 사용자 중 91%는 모바일 사용자이다). 따라서 소셜 미디어 플랫폼은 모바일 사용자를 위한 매력적인 광고 형식을 개발하여 제공한다. 예를 들어 페이스북 모바일 광고에는 앱 설치 또는 게임 실행과 같은 행동을 유도할 수 있는 내용을 포함하고 있다. 또한, 지역 비즈니스를 위해 "길 찾기" 또는 "지금 전화하십시오."와 같은 행동 유도 기능이 있으며, 이미지를 회전식으로 구성하여 사용자가 일련의 제품 사진 중에서 선택할 수 있도록 구성되어 있다.

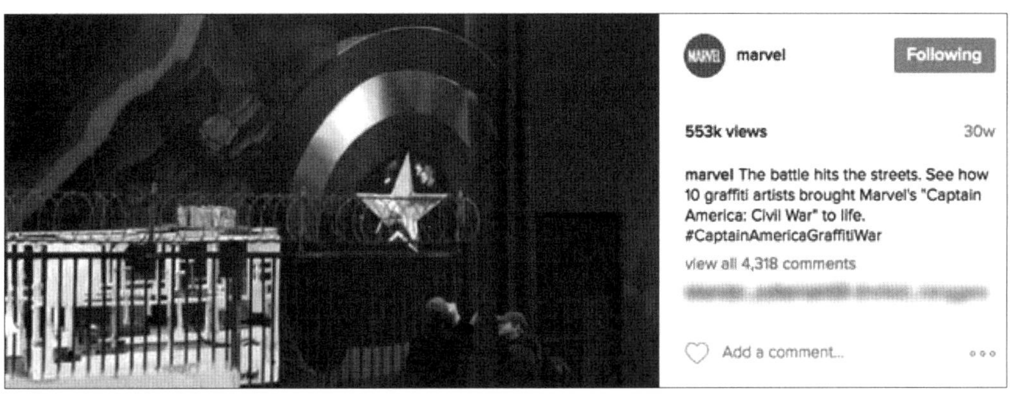

[그림 14-7] 소셜 미디어 광고

6) 애플리케이션 광고

모바일 앱에 표시되는 광고이므로 모바일 앱을 사용하는 사용자를 목표로 마케팅할 수 있다.

모바일을 통해 다양한 광고를 노출하기 원하는 기업들은 모바일의 특수한 접촉 방식을 고려하여 적합한 광고를 만드는 것이 중요하다.

[표 14-1] 모바일 앱 사용 시 주요 기능

구분	내용
스와이프(swipe)	화면을 밀거나 이미지를 손가락으로 확대하거나 축소할 때 사용
셰이크(shake)	손에 잡은 모바일기기를 흔들어서 기능을 작동시킬 때 사용
자이로(gyro)	움직임을 중력으로 감지하여 화면이 적절하게 이용자 중심의 시각으로 변하는 기능
신체정보 제공	지문, 얼굴이나 안구, 목소리와 같은 신체 일부를 감지해 정보를 제공하는 기능

최근 들어 모바일 광고는 HTML5 기술을 이용한 리치 미디어 광고(Rich Media Advertising)를 기반으로 구현되는 경우가 많아졌다. 리치 미디어 광고는 스와이프, 스크롤, 줌과 같은 다양한 터치를 기반으로 동작들을 적용하여 사용자와의 상호작용을 극대화할 수 있는 광고를 만들어낼 수 있다.

연습 문제

1 모바일 마케팅을 사용해야 하는 두 가지 이유를 나열하시오.

정답 : 첫째, 스마트폰의 가장 큰 특징은 사용자가 원하는 애플리케이션을 자유롭게 설치할 수 있다는 것이다.
둘째, 개인 모바일 디바이스를 통해 인터넷에 연결된 소비자들에게 기업의 제품과 서비스를 홍보하는 콘텐츠를 효과적으로 전달하는 것이 가장 중요한 목적이다.

2 다음 용어 중 스마트폰 및 태블릿과 같이 휴대폰에서 실행되도록 설계된 프로그램을 설명하는 용어는 무엇인지 고르시오.

a. 꼬리표(Tag)

b. 앱(App)

c. 게시하기(Post)

d. 내려받기(Download)

해설

일반적으로 앱으로 알려진 모바일 애플리케이션은 스마트폰 및 태블릿과 같이 휴대 기기에서 실행되도록 설계된 응용 프로그램이다.

정답 : b

3 모바일 앱을 마케팅에 사용할 수 있는 3가지 방법을 나열하시오.

정답 : 모바일 친화적인 웹사이트, 모바일 키워드 조정, 모바일용 광고 맞춤 설정

4 최고의 고객 경험을 보장하기 위해 모바일 마케팅 캠페인을 개발할 때 고려해야 할 3가지 사항을 나열하시오.

정답 : 모바일 어플리케이션, 앱 마케팅, 오퍼링 서비스, 판매확보

5 다음 중 모바일 광고에서 할 수 있는 3가지를 고르시오.

a. 검색

b. 디스플레이

c. 소셜 미디어

d. 잡지

해설

모바일 광고는 동영상, 검색, 디스플레이, 소셜 미디어, 어플리케이션 등이 있는데 이 중 제품의 특성에 따라 선택할 수 있다.

정답 : a, b, c

Chapter

15

웹 분석

이 단원을 마치면 다음을 수행할 수 있다.

- 분석 용어를 이해한다.
- 디지털 마케팅 캠페인에 대한 성과 분석의 중요성을 인식한다.
- 웹 트래픽이라는 용어와 양질의 웹 트래픽을 유도해야 하는 중요성을 이해한다.
- 순 방문자 수, 이탈률, 전환율, 추적 코드, 추천 등 일반적인 분석 용어에 대해 이해한다.
- 일반적인 웹사이트 분석 도구를 식별한다.
- 분석 도구에서 계정 만들기를 할 수 있다.
- 웹사이트 분석 도구를 사용하여 분석 보고서를 설정하고 .csv 파일로 내보낸다.
- 웹사이트 분석 도구를 사용하여 분석 보고서를 이메일 전송한다.

International Computer Driving Licence

Section 01. 분석

Section 02. 웹사이트 분석 개요

Section 03. 웹사이트 분석

연습문제

Section 01 분석

1 분석

디지털 마케팅을 위한 분석은 사용자 행동을 기반으로 데이터를 수집, 보고 및 분석하고 패턴을 찾고 실행 가능한 의미를 얻는 프로세스이다.

디지털 마케팅 캠페인을 시작할 때 먼저 목표를 설정한다. 캠페인을 추적하고 측정하는 것은 목표에 따른 결과를 측정하고, 추세와 개선 기회를 찾는다. 그리고 변경할 내용을 적용하고 지속해서 추적하고 측정한다. 분석에는 이 프로세스를 관리하는 일련의 기술과 도구가 포함되어 있다.

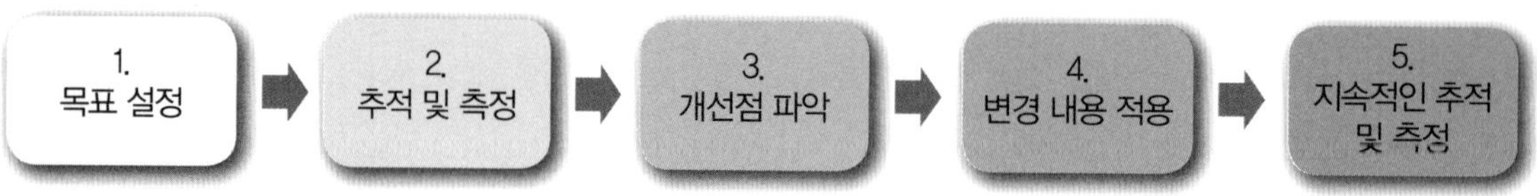

[그림 15-1] 분석 수행 절차

2 분석의 중요성

디지털 광고가 아닌 경우의 가장 큰 단점 중 하나는 수익률(ROI : Return On Investment)을 계산하기 어렵다는 점이다. 그러나 디지털 마케팅에서는 모두 측정할 수 있다. 따라서 ROI는 훨씬 더 쉽게 이해될 수 있다. 분석은 마케팅 효과 및 비즈니스 실행에 대한 통찰력을 제공한다. 효과적으로 해석되면, 캠페인할 때 의사 결정 및 변경 작업을 수행할 수 있는 구체적이고 실행 가능한 정보를 제공한다.

캠페인을 실시간으로 모니터링하고 신속하게 조정하여 시간과 비용을 절약할 수 있다. 디지털 캠페인에서 수집할 수 있는 데이터의 양과 분석을 위해 데이터를 해석할 수 있는 도구의 힘은 구매자의 사이트 이동 경로에 대한 통찰력을 제공하고 전환에 대한 장애물을 파악할 수 있다.

캠페인이 목표를 달성하지 못하는 경우, 분석을 통해 원인을 파악할 수 있고 새로운 접근 방법을 제안할 수 있다. 여러 캠페인을 테스트하여 최상의 결과를 제공하는 캠페인을 분석을 통하여 찾아볼 수도 있다.

3 분석 도구

대부분의 디지털 마케팅 플랫폼에는 분석 도구가 포함되어 있다. 분석 도구는 다음을 측정하는 데 사용된다.

- 주요 웹사이트 측정 항목
- 소셜 미디어 캠페인
- 이메일 마케팅 캠페인
- 온라인 광고 캠페인

Section 02 웹사이트 분석 개요

1 웹사이트 분석

웹사이트 분석은 웹사이트 방문객의 행동(웹 트래픽)을 추적, 보고 및 분석하는 프로세스이며 이는 디지털 마케팅의 핵심 부분이다.

분석 보고서는 측정기준(Dimension)과 측정항목(Metric)으로 구성된다. 측정기준은 데이터에 적용되는 속성으로 분석의 기준이 되는 대상이며 제품별, 지역별, 연령대별, 시간대별 등이 그 예이다. 예를 들어 브라우저 측정기준은 크롬(Chrome) 또는 사파리(Safari)와 같이 방문자가 사용하는 웹 브라우저를 나타낸다. 측정기준은 일반적으로 단어이다. 측정 항목은 측정기준에 의해 발생하는 정량적 측정치이며 방문 수, 주문 수, 판매 수 등이 그 예이다. 따라서 신규 사용자의 측정 항목은 최초 사용자의 총수다. 일반적으로 측정 항목은 대부분 숫자로 표현한다.

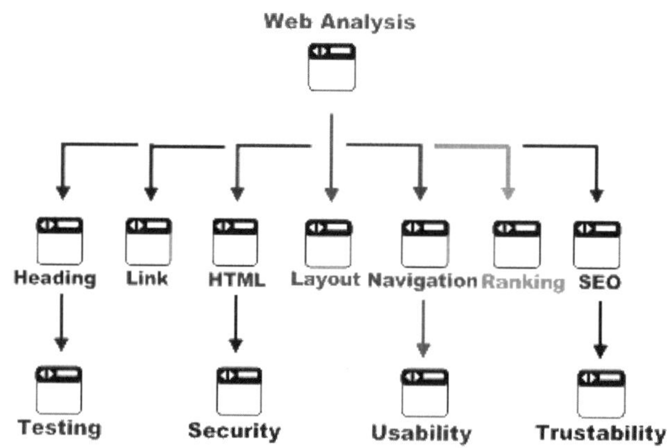

[그림 15-2] 웹사이트 분석

[표 15-1] 측정 기준과 측정 항목

측정 기준(제품)	측정 항목(판매 수)
TV	100
PC	200
냉장고	300

2 분석 도구를 이용한 추적 내용

방문자가 사이트를 어떤 경로를 통해서 왔는지 알 수 있다. 예를 들면, 분석 도구를 사용하여 웹 트래픽의 다양한 행동을 추적할 수 있다.

- 직접 트래픽(사이트 주소를 브라우저에 입력한 경우)
- 자연 검색(검색 엔진의 무료 트래픽)
- 소셜 미디어 사이트(소셜 미디어 사이트의 트래픽)
- 추천(추천 트래픽은 방문객이 다른 사이트의 링크를 따라 사이트를 방문하는 경우)

[그림 15-3] 분석 도구를 이용한 추적

사용자가 사용하고 있는 기기, 네트워크 공급자, 위치 정보 및 언어 설정과 같은 다른 차원을 볼 수 있다. 사용자가 방문한 횟수와 관계없이 특정 시간대의 총방문자 수와 같은 측정 항목을 추적할 수 있다.

방문자가 사이트에 도착했을 때, 무엇을 하는지 이해하는 것은 매우 중요하다. 예를 들어 방문자가 사이트의 내부 링크를 추적하는지 또는 한 페이지를 방문한 후에 이탈하는지를 추적할 수 있다. 다른 페이지를 방문하지 않고 웹사이트의 한 페이지에만 액세스하고 이탈한 방문자의 비율을 이탈률(Bounced rate)이라고 한다.

방문자가 웹사이트에서 전환(Conversions)과 같은 특정 작업을 수행했는지를 추적할 수도 있다. 예를 들어, 방문자가 양식을 내려받거나 소식지에 가입하면 이를 전환으로 볼 수 있다. 전환 업무를 수행한 방문자 수를 전체 방문자 수로 나누고 백분율로 나타낸 값을 전환율(Conversion rate)이라고 한다.

Section 03 웹사이트 분석

1 개요

1) 웹사이트 분석 플랫폼

분석 도구를 사용하려면 웹사이트 분석 플랫폼에 계정을 설정해야 한다. 일반적인 공급자는 다음과 같다.

- 구글 Analytics
- Moz
- Crazy Egg
- Kissmetrics

웹사이트 분석 계정을 만들면 추적 코드라는 코드가 전송된다. 이 코드를 웹사이트 또는 앱에 추가한다. 이것은 웹사이트 또는 앱에서 분석 도구로 사용되어 자료를 수집하고 전송하는 데 사용된다.

분석 도구를 사용하여 여러 가지 방법으로 데이터를 보고 관리할 수 있다. 미리 정의된 보고서에서 데이터를 볼 수 있으며 사용자가 보고서를 설정할 수도 있다.

2) 구글 애널리틱스 보고

구글 애널리틱스에서는 미리 정의된 보고서 목록에서 선택할 수 있다. 이 보고서를 원하는 데로 바꿀 수도 있다. 또한, 실시간 방문자, 구매, 행동 및 전환에 대해 다양한 보고서 형태를 제공한다.

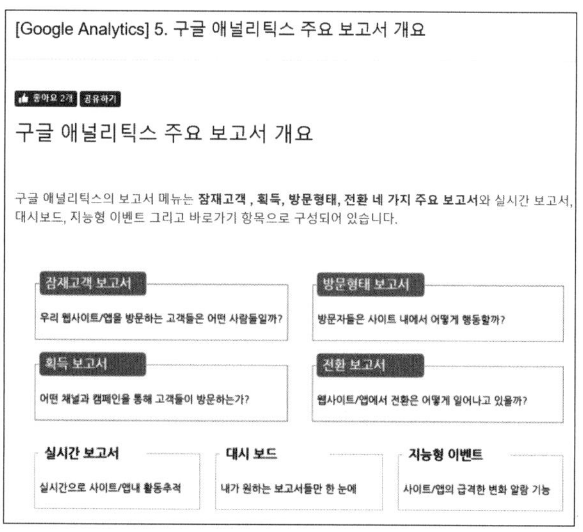

[그림 15-4] 구글 애널리틱스 보고

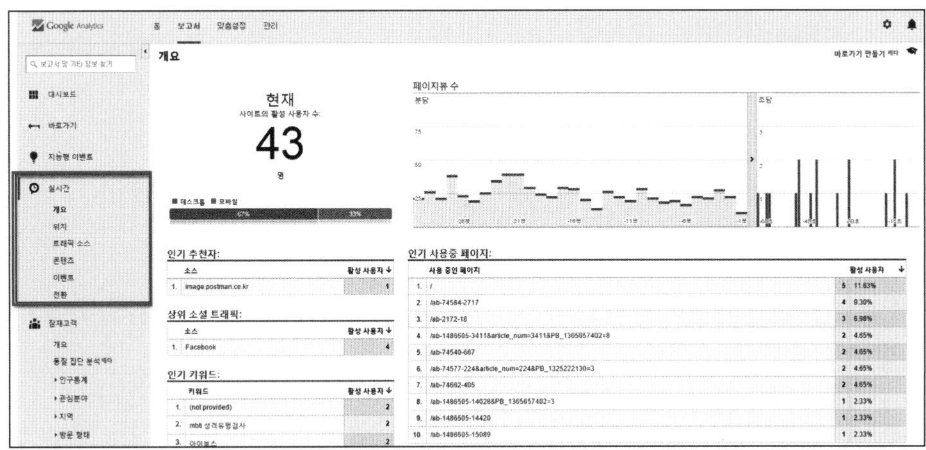

[그림 15-5] 구글 애널리틱스 보고서

CSV(쉼표로 구분된 값), TSV(탭으로 구분됨), MS 엑셀, 구글 스프레드시트 및 PDF와 같은 형식으로 보고서를 내보낼 수 있다.

일별, 주별, 월별 또는 분기별로 이메일 첨부 파일로 보고서를 보낼 수도 있다. 주요 측정 항목을 한눈에 보여주는 대시 보드에 데이터를 다양한 시각으로 볼 수 있으며, 변경할 수도 있다. 일정 기간 측정 항목을 보여주는 위젯을 추가하여 대시 보드를 원하는 데로 바꿀 수 있다. 위젯은 타임 라인, 지도, 표, 파이 차트 또는 막대 차트로 나타난다. 대시 보드의 결과를 PDF로 내보낼 수도 있다. 대시 보드는 보고서의 세부 사항을 분석할 필요 없이 가장 중요한 트래픽 측정 항목을 한눈에 관찰하는 데 유용하다. 초보자 대시 보드에는 신규 사용자, 사용자, 세션, 브라우저별 세션, 이탈률, 평균 세션 시간, 목표 완료 및 수익 등의 측정 항목이 포함된다.

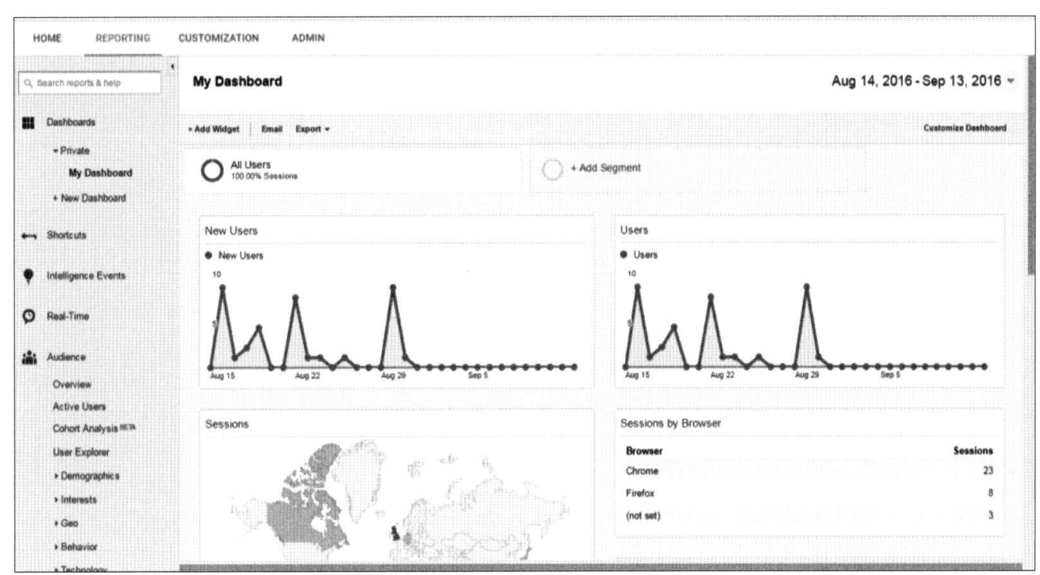

[그림 15-6] 구글 애널리틱스 대시 보드

2 진행절차

1) 분석 도구에 계정 만들기

① 구글 애널리틱스 사이트로 이동한다.

② 로그인을 클릭하고 구글 애널리틱스를 선택한다.

③ 계정을 만들려면 기존 구글 계정으로 로그인하거나 새 계정을 만들고 가입을 클릭한다. 계정 만들기를 클릭하고, 구글 애널리틱스 시작하기 기능을 클릭하여 가입한다.

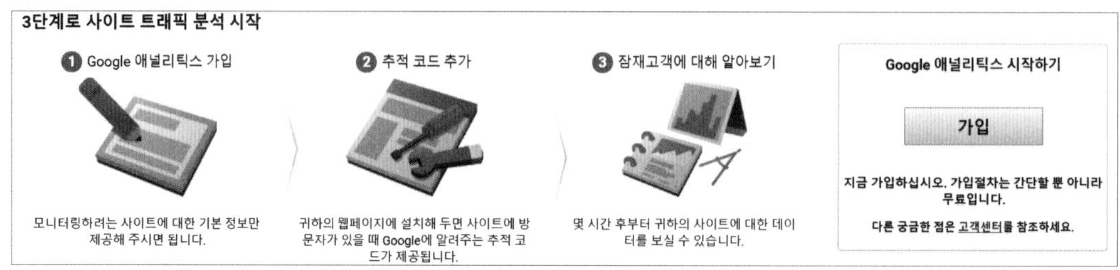

[그림 15-7] 구글 애널리틱스 시작하기

④ 새 계정 페이지에서 추적할 내용(웹사이트 또는 모바일 앱)을 선택한다.

새 계정

무엇을 추적하시겠습니까?

웹사이트 | 모바일 앱

추적방법

이 속성은 유니버설 애널리틱스를 사용하여 작동합니다. *추적 ID 가져오기*를 설정을 완료합니다.

내 계정 설정

계정 이름 필수 항목

계정에는 둘 이상의 추적 ID가 포함될 수 있습니다.

새 계정 이름

속성 설정

웹사이트 이름 필수 항목

내 새 웹사이트

[그림 15-8] 계정 만들기

⑤ 계정 이름, 속성 이름, 업종, 보고 시간대 및 웹사이트인 경우 URL을 입력한다.

⑥ "추적 ID 가져오기"를 클릭하고 서비스 약정에 동의한다.

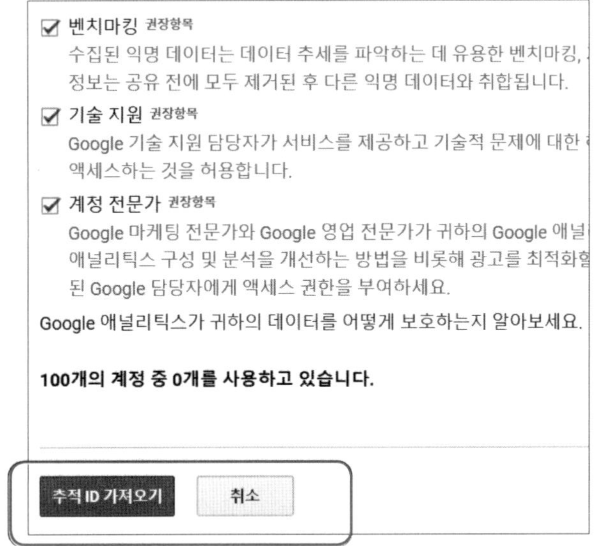

벤치마킹 권장항목
수집된 익명 데이터는 데이터 추세를 파악하는 데 유용한 벤치마킹,
정보는 공유 전에 모두 제거된 후 다른 익명 데이터와 취합됩니다.
기술 지원 권장항목
Google 기술 지원 담당자가 서비스를 제공하고 기술적 문제에 대한
액세스하는 것을 허용합니다.
계정 전문가 권장항목
Google 마케팅 전문가와 Google 영업 전문가가 귀하의 Google 애널
애널리틱스 구성 및 분석을 개선하는 방법을 비롯해 광고를 최적화
된 Google 담당자에게 액세스 권한을 부여하세요.
Google 애널리틱스가 귀하의 데이터를 어떻게 보호하는지 알아보세요.
100개의 계정 중 0개를 사용하고 있습니다.
추적 ID 가져오기
취소

[그림 15-9] 추적 ID 가져오기

⑦ 웹사이트에 적합한 방법을 사용하여 모니터링하려는 웹 페이지 또는 앱에 추적 코드를 추가한다. 워드프레스(WordPress) 및 윅스(Wix)와 같은 타사 웹 호스팅 공급자를 사용하는 경우 그 회사에서 제공하는 구글 애널리틱스 설정 단계를 따른다.

⑧ 분석 도구에서 웹 페이지 또는 앱을 모니터링 할 수 있다.

2) 분석 보고서를 파일로 내보내기

① 구글의 애널리틱스에 로그인하고 관련 계정으로 이동한다.

② "보고" 탭을 선택한다.

③ 왼쪽 열에서 방문자, 행동 또는 전환과 같은 관련 보고서를 선택한다.

④ 기간 부분에 기간을 설정한다. 데이터에 추가 매개 변수인 측정 기준 또는 측정 항목을 추가하려면 '고급'을 클릭한다.

⑤ 보고서를 .csv 파일로 만들려면 "내보내기"를 클릭하고 CSV를 선택한다.

3) 웹사이트 분석 보고서 이메일 발송

① 관련 보고서에서 "공유"를 선택한다.

② 이메일 보고서 알림 창에서 수신자 메일 입력, 첨부파일 형식과 발송주기 선택, 추가내용을 입력한다.

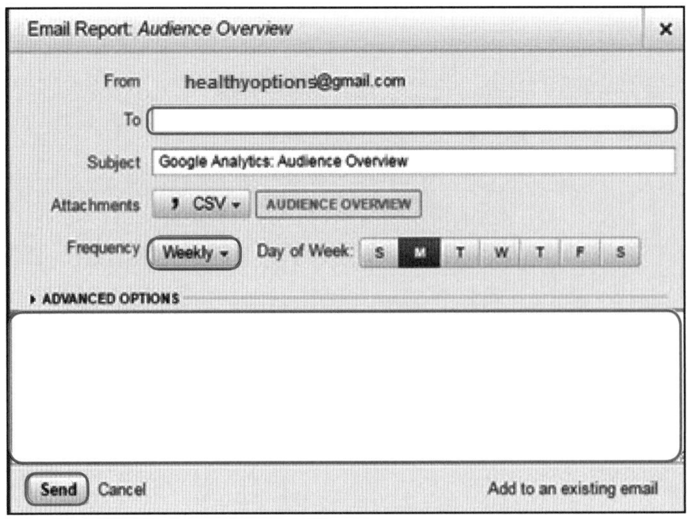

[그림 15-10] 이메일 보고서

③ "보내기(Send)"를 클릭한다.

연습 문제

1 분석 도구로 수행하는 기능 2가지를 고르시오.

a. 이미지를 웹사이트에 올리기

b. 소셜 미디어 캠페인을 측정하기

c. 모바일용 디스플레이 광고를 생성하기

d. 이메일 마케팅 캠페인을 추적하기

해설

대부분의 디지털 마케팅 플랫폼에는 분석 도구가 포함되어 있다. 분석 도구는 다음을 측정하는 데 사용된다.

(1) 주요 웹사이트 측정 항목

(2) 소셜 미디어 캠페인

(3) 이메일 마케팅 캠페인

(4) 온라인 광고 캠페인

정답 : b, d

2 디지털 마케팅 캠페인 분석이 중요한 이유 두 가지를 열거하시오.

정답 : (1) 디지털 마케팅에서는 모두 측정할 수 있다. 따라서 ROI는 훨씬 더 쉽게 이해될 수 있다.
(2) 캠페인을 실시간으로 모니터링하고 신속하게 조정하여 시간과 비용을 절약할 수 있다.

3 다음 중 웹사이트 방문자를 설명하는 데 일반적으로 사용되는 용어는 무엇인지 고르시오.

a. 전환

b. 구독자

c. 웹 트래픽

d. 노출 수

해설

웹사이트 분석은 웹사이트 방문객의 행동(웹 트래픽)을 추적, 보고 및 분석하는 프로세스이며 이는 디지털 마케팅의 핵심 부분이다.

정답 : c

4 일반적인 분석 용어를 사용하여 다음 문장을 완성하시오.

a. 다른 사이트로부터의 웹 트래픽 출처를 찾는 프로그램을 ______________라고 한다.

b. 웹사이트의 한 페이지에만 액세스하는 방문자의 비율을 _____________ 이라고 한다.

c. 순수 전환 방문자 수를 전체 방문자 수로 나눈 비율을 백분율로 표시하면 _________이다.

해설

방문자가 사이트에 도착했을 때, 무엇을 하는지 이해하는 것은 매우 중요하다. 예를 들어 방문자가 사이트의 내부 링크를 추적하는지 또는 한 페이지를 방문한 후에 이탈하는지를 추적할 수 있다. 다른 페이지를 방문하지 않고 웹사이트의 한 페이지에만 액세스한 방문자의 비율을 이탈률(Bounced rate)이라고 한다.

웹사이트의 한 페이지를 액세스한 수는 페이지 뷰라고 한다.

방문자가 웹사이트에서 전환(Conversions)과 같은 특정 작업을 수행했는지를 추적할 수도 있다. 예를 들어, 방문자가 양식을 내려받거나 소식지에 가입하면 전환으로 볼 수 있다. 전환 업무를 수행한 방문자 수를 전체 방문자 수로 나눈 값을 백분율로 나타낸 값을 전환율(Conversion rate)이라고 한다.

정답 : a. 분석 도구, b. 이탈률, c. 전환율

5 웹사이트 분석 플랫폼 두 가지를 나열하시오.

정답 : 구글 Analytics, Crazy Egg, Moz, Kissmetrics

6 분석 도구에서 계정을 만드시오.

정답 : 직접 실습하기

7 웹사이트 분석 도구에서 보고서를 CSV 파일로 내보내시오.

정답 : 직접 실습하기

8 웹사이트 분석 도구에서 매주 특정 이메일 주소로 보고서를 보낼 이메일을 예약하시오.

정답 : 직접 실습하기

M·E·M·O

Chapter

16

소셜 미디어 인사이트

이 단원을 마치면 다음을 수행할 수 있다.

- 소셜 미디어 인사이트에 대해 이해한다.
- 소셜 미디어 플랫폼에서 마케팅 활동 분석의 중요성을 인식한다.
- 소셜 미디어 분석 용어(참여, 도달, 멘션, 트렌드, 인바운드 링크 등)를 이해한다.
- 일반적인 소셜 미디어 인사이트 도구를 식별한다.
- 소셜 미디어 캠페인에 대한 분석 보고서를 설정하고 이를 .csv 파일로 내보낸다.

International
Computer
Driving
Licence

Section 01 소셜 미디어 인사이트 개요

소셜 미디어 인사이트(insight)는 소셜 미디어 계정 방문자의 행동을 추적하고 분석할 수 있다. 소셜 미디어 분석 도구를 사용하여 "좋아요" 및 팔로워 증가추세, 게시물 댓글 수 참여, 페이지 방문수 또는 조회수와 같은 중요지표의 목표 달성 여부를 측정할 수 있다.

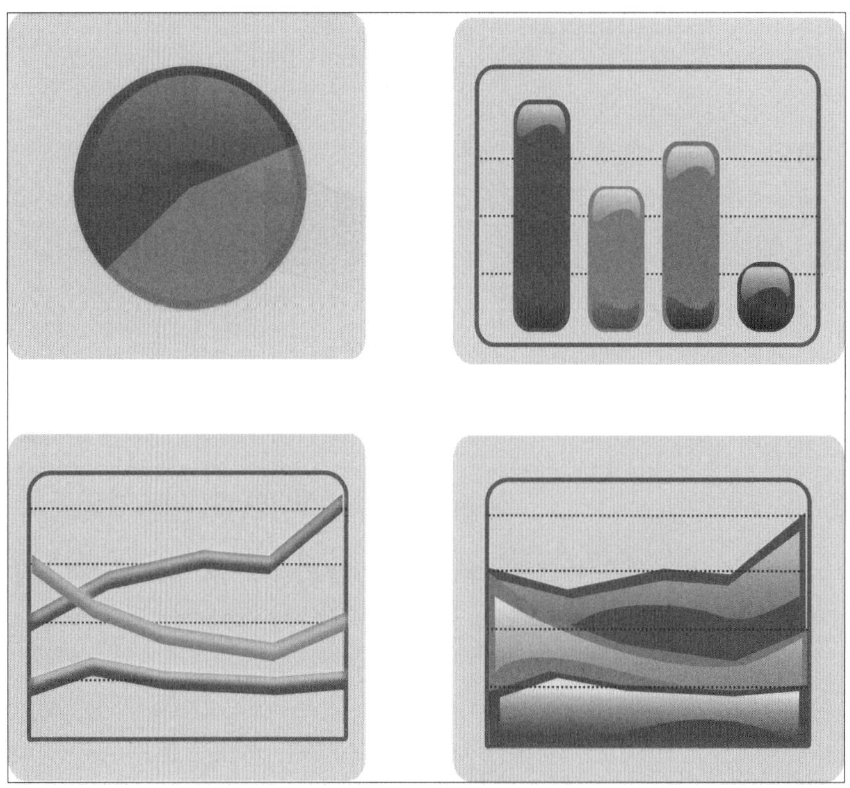

[그림 16-1] 소셜 미디어 인사이트

일반적인 인사이트 관련 용어들은 다음과 같다.

[표 16-1] 소셜 미디어 인사이트 용어

구분(제품)	측정항목(판매 수)
참여(Engagement)	– 사용자가 게시물에 상호 작용하는 횟수이며 링크 클릭 수, 좋아요, 댓글, 반응 및 공유 횟수를 포함할 수 있다. – 참여율이 높은 게시물은 페이스북 뉴스 피드에 표시되고 더 많은 '도달 범위'를 얻을 가능성이 크다. 참여율은 스폰서 게시물(광고)과 유기적인 게시물 모두에 대한 측정 항목이다.
도달 범위(Reach)	– 소셜 미디어 게시물이 노출된 실제 사람 수이다. 부정적인 참여를 얻은 게시물(숨겨져 있거나 스팸으로 신고된 것)의 도달 범위는 작다. – 도달(Reach)은 콘텐츠를 소비한 사용자 수이며, 노출(Impression)은 콘텐츠가 소비된 횟수이다. 10명에게 20번 콘텐츠가 소비되었다면, 도달은 10, 노출은 20이다.
멘션(Mentions)	– 소셜 미디어 메시지에 계정 이름이나 핸들이 태그에 지정된 횟수이다.
트렌드(Trends)	– 특정 순간에 소셜 미디어에서 인기 있는 주제 또는 해시 태그이다.
인바운드 링크(Inbound links)	– 프로필에 링크한 다른 사이트의 링크 수이다.
보기(View)	– 프로필 또는 페이지를 본 사람 수이다.
행동(Actions)	– 프로필 또는 페이지에서 수행된 작업의 수이다. 페이스북 페이지에서 사용자는 길 찾기를 하거나 전화번호를 클릭하거나 웹사이트를 클릭하거나 다른 작업 버튼을 누르게 할 수 있다.
사용자(People)	– 많은 플랫폼은 팬, 팔로워의 인구 통계, 그들이 속한 도시, 관심사, 언어 및 연령대와 같은 인구 통계를 제공한다.

Section 02 소셜 미디어 인사이트 도구의 활용

1 개요

소셜 미디어 인사이트 도구는 소셜 미디어 플랫폼에서 제공되는 분석 도구로서, 사용자의 활동과 성과를 측정하고 평가하는 데 도움을 준다. 이 도구를 활용하면 다음과 같은 정보를 얻을 수 있다.

- 사용자 분석: 소셜 미디어 인사이트 도구를 사용하면 계정의 팔로워 수, 포스트의 조회수, 좋아요 및 공유 수, 댓글 및 멘션 등 사용자 활동에 대한 통계를 확인할 수 있다. 이를 통해 자신의 계정 성장과 인기도를 파악할 수 있다.
- 콘텐츠 성과 분석: 인사이트 도구를 사용하면 공유한 포스트, 이미지, 비디오 등의 성과를 분석할 수 있다. 조회수, 공유 수, 댓글 등을 통해 어떤 콘텐츠가 인기가 많았는지, 어떤 유형의 콘텐츠가 성과를 얻었는지 등을 확인할 수 있다.
- 타깃 그룹 분석: 소셜 미디어 인사이트 도구를 사용하면 팔로워 및 대상 그룹의 특성과 관심사를 파악할 수 있다. 성별, 연령대, 지역, 관심사 등을 분석하여 타깃 그룹에 대한 이해를 높일 수 있다. 이를 통해 적절한 콘텐츠 전략을 수립하고 타깃 그룹에 맞춘 마케팅을 진행할 수 있다.
- 상호작용 분석: 소셜 미디어 인사이트 도구를 사용하면 사용자들과의 상호작용에 대한 분석을 수행할 수 있다. 댓글, 멘션, 좋아요, 리트윗 등의 상호작용 데이터를 분석하여 어떤 유형의 콘텐츠가 더 많은 상호작용을 유발했는지, 어떤 유저들이 활발하게 상호작용하는지 등을 파악할 수 있다.
- 효과성 평가: 소셜 미디어 인사이트 도구를 사용하면 마케팅 캠페인이나 프로모션의 효과를 평가할 수 있다. 광고 성과, 클릭 수, 전환율 등을 분석하여 어떤 캠페인이 가장 효과적이었는지, 어떤 전략이 성공했는지 등을 파악할 수 있다.
- 소셜 미디어 인사이트 도구는 플랫폼마다 제공되는 기능과 형식이 다를 수 있으며, 플랫폼 내에서 확인 및 활용할 수 있다. 이러한 도구를 통해 사용자는 소셜 미디어 활동에 대한 통찰력을 얻고, 전략적인 의사결정과 개선을 할 수 있다.

대부분의 소셜 미디어 플랫폼은 소셜 미디어의 통계를 볼 수 있는 도구를 제공한다. 소셜 미디어 관리 서비스는 인사이트 도구도 제공한다. 일반적인 소셜 미디어 인사이트 도구는 아래와 같다.

- 페이스북 페이지 인사이트
- 트위터 애널리틱스
- 핀터레스트 애널리틱스

2 분석 보고서를 파일로 내보내기

① 페이스북에 로그인하고 페이지로 이동한 다음 인사이트(Insights)를 클릭한다.

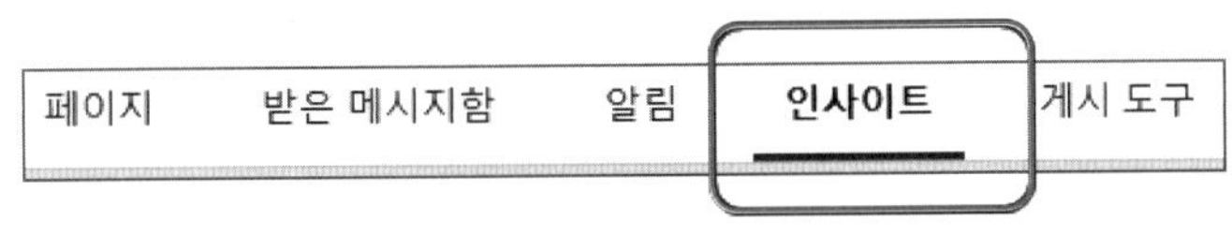

[그림 16-2] 인사이트

② 보고서를 내보내려면 개요(Overview)를 선택한다.

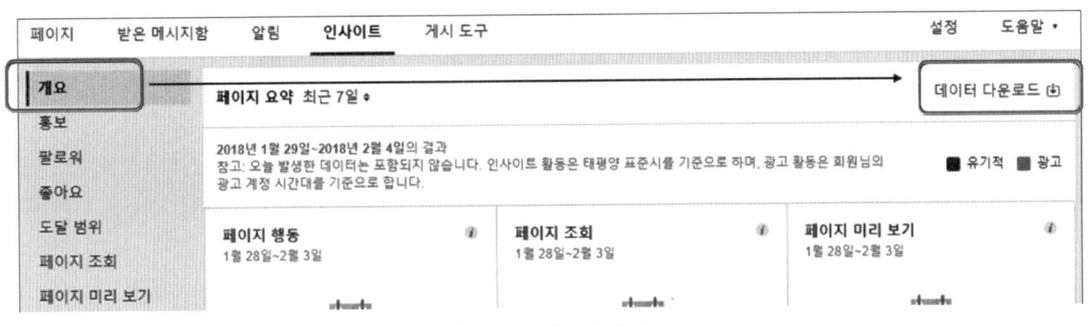

[그림 16-3] 수행 화면

③ 데이터 다운로드(Export Data)를 클릭한다.

④ 보고서에 사용할 기간(Date Range)을 설정한다.

⑤ 데이터 유형(Data Type)을 설정한다.

- 페이지 데이터에는 참여, 좋아요 출처 및 타겟 상대정보 등 주요 페이지 지표가 있다.
- 게시물 데이터에는 도달, 노출 및 피드백에 대한 주요 게시물 지표가 있다.
- 동영상 데이터는 조회 수, 고유 조회 수 광고 및 유기적 조회 수 등을 포함한 주요 동영상 지표가 있다.

⑥ 보고서를 쉼표로 구분된 값(.csv)으로 내보낼 파일 형식을 선택한다.

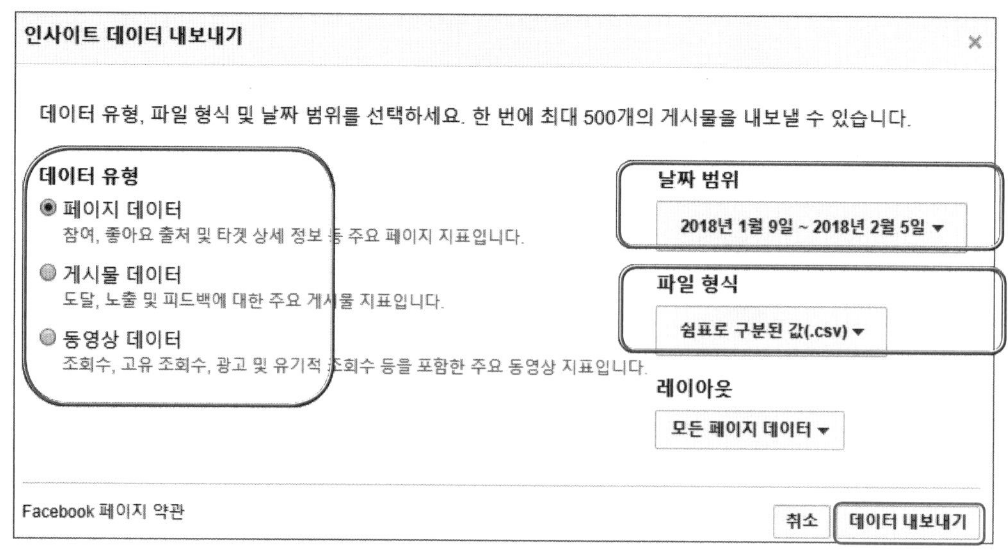

[그림 16-4] 데이터 유형, 날짜 범위, 파일 형식 선택

⑦ 데이터 내보내기(Export Data)를 클릭한다.

3 소셜 미디어 인사이트 활용 사례

소셜 미디어 인사이트 도구는 다양한 활용 사례를 가지고 있다. 다음은 대표적인 활용 사례이다.

- 타깃 그룹 분석: 소셜 미디어 인사이트 도구를 사용하여 팔로워 및 대상 그룹의 특성과 관심사를 파악할 수 있다. 이를 통해 타깃 그룹의 선호도, 동향, 관심사 등을 이해하고 적절한 콘텐츠 전략을 수립할 수 있다. 예를 들어, 어떤 연령대의 사용자가 많은지, 어떤 지역의 관심사가 높은지 등을 파악하여 그에 맞는 콘텐츠를 개발하고 전략을 조정할 수 있다.
- 콘텐츠 성과 평가: 소셜 미디어 인사이트 도구를 사용하여 공유한 포스트, 이미지, 비디오 등의 성과를 분석할 수 있다. 조회수, 좋아요, 공유 수, 댓글 등을 통해 어떤 콘텐츠가 인기가 많았는지, 어떤 유형의 콘텐츠가 더 많은 상호작용을 유발했는지 등을 파악할 수 있다. 이를 통해 좋은 성과를 내는 콘텐츠의 특징을 파악하고, 이를 활용하여 콘텐츠 전략을 개선할 수 있다.
- 마케팅 효과 분석: 소셜 미디어 인사이트 도구를 사용하여 마케팅 캠페인이나 프로모션의 효과를 평가할 수 있다. 광고 성과, 클릭 수, 전환율 등을 분석하여 어떤 캠페인이 가장 효과적이었는지, 어떤 전략이 성공했는지 등을 파악할 수 있다. 이를 통해 효과적인 마케팅 전략을 수립하고 예산을 효율적으로 관리할 수 있다.

- 경쟁사 분석: 소셜 미디어 인사이트 도구를 활용하여 경쟁사의 소셜 미디어 활동을 분석할 수 있다. 경쟁사의 팔로워 수, 상호작용 수, 콘텐츠 전략 등을 파악하여 경쟁사와 비교하고 자신의 전략을 개선할 수 있다. 이를 통해 경쟁사의 강점과 약점을 파악하고, 자신의 소셜 미디어 활동을 최적화할 수 있다.
- 트렌드 파악과 시장 조사: 소셜 미디어 인사이트 도구를 통해 트렌드를 파악하고 시장 조사를 수행할 수 있다. 인기 있는 키워드, 해시태그, 특정 주제에 대한 상호작용 등을 분석하여 소셜 미디어 플랫폼에서의 트렌드를 파악하고 시장 동향을 예측할 수 있다. 이를 통해 새로운 아이디어를 도출하고 시장에 더 잘 대응할 수 있다.

위의 예시는 일반적인 활용 사례이며, 소셜 미디어 인사이트 도구는 사용자의 목적과 필요에 따라 다양하게 활용될 수 있다.

연습 문제

1 다음 중 소셜 미디어 계정 방문객의 행동을 추적하고 평가하는 과정을 설명하는 데 사용되는 용어는 무엇인지 고르시오.

a. 추천

b. 인사이트

c. 분할 테스트

d. 이탈률

해설

소셜 미디어 인사이트(insight)는 소셜 미디어 계정 방문자의 행동을 추적하고 분석할 수 있다. 소셜 미디어 분석 도구를 사용하여 "좋아요" 및 팔로워 증가 추세, 게시물 댓글 참여수, 페이지 방문 또는 조회수와 같은 중요 지표의 목표 달성 여부를 측정할 수 있다.

정답 : b

2 소셜 미디어 마케팅 캠페인 분석이 중요한 이유를 나열하시오.

정답 : 소셜 미디어 인사이트(insight)는 소셜 미디어 계정 방문자의 행동을 추적하고 분석할 수 있기 때문이다.

3 일반적인 소셜 미디어 관련 용어로 다음 문장을 완성하시오.

a. ________________는 소셜 미디어 프로필과의 상호 작용을 설명하는 데 사용되는 용어이다.

b. ________________는 소셜 미디어 게시물을 보는 사람들이다.

c. ________________은 소셜 미디어 메시지에 사용자의 핸들 또는 계정 이름이 태그된 경우이다.

d. ________________는 특정 순간에 소셜 미디어에서 인기 있는 주제 또는 해시 태그이다.

e. ____________ 는 다른 출처의 웹사이트에 대한 링크 수이다.

정답 : a. 참여(Engagement), b. 보기(View), c. 멘션(Mentions), d. 트렌드(Trends), e. 인바운드 링크(Inbound links)

4 소셜 미디어의 인사이트 도구 두 가지를 나열하시오.

정답 : 페이스북 페이지 인사이트, 트위터 애널리틱스, 핀터레스트 애널리틱스

5 선택한 소셜 미디어 인사이트 보고서를 .CSV 파일로 내보내시오.

정답 : 직접 실습하기

Chapter 17

온라인 광고 분석

이 단원을 마치면 다음을 수행할 수 있다.

- 클릭 수, 노출 수, 클릭률(CTR), 클릭당 지급(PPC), 1,000건 당 비용(CPM), 획득건수 기준 비용(CPA), 전환 건수 기준 비용(CPC)을 이해한다.
- 온라인 광고 캠페인의 성공 여부를 측정하기 위한 분할 테스트와 그 중요성을 이해한다.
- 온라인 광고 캠페인에 대한 분석 보고서를 설정하고 이를 .csv 파일로 내보낸다.
- 온라인 광고 캠페인에 대한 분석 보고서를 이메일로 예약 발송할 수 있다.

International
Computer
Driving
Licence

Section 01 온라인 광고 분석 개요

1 온라인 광고 분석

온라인 광고 분석은 온라인 광고의 성과를 추적 및 분석하는 프로세스이다.

다음과 같은 성과지표를 추적할 수 있다.

- 클릭 수(Clicks) : 광고가 클릭된 횟수
- 노출 수(Impressions) : 광고가 사용자에게 표시된 횟수
- 클릭률(CTR : Click Through Ratio) : 광고가 발생한 클릭 수를 광고가 게재된 횟수로 나눈 값의 백분율

다른 일반적인 온라인 광고비 지급방식은 다음과 같다.

[표 17–1] 온라인 광고 지급 방식

구분(제품)	측정항목(판매 수)
클릭 건당 지급 (PPC : Pay Per Click)	– 광고가 클릭 되었을 때 광고주가 웹사이트 소유자/게시자에게 돈을 지급하는 인터넷 광고 모델의 용어이며 PPC는 검색 엔진 광고를 위한 일반적인 모델이다. 또한, CPC(Cost Per Clicks)라고도 한다.
1,000건 당 비용 (CPM : Cost Per Mille)	– 광고를 1,000번 표시하기 위해 지급하는 가격으로, 1,000회 노출 당 비용이라고도 한다. – CPM은 디스플레이 광고의 가장 보편적인 모델이다. – 광고주가 시청자의 행동보다는 인식에 대해 비용을 지급하기 때문이다.
획득건수당 비용 (CPA : Cost Per Acquisition 혹은 Action)	– 리드 또는 고객을 확보하기 위해 지급하는 가격이다. – CPA는 지급된 총 가격을 획득 건수로 나눈 값이다. – 회원가입, 상담고객 유치 활용 시 적용할 수 있다.
전환 건수당 비용 (CPC : Cost Per Conversion)	– 구매 또는 다운로드와 같이 비즈니스가 정의한 업무가 완료된 작업에 대해 지불한 가격이다. – CPC는 총 지급 가격을 전환 수로 나눈 값이다. – 정의한 업무는 앱 설치(Install)나 매출(Sales)이 될 수 있다.

2 온라인 광고에서 분할 테스트

분할 테스트는 두 개 이상의 광고 요소를 테스트하여 가장 잘 수행되는 버전을 확인하는 방법이다. 방문고객에게 광고의 한 버전을 무작위로 표시하며 실험 일부임을 인지하지 못하게 한다. 실험자는 어떤 버전이 우수한지 결정하기 전에 행동(예 : 클릭률(CTR) 또는 전환)에서 중요한 차이가 나올 때까지 기다려야 한다. 제목, 머리기사, 텍스트, 행동 유도문구 또는 사용된 이미지를 포함하여 요소를 테스트할 수 있다.

Section 02 온라인 광고 분석 활용

대부분의 온라인 광고 플랫폼은 분석할 수 있는 도구를 제공한다.

1 광고 캠페인에 대한 분석 보고서를 설정하고 보고서를 .csv 파일로 내보내기

① 구글 애드워즈에 로그인하고 캠페인 탭을 클릭한다.

② 관련 통계표가 포함된 탭으로 이동한다.

③ 수행 날짜 범위, 열, 필터 및 세그먼트를 설정한다.

④ 보고서를 내보내려면 다운로드 아이콘을 클릭한다.

⑤ 드롭다운 목록에서 .csv를 선택한다.

⑥ 다운로드를 클릭한다.

2 온라인 광고 캠페인 분석 보고서 이메일 예약 발송

① 구글 애드워즈에서 이메일을 클릭하고 관련 보고서에서 보고서를 예약한다.

② 수신자와 빈도를 설정한다.

③ 다운로드를 클릭한다.

연습 문제

1 온라인 광고 분석용어로 다음 문장을 완성하시오.

a. ______________은 광고가 클릭 되었을 때 광고주가 지급하는 광고모델이다.

b. ______________은 광고를 1,000번 표시할 때 지급하는 가격이다.

c. ______________은 리드 또는 고객을 확보하기 위해 지급한 가격이다

d. ______________은 비즈니스가 정의한 업무 완료 작업에 대해 지불한 비용이다.

e. ______________는 광고를 클릭한 횟수이다.

f. ______________는 광고가 사용자에게 표시되는 횟수이다.

g. ______________은 광고가 발생한 클릭 수를 광고 게재 횟수로 나눈 비율로 백분율로 표시된다.

정답 : 1. a. 클릭당 지급(PPC), b. 1,000건 당 비용(CPM), c. 획득 건수 당 비용(CPA), d. 전환 건수 당 비용(CPC), e. 클릭수, f. 노출수 g. 클릭률

2 온라인 광고 캠페인을 분할 테스트하는 경우 다음 중 테스트할 수 있는 것을 고르시오.

a. 제목

b. 이미지

c. 보내는 사람

d. 행동을 유도하기

해설

분할 테스트는 두 개 이상의 광고 요소를 테스트하여 가장 잘 수행되는 버전을 확인하는 방법이다. 방문고객에게 광고의 한 버전을 무작위로 표시하며 실험 일부임을 인지하지 못하게 한다. 실험자는 어떤 버전이 우수한지 결정하기 전에 행동(예 : 클릭률(CTR) 또는 전환)에서 중요한 차이가 나올 때까지 기다려야 한다. 제목, 머리기사, 텍스트, 행동 유도문구 또는 사용된 이미지를 포함하여 요소를 테스트할 수 있다.

정답 : a, b, d

3 선택한 .csv 파일로 온라인 광고 분석 보고서를 만들어 보시오.

정답 : 직접 실습하기

4 적절한 수신자에게 온라인 광고 분석 보고서를 보내기 위해 이메일로 예약하시오.

정답 : 직접 실습하기

Chapter

18

이메일 마케팅 분석

이 단원을 마치면 다음을 수행할 수 있다.

- 일반적인 이메일 마케팅 분석 용어를 이해한다.
- 이메일 마케팅 캠페인의 성공여부를 측정할 때 테스트와 그 중요성을 이해한다.
- 이메일 마케팅 캠페인에 대한 분석 보고서를 설정하고 이를 .csv 파일로 전송한다.
- 이메일 마케팅 캠페인에 대한 분석 보고서를 이메일로 전송한다.

International Computer Driving Licence

Section 01. 이메일 마케팅 분석 개요

Section 02. 이메일 마케팅 분석 활용

연습문제

Section 01 이메일 마케팅 분석 개요

1 이메일 마케팅 캠페인을 추적하는 이유

이메일 마케팅은 디지털 마케팅에서 가장 오래된 도구 중 하나이지만 여전히 가장 효과적인 방법이다. 모바일 장치 사용량이 급증함에 따라 사용자는 언제 어디서나 이메일을 수신할 수 있다. 사실, 스마트폰 사용자의 약 80%는 이메일과 페이스북을 15분 이내에 깨어나서 확인한다. 이메일 마케팅은 비교적 저렴하지만, 시간이 걸리고 일부 이메일 마케팅 플랫폼과 관련된 비용이 있다. 효과를 발휘하려면 리드 생성 또는 과거 고객을 반복 구매자로 전환하는 것과 같은 캠페인 목표를 설정해야 한다. 이러한 목표에 따라 성과를 측정하려면 모든 요소를 추적해야 한다.

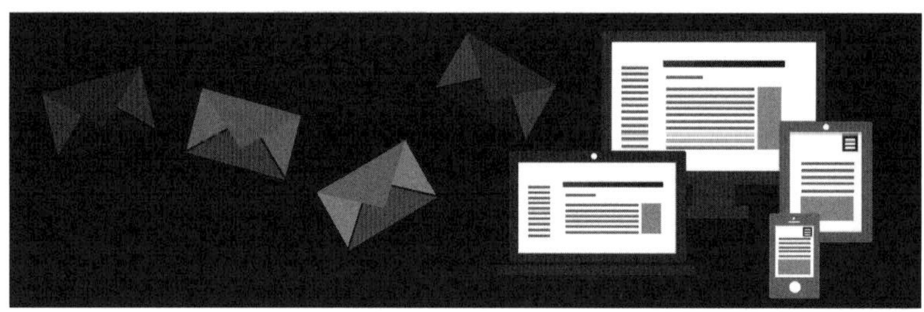

[그림 18-1] 이메일 분석

2 이메일 마케팅 분석

캠페인에서 보낸 이메일의 수, 열어 본 사람 및 다음에 일어난 일을 알고 있어야 한다. 분석을 통하여 이메일 마케팅 활동의 결과물, 행동 및 결과를 추적한다.

이메일 마케팅 플랫폼은 많은 주요 지표를 추적하지만 모든 수치가 완전히 정확하지는 않다(특히 개방 비율). 웹사이트 분석의 보고서를 사용하여 이메일 수신자가 이메일의 링크

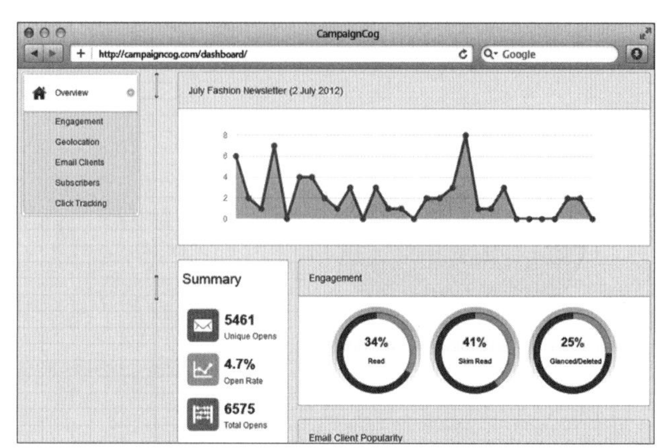

[그림 18-2] 이메일 마케팅 분석

를 클릭한 후 수행한 내용을 추적할 수도 있다. 예를 들어 이메일에 언급된 제품을 구입 했는가? 아니면 답신전화(call back)를 요청하는 것과 같은 다른 목표를 수행했는가? 이메일의 모든 링크에는 웹 분석 도구에서 읽을 수 있는 캠페인 추적 매개 변수 태그가 지정되어야 한다. 대부분 플랫폼에서는 이 작업을 자동으로 수행한다.

3 이메일 마케팅 측정 항목

1) 배달률

배달률은 해결할 첫 번째 측정 항목이다. 이는 수신자의 받은 편지함에 성공적으로 배달된 총 이메일의 비율이다. 유효한 이메일 주소, 유효하지 않은 이메일 주소, 주소가 존재하지 않은 것을 합한 보낸 총 수에서 비롯된 "반송된 수"를 뺀 다음 백분율로 계산한다.

배달률 = (수령한 모든 이메일 수 – 반송된 수) / 보낸 이메일 수

2) 반송률

반송률은 배달률의 역수이다. 즉, 받은 편지함으로 배달되지 않은 이메일의 비율이다. 반송된 모든 주소는 이메일 목록에서 삭제해야 한다.

3) 개방비률

개방(열린)비율은 성공적으로 배달된 전체에서 열어 본 이메일의 비율이다.

개방비률 = 개방된 이메일의 수 / 배달된 이메일의 수

그러나 이메일 마케팅 플랫폼 제공 업체는 정확한 개방 비율을 제공할 수 없다. 받는 사람이 이메일('추적' 이미지 포함)에서 이미지를 내려받는 경우에만 개방한 것으로 간주할 수 있다. 기본적으로 수신자가 '이미지 표시'를 클릭하지 않으면 대부분의 이메일 클라이언트(Outlook, Gmail 등)는 이미지를 다운로드 하지 않는다. 텍스트 전용 이메일에서는 개방비율을 계산할 수 없다.

4) 클릭률

클릭률은 이메일에 포함된 링크의 클릭률 또는 이메일에서 하나 이상의 링크를 클릭한 이메일 수신자의 비율이다. 이는 캠페인 내용의 효과성 및 연관성에 대한 주요 척도이다. 또한, 이메일 수신자 목록의 품질을 나타내는 좋은 지표이기도 하다.

클릭률 = 클릭 수 / 배달된 이메일 수

5) 총가입자

연락처에서 이메일을 수신하기로 선택한(Opt-in) 사람의 총수가 총가입자이다.

목록은 이메일 주소가 있는 과거 고객으로부터 가져올 수 있다. 고객의 세부 정보를 수집할 당시에 마케팅 대응을 거부할 수 있는 기회(Opt-out)를 제공하는 것이 좋다. 그리고 판매촉진을 위한 이메일을 보낼 때마다, 여러분은 메시지 수신을 거부할 기회를 제공해야 하며, 이를 구독 취소라고도 한다. 해당 국가의 법률 및 규정을 확인해야 한다. 연락처 목록을 구입할 수도 있지만, 이는 수신자가 여러분의 비즈니스와 적합하지 않을 수 있기 때문에 이러한 목록의 응답률이 낮을 수 있다. 일반적으로 가입자 목록에 옵트인(Opt-in) 된 목록을 사용하고 구입한 목록을 사용하지 않는 것이 좋다.

6) 구독 취소

마케팅 이메일 수신을 거부한 사람들은 구독 취소를 한다. 가입자 구독 취소는 구독자 유지율을 계산하는 데 사용될 수 있으며, 이는 연락처 목록 및 마케팅 메시지의 품질을 나타내는 또 다른 강력한 지표이다.

구독자 유지율 = (구독자 수 - 수신 거부 수 - 구독 취소 횟수) / 구독자 수

4 이메일 분석에서 분할 테스트

분할 테스트(A/B 테스트라고도 함)는 이메일 캠페인의 두 요소를 테스트하여 최상의 결과를 반환하는 버전을 확인하는 방법이다. 두 개의 다른 버전의 캠페인이 구독자 목록에서 무작위로 전송된다. 가장 높은 클릭률(또는 개방 비율)을 가진 버전이 구독자 목록의 나머지 수신자에게 전송된다. 분할 테스트는 제목 줄, 보낸 사람 이름, 행동요구 문구, 본문, 하이퍼링크 이미지 또는 보낸 시간과 같은 다양한 이메일 캠페인 요소의 효율성을 결정하기 위한 유용한 도구이다.

Section 02 이메일 마케팅 분석 활용

대부분의 이메일 마케팅 플랫폼은 분석 데이터를 볼 수 있는 도구를 제공한다.

1 이메일 마케팅 캠페인에 대한 분석 보고서를 설정하고 .csv 파일로 내보내기

① MailChimp에 로그인하고 보고서를 선택한다.

② 특정 캠페인에 대한 보고서 개요를 보려면 관련 캠페인 옆에 있는 "보고서(Reports)"를 클릭한다.

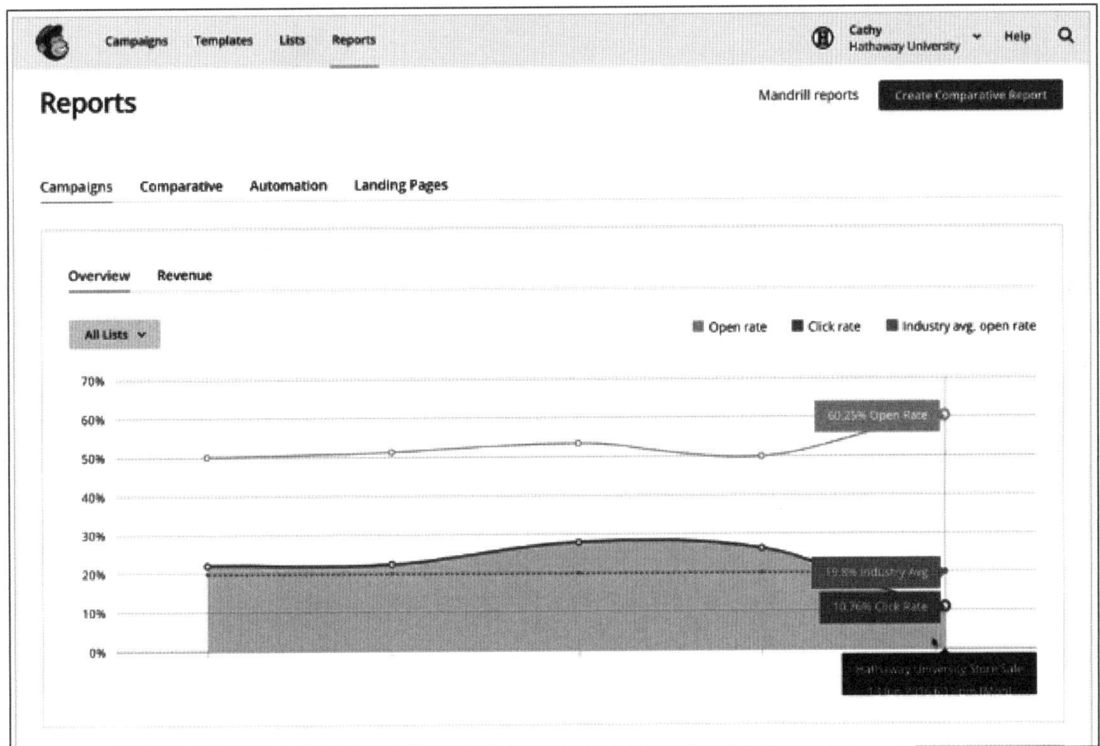

[그림 18-3] 보고서 결과

③ 특정 캠페인에 대한 개요 보고서를 내보내려면 보고서 보기(View Report) 옆에 있는 아래쪽 화살표를 클릭한다.

④ "다운로드"를 선택한다.

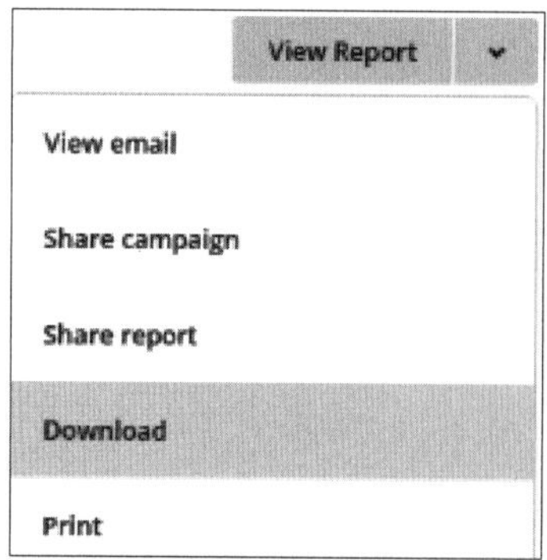

[그림 18-4] 분석 보고서 다운로드

2 이메일 마케팅 분석 보고서를 이메일로 보내기

※ 참고 : 이메일 보고서는 이메일로 예약할 수 없지만 공유할 수 있다.

① MailChimp에 로그인하고 보고서를 선택한다.

② 보고서 보기 옆에 있는 아래쪽 화살표를 클릭한다.

③ "보고서 공유"를 선택한다.

④ "뷰어 추가 필드"에 수신자를 입력한다.

⑤ 보고서 공유를 클릭한다.

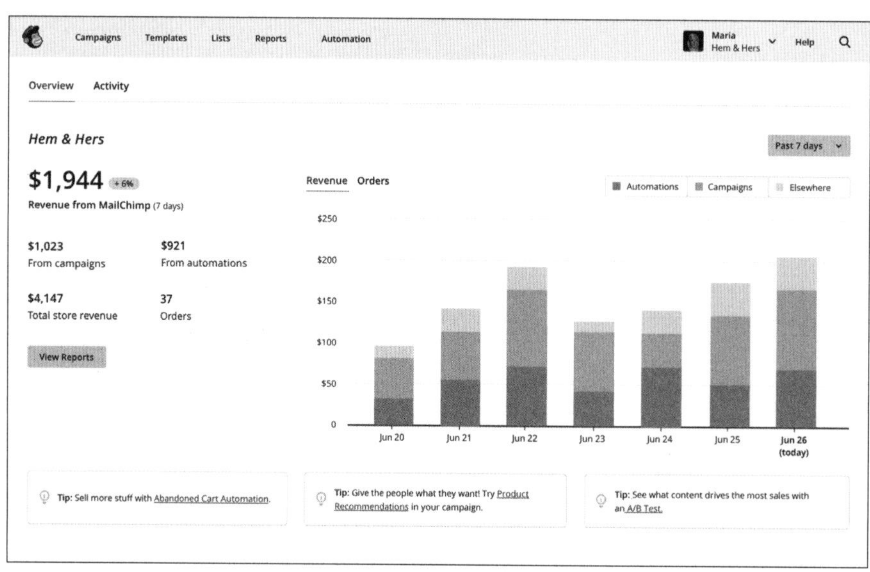

[그림 18-5] Mailchimp 이메일 마케팅 분석 보고서

연습 문제

1 이메일 분석 용어를 사용하여 다음 문장을 완성하시오.

a. 받는 사람은 이메일 링크 리스트에서 ____________ 할 수 있는 기능이 있어야 한다.

b. __________ 비율은 개방된 이메일 메시지의 비율이다.

c. __________ 비율은 이메일의 링크에서 받는 클릭 수의 비율이다.

d. 총 __________ 는 이메일을 수신하기로 선택한 사람들의 수이다.

e. ____________ 비율은 받은 편지함으로 배달되지 않은 이메일의 비율이다.

정답 : a. 확인, b. 개방, c. 클릭률, d. 가입자, d 반송률

2 다음 중 이메일 마케팅 캠페인에서 2가지 옵션을 평가하는 프로세스를 무엇이라고 하는가?

a. 게시하기

b. 분할 테스트

c. 분석

d. 클릭률

해설

분할 테스트(A/B 테스트라고도 함)는 이메일 캠페인의 두 요소를 테스트하여 최상의 결과를 반환하는 버전을 확인하는 방법이다. 두 개의 다른 버전의 캠페인이 구독자 목록에서 무작위로 전송된다. 가장 높은 클릭률(또는 때로는 개방 비율)을 가진 버전이 구독자 목록의 나머지 수신자에게 전송된다. 분할 테스트는 제목 줄, 보낸 사람 이름, 행동유도 문구, 본문, 하이퍼링크 이미지 또는 보낸 시간과 같은 다양한 이메일 캠페인 요소의 효율성을 결정하기 위한 유용한 도구이다.

정답 : b

3 선택한 이메일 마케팅 분석 보고서를 CSV 파일로 내보내시오.

정답 : 직접 실습하기

4 원하는 수신자에게 이메일 마케팅 분석 보고서를 이메일로 보내시오.

정답 : 직접 실습하기

Chapter

19

통합적 디지털 마케팅 전략 설계

이 단원을 마치면 다음을 수행할 수 있다.

- 통합적 커뮤니케이션 전략으로서 디지털 마케팅을 이해한다.
- 오픈마켓 마케팅 전략을 이해한다.
- 옴니 채널 개념을 이해한다.
- 옴니 채널 사례에 대해 알 수 있다.
- 트리플 미디어 개념을 이해한다.

International
Computer
Driving
Licence

Section 01 통합적 커뮤니케이션 전략으로서 디지털 마케팅

1 통합적 커뮤니케이션 전략

디지털 마케팅의 핵심은 웹사이트 마케팅을 중심으로 어떻게 기업 블로그 활동을 하고, 다양한 소셜 미디어 플랫폼을 이용해서 입소문을 만들 수 있는 바이럴 동영상과 같은 콘텐츠를 만들어 내는 것이다. 따라서 '통합적 커뮤니케이션 전략(Integrated Marketing Communication)'을 가지고 유기적으로 통합시키려는 노력이 필요하다.

통합적 커뮤니케이션 전략은 하나의 중심이 되는 테마 콘텐츠를 만들고 TV, 신문, 라디오, 잡지 등과 같은 오프라인 마케팅 채널뿐만 아니라 홈페이지, 이메일, 키워드 검색, 블로그, 다양한 소셜 네트워크 서비스 등의 디지털 마케팅 채널과 세일즈 프로모션, PR과 같은 커뮤니케이션들을 유기적으로 결합해서 활용하는 것이다. 또한 다양한 채널을 통해 일관성 있는 하나의 주제를 중심으로 소비자와 소통하는 것을 말한다. 하나의 테마 콘텐츠를 만들고 그것을 중심으로 다양한 오프라인 마케팅 채널과 디지털 마케팅 채널을 유기적으로 운영할 때 보다 효과적인 마케팅 활동이 이루어질 수 있다. 전통적인 마케팅 채널들과 함께 유기적으로 움직여야 하며 오프라인 마케팅 활동도 여전히 중요하다.

통합적 커뮤니케이션 전략을 세울 때, 어떻게 전통적인 마케팅 채널과 디지털 마케팅 채널을 유기적으로 결합할 것인지도 중요하지만, 다양하고 복잡한 디지털 마케팅 채널들을 유기적으로 결합하는 방법에 대해 고민해야 한다. 다양한 디지털 마케팅 채널들 각각의 활용 목적과 특징을 충분히 고려하여 이들을 유기적으로 연결해 강력한 시너지를 만들어내는 것이 중요하다.

통합적인 마케팅 전략에 따라 다양한 디지털 마케팅 채널을 유기적으로 결합하기 위해서는 우선 개별적인 주요 플랫폼의 특성을 이해하는 것이 중요하다. 그래야 기업의 특징이 드러나도록 플랫폼을 구성할 수 있고 깊이 있는 콘텐츠를 유통할 수 있다.

[그림 19-1] 통합

2 오픈마켓 마케팅 전략

오픈 마켓(Open market) 또는 온라인 장터/온라인 마켓플레이스(Online marketplace 또는 Online ecommerce marketplace)는 기존의 쇼핑몰과 다르게 개인 판매자들이 인터넷에 직접 상품을 올려 판매하는 곳이다. 쇼핑몰에서의 중간 유통 이윤을 생략하고 판매자와 구매자를 직접 연결해 줌으로써 저렴한 가격으로 판매할 수 있다. 국내의 대표적인 오픈 마켓 웹사이트로는 G마켓, 옥션, 11번가 등이 있으며 해외의 경우 아마존, 시어스, 이베이, 월마트, 라쿠텐 등이 있다.

[그림 19-2] 국내 오픈마켓 기업들

[그림 19-3] 해외 오픈마켓 기업들

오픈마켓은 다음과 같은 구조로 운영된다.

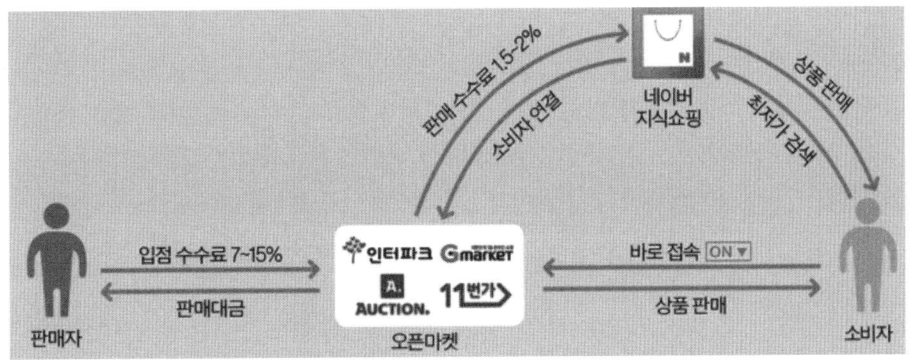

[그림 19-4] 소비자가 오픈마켓에서 상품을 구매하는 과정(출처 : https://jmagazine.joins.com/monthly/view/312446)

오픈마켓의 홍보 전략수립 시 다음을 검토해야 한다.

첫째, 각 오픈 마켓별 대표 키워드와 보조 키워드의 월간 주간 조회 수와 가격을 확인한다. 용도에 맞게 월간 광고비용을 산출하고 광고를 집행한다. 이후 정확한 광고 효율을 측정하고 광고비용을 늘리거나 줄인다.

둘째, 조회 수가 높은 주요 키워드 중 선별하여 사용하는 것이 좋다. 대부분 많이 판매하기 위해서 조회 수가 높은 키워드를 입찰하려고 한다. 그러나 이러한 키워드들은 경쟁도 많을뿐더러 높은 가격이 책정되어 있기 때문에 판매가 그만큼 따라가지 못하면 오히려 키워드 비용도 충당하지 못 하는 일이 발생한다. 따라서 주요 키워드 몇 개와 보조 키워드를 중심으로 선정할 것을 권장한다.

셋째, 주요 키워드 중 자신의 상품과 가장 가까운 키워드를 선점한다. 예를 들면 구두라는 키워드는 조회 수도 많고 경쟁자도 많은 경우에 내가 파는 구두가 윙팁(W자형 앞부리 장식 구두코)이라면 굳이 구두라는 키워드를 사용하지 않고 다른 키워드를 사용해도 된다. 구두에서 해당 구두를 보고 구매가 많이 일어날 수 있지만, 마케팅적으로 윙팁을 구매하려고 검색해서 오는 고객을 확보하는 것이 더욱 빠른 방법이며, 이러한 고객들의 구매전환이 높다.

[그림 19-5] 남성용 윙팁 구두

넷째, 1, 2등 키워드 위치를 입찰하는 것은 권장하지 않는다. 마케팅의 높은 가격 대비 결과가 항상 좋은 것만은 아니다. 따라서 실제 비용대비 효과를 고려해야 한다.

다섯째, 무료 키워드를 최대한 활용하여 보조 키워드를 사용하는 방법을 고려해야 한다. 예를 들면, 옥션은 희망검색어라는 무료 키워드 위치가 있으며, 다른 마켓은 대부분 상품 평에서 키워드 검색이 가능하다. 이러한 무료 키워드 노출 부분을 이용해서 조회 수가 그리 높지 않은 키워드들을 최대한 활용하는 것을 권장한다.

검색광고는 인터넷 포털과 오픈 마켓의 주요 매출원이 되는 서비스이다. 자신의 상품이 상위에 노출되길 원하는 키워드를 구매하면 이용자들이 그 키워드로 검색을 했을 때 상위에 노출된다. 따라서 각 모든 마켓에서 제공하는 검색광고 서비스에 대해 이해해야 한다. 특히 자신의 상품을 판매하는 모든 마켓의 검색광고 이해를 통해 광고를 잘하기 위한 키워드 분석 방법을 알고 광고를 집행해야 한다.

Section 02 트리플 미디어

1 트리플 미디어 정의

트리플 미디어(Triple Media)는 기존의 미디어 환경을 새롭게 구조화한 것으로 미디어를 페이드 미디어(Paid Media), 온드 미디어(Owned Media), 언드 미디어(Earned Media)의 3가지로 구분된다. 페이드 미디어는 TV나 신문, 옥외광고, 온라인광고 등과 같이 돈을 지불하여 광고를 집행하는 미디어이다. 온드 미디어는 기업이 자체적으로 보유한 자사 미디어이며 웹사이트, 모바일사이트, 블로그 등이 있다. 언드 미디어는 제3자가 스스로 정보를 발생시켜 소비자의 신뢰와 평판을 얻는 미디어이며 페이스북, 트위터, 소비자의 평가 등이 있다.

트리플 미디어 전략의 핵심은 각 미디어간의 유기적인 연계로 마케팅 커뮤니케이션의 골격이 되게 하여 마케팅 효과에 대한 시너지를 기대하는 것이다. 유기적인 연계란 상품과 서비스를 인지한 일반 소비자층이 관심고객과 실제 구매층으로 흘러가도록 하는 구조를 말한다.

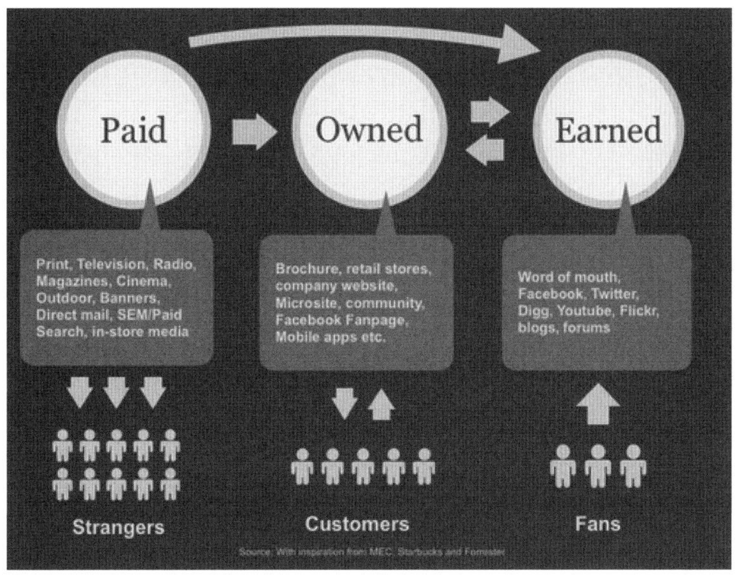

[그림 19-6] 트리플 미디어 연계(출처 : Leaderlab.com)

2 트리플 미디어 특징

1) 온드 미디어(Owned Media)

온드 미디어는 기업이 자체적으로 보유한 미디어로 웹사이트, 모바일사이트, 공식블로그, 페이스북 페이지, 유튜브 채널 등이 이에 속하며 자사의 보유 미디어가 많을수록 온라인상에서 기업의 영향력을 확장해 나갈 기회가 커지게 된다. 온드 미디어는 기업이 보유하고 있기 때문에 소통하는 과정에서 상품 및 브랜드를 충분하고 용이하게 알릴 수 있으며 판매도 할 수 있다. 또한, 잠재 고객 및 기존 고객과 장기적인 관계를 형성하는데 용이하다. 온드 미디어의 특징은 풍부한 정보를 제공하고, 다목적으로 활용 가능하며, 장기적으로 운영할 수 있으며, 비용면에서 효율적이다.

온드 미디어는 소비자와 직접적인 커뮤니케이션이 가능하다. 또한, 잠재고객이 웹사이트로 접근하여 구매하기까지의 행동을 추적할 수 있으며, 그 과정 중의 정보를 추적하여 고객의 선호도나 행태를 데이터화 할 수 있기 때문에 마케팅 ROI를 측정하기가 용이하다. 마케팅 분석시스템과 연동하면 소비자의 반응을 바로 파악하고 대처할 수 있으며, 마케팅 활동의 효과를 지속적으로 파악할 수 있다.

2) 페이드 미디어(Paid Media)

페이드 미디어는 기업이 비용을 지불하고 사용하는 매체로써, TV와 신문, 라디오, 웹 배너광고, 이메일 광고, 검색엔진광고, 스폰서광고, 제휴광고 등이 있다. 페이스북이나 유튜브와 같은 소셜미디어에서 노출되더라도 비용을 지급하는 유료광고의 경우는 페이드 미디어에 속한다.

TV같은 매스미디어는 자사 상품이나 브랜드 정보를 푸시(push)하는 힘이 그동안 압도적이었으나, 모바일 기기 등을 사용한 새로운 커뮤니케이션 시대가 도래하면서 매스미디어의 영향력은 점차 감소하고 있는 추세다. 이제는 트리플 미디어의 연관관계 속에서 다양한 페이드 미디어를 온드 미디어나 언드 미디어로 유인하는 '촉매' 역할을 수행하도록 해야 한다.

3) 언드 미디어(Earned Media)

언드 미디어는 소비자의 직접적인 평판과 신뢰를 획득할 수 있는 미디어로 정의할 수 있다. 입소문이나 게시판의 후기, 전문가 리뷰, 소비자간 공유 등이 해당된다. 언드 미디어는 온라인상의 소비자가 자발적으로 정보를 생산하고, 공유하며, 확산시키며, 영향을 주고받는 미디어 구조를 말하며, 온라인 커뮤니티, SNS, 개인블로그 등 다양한 도구가 있다. 실제 공간에서 느린 속도로 전파되는 입소문이 인터넷 환경과 모바일 미디어 채널을 통해 공간의 제약 없이 빠르게 전파되어 디지털 마케팅 영역에서 큰 영향력을 발휘하고 있다.

언드 미디어는 소비자의 평판을 통해 생성되기 때문에 통제하기 어려우며, 때로는 의도치 않은 정보나 부정적인 평판이 생산되어 유통될 수 있어 이에 대해 주의해야 한다. 하지만 소비자에게 가장 신뢰도가 높고 투명성을 제공해주고 있어 최근 인터넷 및 모바일 기기 사용자들의 정보획득은 대부분 언드 미디어에 의존하는 비중이 커지고 있다. 기업은 자사의 브랜드 평판이 긍정적으로 생성되기를 기다리기보다는 적극적으로 언드 미디어를 활용할 수 있도록 노력해야 한다.

[표 19-1] 트리플 미디어 특징(출처 : 요코야마 류지, 트리플 미디어 전략 - 변형)

종류	분류	예시	역할	장점
온드 미디어 (Owned Media)	Online	– 웹사이트 – 모바일사이트 – 공식블로그 – 페이스북 페이지	– 기업의 상세한 정보 제공 – 고객과의 관계구축 – 외부미디어로 확산	– 비용대비 효율 – 장기적으로 사용 가능 – 다목적으로 운영 가능 – 풍부하면서 상세한 정보제공 가능
	Offline	– 오프라인 매장 – 카달로그		
페이드 미디어 (Paid Media)	Online	– 검색엔진광고 – 디스플레이광고 – 스폰서광고	– 광범위한 인지획득 – 온드 미디어로 유도 – 언드 미디어를 창출	– 대규모 전개 가능 – 컨트롤이 쉬움 – 필요한 만큼 조달 가능 – 즉효성
	Offline	– 매스미디어 – TV 광고 – 신문광고		
언드 미디어 (Earned Media)	Online	– 소셜미디어 – 페이스북 – 트위터 – 유튜브	– 제 3자의 추천 – 신뢰 구축 – 소비자 주도에 의한 브랜드 평판 확산	– 정보의 신뢰성과 투명성 – 정보의 확산과 파급력 – 소비자에 대한 높은 영향력
	Offline	– 언론보도 – 소비자의 입소문		

Section 03 옴니 채널

1 옴니 채널 개념

단일 채널은 단일매장에서 물건을 사고파는 것을 의미한다. 가장 고전적인 방식인 하나의 회사가 하나의 매장을 가진 기존의 가게와 같은 개념이다.

멀티 채널은 하나의 대형 회사가 여러 유통라인을 갖고 운영하는 것을 의미한다. 매장도 있고 온라인 쇼핑몰도 있으며 백화점도 존재하고 홈쇼핑이나 대형 몰과 같은 다양한 판매 채널을 운영하는 것이다. 멀티 채널의 특징은 이들 각각의 매장에서 파는 물건은 같은 회사에서 제공되나 각 매장에서는 각기 다른 가격, 혹은 프로모션을 제공한다는 것이다. 예를 들어 A라는 옷이 있는데 백화점에서의 가격이 다르고 온라인 쇼핑몰에서의 가격이 다르다는 것이다. 홈쇼핑에서는 프로모션을 진행해서 싸게 살 수 있는데 대형 몰에서는 일반 소비자가로 판매한다는 등의 예도 멀티 채널의 모습이다. 그래서 백화점에서 옷을 입어보고 해당 옷을 온라인 쇼핑몰을 통해서 사는 이른바 쇼루밍족들이 생겨났다.

크로스 채널은 멀티 채널과 비슷하지만 유통 채널 간에 완전 별개로 움직이는 것이 아니라 물품을 제공하는 본사에서 일정수준 유통 채널 간의 가격이나 프로모션 등을 동기화시키는 것을 의미한다. 즉, A라는 신제품이 나왔다면 적어도 1~2주 정도는 같은 프로모션을 진행해서 백화점이나 대형몰, 온라인 쇼핑몰이나 홈쇼핑에서 같은 가격으로 해당 제품을 살 수 있게 해주는 것이 크로스 채널이다.

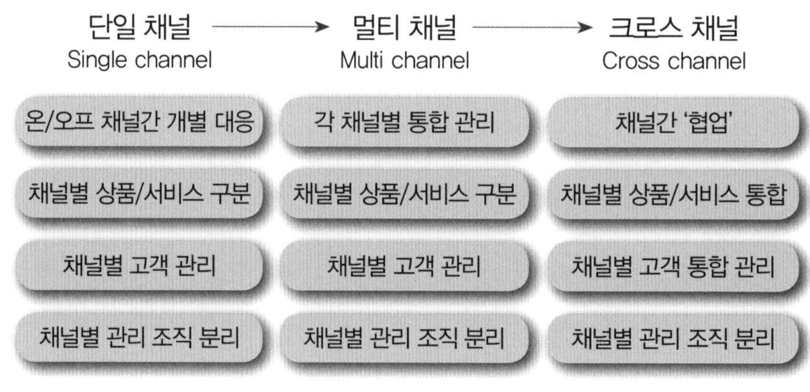

[그림 19-7] 채널 비교

옴니 채널이란 온라인과 오프라인, 모바일 등 다양한 쇼핑 채널을 유기적으로 연결해 고객이 어떠한 채널을 사용하든 같은 매장을 이용하는 것처럼 느낄 수 있도록 한 매장 쇼핑 환경이다. 즉 옴니 채널(omni-channel) 이란 소비자가 온라인, 오프라인, 모바일 등 다양한 경로를 넘나들며 상품을 검색하고 구매할 수 있도록 한 서비스이다. 이를 통해 고객과의 접점, 일관된 브랜드 경험, O2O(Off-line to On-line)가 있으며 멀티 채널과 크로스 채널의 진화된 형태이다.

[그림 19-8] 옴니 채널(출처 : Silver Touch Technologies)

2000년대 이후 오프라인 매장 외에 PC와 스마트기기가 새로운 판매 채널로 추가되면서 멀티 채널 환경이 조성됐고, 최근 각 채널을 유기적으로 통합하는 옴니 채널이 주목받는 상황이다. 옴니 채널은 다양한 채널이 서로의 단점을 보완하고 장점을 극대화하며 단일 채널로서 역할을 한다는 점에서 각 채널이 독립적으로 운영되며 서로 경쟁하는 멀티 채널과 차이를 보인다.

[표 19-2] 멀티 채널과 옴니 채널의 비교

구분(제품)	멀티 채널	옴니 채널
내용	- 채널 별 제공되는 정보가 달라 고객의 혼란 유발 - 기업 입장에서는 여러 채널 별 각각 단절된 고객 관리 및 매출/이익관리에 따라 효율성 저하	- 모든 고객 접점 채널들이 고객과 지속적으로 연결 (고객과의 유기적 관계 유지가 목표) - 채널 간 경계를 없애고 고객에게 일원화된 경험 제공 - 통합된 고객관리 및 상호보완적인 매출/이익관리 가능

온 · 오프라인의 경계를 없앤 것으로 A라는 제품을 온라인 쇼핑몰이나 백화점, 대형 몰, 홈쇼핑 등의 다양한 유통 채널에서 같은 가격과 같은 프로모션으로 구매가 가능한 것이 특징이다. 그리고 온라인 쇼핑몰을 통해서 확인한 정보를 오프라인 매장에서 그대로 적용할 수 있으며 그 반대로 오프라인 매장에서 확인한 정보를 온라인 매장에서 그대로 적용하여 물건을 구매할 때의 차별성 없이 같은 조건으로 제품을 구매하고 정보를 얻을 수 있다는 것이 옴니 채널의 특징이다.

2 옴니 채널 사례

옴니 채널의 대표적인 사례로 "ZARA"가 있으며 그 특징은 다음과 같다.

첫째, 'ZARA'의 제품은 모바일, 온라인, 오프라인 매장 어디서 구매하던지 가격이 완벽히 같다. 'ZARA'가 소유한 유통으로 영업하므로 그 어떤 프로모션에도 자유롭다.

둘째, 'ZARA'의 제품은 구매 장소와 관계없이 어디서든 반품과 교환이 가능하다. 백화점 'ZARA'매장에서 산 옷을 인터넷몰로 반품할 수 있으며 그 반대의 경우도 가능하다.

셋째, 'ZARA'의 제품은 어디서든 재고 확인이 실시간 가능하다. 온라인 몰에서 구입하고 싶은데 치수가 매진되면 즉시 가까운 매장에 재고가 있는지 확인할 수 있다. 'ZARA'앱을 통해 바코드만 찍으면 온라인 몰 재고를 확인할 수 있고 즉시 결재하면 집으로 배송이 된다. 온라인 몰에도 매진이라면 근처 매장의 재고를 바로 보여준다. 물론 국내에 직접 진출하고, 상표 인지도를 가졌으며, 자금력과 조달 능력이 바탕이 된 ZARA이기 때문에 단시간 내에 가능했다.

1 통합적 커뮤니케이션 전략수립의 중요성에 관해 설명하시오.

정답 : 통합적 커뮤니케이션 전략은 하나의 중심이 되는 테마 콘텐츠를 만들고 TV, 신문, 잡지 등과 같은 오프라인 마케팅 채널뿐만 아니라 홈페이지, 이메일, 키워드 검색, 블로그, 다양한 소셜 네트워크 서비스 등의 다양한 마케팅 채널과 세일즈 프로모션, PR과 같은 커뮤니케이션들을 유기적으로 결합해서 활용하는 것이다.

2 오픈마켓 홍보 전략수립 시 검토해야 할 사항에 관해 설명하시오.

정답 : 첫째, 각 오픈 마켓별 대표 키워드와 보조 키워드의 월간 주간 조회 수와 가격을 확인한다.
둘째, 조회 수가 높은 주요 키워드 중 선별하여 사용하는 것이 좋다.
셋째, 주요 키워드 중 자신의 상품과 가장 가까운 키워드를 선점한다.
넷째, 1, 2등 키워드 위치를 입찰하는 것은 권장하지 않는다.
다섯째, 무료 키워드를 최대한 활용하여 보조 키워드를 사용하는 방법을 고려해야 한다.

3 옴니 채널의 개념에 관하여 설명하시오.

정답 : 옴니 채널이란 온라인과 오프라인, 모바일 등 다양한 쇼핑 채널을 유기적으로 연결해 고객이 어떠한 채널을 사용하든 같은 매장을 이용하는 것처럼 느낄 수 있도록 한 매장 쇼핑 환경이다. 즉 옴니 채널(omni-channel)이란 소비자가 온라인, 오프라인, 모바일 등 다양한 경로를 넘나들며 상품을 검색하고 구매할 수 있도록 한 서비스이다. 이를 통해 고객과의 접점, 일관된 브랜드 경험, O2O(Off-line to On-line)가 있으며 멀티 채널과 크로스 채널의 진화된 형태이다.

4 멀티 채널과 옴니 채널에 관하여 비교하시오.

정답 : 멀티 채널과 옴니 채널의 비교

구분	멀티 채널	옴니 채널
내용	• 채널 별 제공되는 정보가 달라 고객의 혼란 유발 • 기업 입장에서는 여러 채널 별 각각 단절된 고객관리 및 매출 및 이익관리에 따라 효율성 저하	• 모든 고객 접점 채널들이 고객과 지속적으로 연결(고객과의 유기적 관계 유지가 목표) • 채널 간 경계를 없애고 고객에게 일원화된 경험 제공 • 통합된 고객관리 및 상호보완적인 매출 및 이익관리 가능

Chapter

20

모의고사

이 단원을 마치면 다음을 수행할 수 있다.

- 디지털 마케팅에 대해 이해한다.
- 실전시험에 대해 파악할 수 있다.
- 모의고사 개요
  - ECDL/ICDL 디지털 마케팅 시험에서 필요한 기술 및 지식의 범위에 대한 자세한 내용은 www.ecdl.org의 프로그램 페이지 해당 항목에서 내려받을 수 있다. ECDL/ICDL 디지털 마케팅 실라버스 버전 1.0을 참조한다.

This practice material, which has been approved by Korea Productivity Center (KPC), includes exercise items intended to assist Digital Marketing Candidates in their training for Digital Marketing. These exercises are not Digital Marketing certification tests. For information about authorised Digital Marketing Test Centres in Korea, please refer to the ICDL Korea website at www.icdl.or.kr.

International
Computer
Driving
Licence

Section 01. 모의고사

Section 01 모의고사

ECDL/ICDL 디지털 마케팅 인증 시험 응시자를 위한 모의고사이다. 모의고사는 응시자가 인증 시험의 내용과 구조에 익숙해질 수 있는 기회를 제공한다. 모의고사는 각 질문에 대해 1점으로 36개의 질문으로 구성된다. 총 점수는 36점이며 모의고사 시간은 45분이다.
실습문제[31번부터 36번까지]는 문제 유형을 이해하도록 포함한 것이다. 본 모의고사에서는 실습환경을 제공하지는 않는다.

1 다음 중 디지털 마케팅이라는 용어를 가장 잘 설명하는 것을 고르시오.

a. 다양한 온라인 채널을 사용하여 소비자에게 마케팅하기

b. 검색 엔진을 활용한 저비용으로 웹사이트 가시성 확보

c. TV 광고 캠페인을 통해 소비자에게 마케팅

d. 라디오 마케팅 캠페인을 통해 브랜드 노출 기회를 획득

해설

디지털 마케팅이란, 다양한 온라인 채널을 통해 브랜드, 제품 및 서비스를 소비자에게 홍보하는 데 사용되는 일련의 기법과 기술들이다. b.검색엔진을 활용한 저비용으로 웹사이트 가시성을 확보하는 것은 디지털마케팅을 활용한 사례이며, c와 d는 전통적인 마케팅 캠페인 활용사례이다.

정답 : a

2 다음 중 콘텐츠 마케팅의 사례를 고르시오.

a. 웹사이트 광고

b. 고품질의 교육용 비디오 공유

c. 웹사이트 트래픽 모니터링

d. 이메일을 통해 광고 발송

해설

콘텐츠 마케팅에는 다양한 형태가 존재하는 데 대표적으로 1. 인포그래픽, 2. 밈, 3. 동영상, 4. 안내서, 5. 리뷰, 6. 추천, 7. 목록, 8. 백서 등이 사용된다. c.웹사이트 트래픽 모니터링을 하는 것은 웹사이트 분석이다.

정답 : b

3 사업 동반자에게 디지털 마케팅의 장점을 설명한다. 다음 중 전통적인 마케팅기법 보다 디지털 마케팅을 이용하는 장점을 고르시오.

a. 계획이나 관리 없이 구현할 수 있다.

b. 모든 유형의 제품 및 서비스에 적합하다.

c. 온라인 고객은 항상 긍정적인 시각을 보인다.

d. 고객과의 직접적인 상호 작용이 가능하다.

해설

디지털 마케팅을 진행하기 위해서는 상당한 시간과 자원이 필요하며 잘못된 캠페인 계획은 부정적인 결과를 초래할 수 있다. 또한, 온라인 채널을 통해서 도달할 수 없는 고객이나 일부 국가에서는 온라인 접근이 어려울 수 있어 목표 고객의 생활양식과 습관 그리고 온라인에 도달할 수 있는 여부를 확인하는 것이 중요하다.
전통적인 마케팅과 비교했을 때 디지털 마케팅은 고객과의 직접적인 상호작용이 가능하며, 고객과 직접 대면하지는 않지만, 온라인 상호작용은 실시간으로, 언제든지, 기업과 고객 간에 발생할 수 있다.

정답 : d

4 스페인의 스마트폰 소매점을 위한 디지털 마케팅 전략을 개발 중이다. 다음 중 디지털 마케팅 전략에 포함되지 않는 것을 고르시오.

a. 캠페인 예산 배정 결정

b. 경쟁자 분석 수행

c. 전화 통화 캠페인 계획

d. 사용할 적절한 플랫폼 선택

해설

디지털 마케팅 전략을 수립하기 위해서는 체계적인 접근 방법을 사용해야 하며, 1. 목표, 2. 고객, 3. 경쟁자, 4. 플랫폼, 5. 콘텐츠, 6. 예산, 7. 보고사항을 고려해야 한다.

정답 : c

5 다음 중 일반적으로 온라인 트래픽을 유도하고 참여를 강화하는 데 사용하는 콘텐츠 유형을 고르시오.

a. 카탈로그

b. 학업 성적표

c. 인포그래픽

d. 길가 광고 게시판

해설

디지털 마케팅 전략을 수립할 때 매력적인 콘텐츠는 방문자를 사이트로 끌어들이고 브랜드 인지도를 높이는 데 효과적이다. 콘텐츠 마케팅에는 다양한 형태가 존재하는 데 대표적으로 1. 인포그래픽, 2. 밈, 3. 동영상, 4. 안내서, 5. 리뷰, 6. 추천, 7. 목록, 8. 백서 등이 사용된다.

정답 : c

6 다음 중 블로그를 가장 잘 묘사한 것을 고르시오.

a. 자주 업데이트되는 온라인 일지

b. 비즈니스가 카테고리별로 그룹화된 웹사이트

c. 정보를 공유하는 온라인 커뮤니티

d. 상품과 서비스 판매를 위한 온라인 시장

해설

블로그란, Web(웹)과 로그(일지)의 합성어로, 온라인 일지라고 할 수 있다. 또한, 정기적으로 업데이트되는 일종의 온라인 저널이며, 블로그의 콘텐츠 및 뉴스를 업데이트하는 것이 웹사이트의 다른 항목보다 훨씬 쉽기 때문에 기업은 종종 전체 웹사이트 일부로 블로그를 포함하고 있다.

정답 : a

7 다음 중 온라인에 사이트 정보를 홍보할 때 취해야 할 첫 번째 단계를 고르시오.

a. 광고 캠페인을 사용하여 웹사이트를 홍보하기

b. 온라인 광고 네트워크에 계정을 등록하기

c. 웹사이트 호스팅 서비스에 등록하기

d. 소셜 미디어 플랫폼에 광고하기

해설

웹사이트를 생성하기 위해서는 일련의 프로세스를 거쳐야 한다. 1. 웹사이트 주소등록, 2. 웹 호스팅 서비스에 등록, 3. 사이트 디자인, 4. 사이트 구축, 5. 사이트 홍보의 순서로 수행하게 된다. 가장 먼저 c. 웹사이트 호스팅 서비스에 등록이 필요하며, a와 d의 방법으로 광고를 진행할 수 있다. b. 온라인 광고를 진행하기 전에 광고 네트워크 계정을 생성하여 광고를 진행할 수 있다.

정답 : c

8 다음 중 웹사이트 작성 및 관리 시스템을 고르시오.

a. CMS

b. SEO

c. SEM

d. PPC

해설

콘텐츠 관리 시스템(CMS : Contents Management System)은 웹사이트를 개발하고 유지 관리하기 위한 제작 및 관리 도구이다.

b. SEO(Search Engine Optimization) : 검색 엔진 최적화

c. SEM(Search Engine Marketing) : 검색 엔진 마케팅

d. PPC(Pay Per Click) : 클릭당 지급

정답 : a

9 아래 이미지에서 어디를 클릭하면 웹사이트의 모든 웹 페이지가 나열된 페이지에 접근할 수 있는지 고르시오.

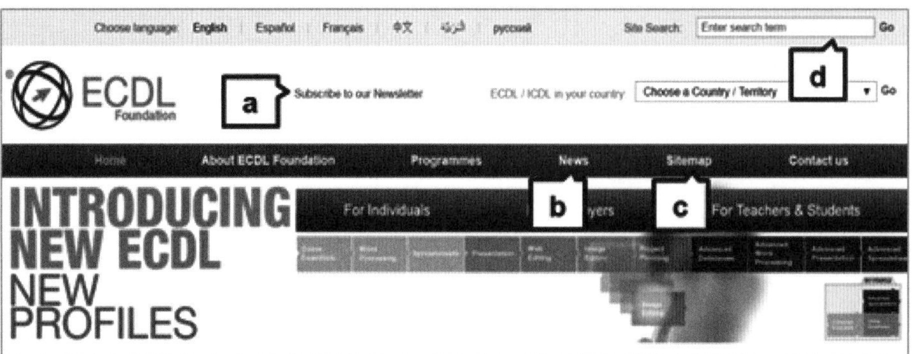

a. 선택 a　　　　b. 선택 b

c. 선택 c　　　　d. 선택 d

해설

사이트맵은 웹사이트의 모든 페이지를 나열하고 색인 또는 목차의 역할을 할 수 있는 사이트 지도이다.
a. 웹사이트의 뉴스레터를 구독하는 기능이다.
b. 뉴스 페이지에는 제품, 서비스 및 판매에 관한 회사 뉴스와 관련 보도 자료가 포함된다.
d. 웹사이트의 검색 기능으로 사이트에서 콘텐츠를 찾을 수 있는 기능이다.

정답 : c

10 성능 최적화라는 용어를 가장 잘 설명한 것을 고르시오.

a. 인터페이스에 표시되는 항목의 디자인 개선

b. 웹사이트를 사용하는 사람이 느낀 전반적인 경험을 향상시킴

c. 웹 페이지를 더 빨리 내려받을 수 있도록 개선

d. 웹사이트를 제작하여 여러 기기에서 쉽게 읽고 탐색할 수 있음

해설

웹 페이지는 사용자가 페이지나 동영상을 보기 위해 기다리지 않도록 성능 최적화를 하여 빠르게 다운로드 할 수 있도록 제작되어야 한다.
a. 사용자 인터페이스(UI : User Interface)　　b. 사용자 경험(UX : User eXperience)
d. 반응형 디자인

정답 : c

11 다음 중 웹사이트를 홍보하는 방법을 고르시오.

a. 관련 온라인 디렉터리에 웹사이트 제출하기

b. 웹사이트 호스팅 서비스에 등록하기

c. 분석 계정 설정하기

d. 콘텐츠 관리 도구를 사용하여 웹사이트 구축하기

해설

웹사이트를 홍보하는 방법에는 여러 가지가 있으며, 사용자 및 검색 엔진이 여러분의 웹사이트를 찾는 데 도움이 되는 웹 디렉터리 및 검색 엔진에 웹사이트 주소를 등록할 수 있다.

b. 웹사이트를 생성하기 위해 호스팅 서비스에 등록한다.

c. 웹사이트를 분석하기 위해 분석 계정을 설정한다.

d. 웹사이트를 개발하고 유지하기 위해 콘텐츠 관리 도구를 사용한다.

정답 : a

12 다음 중 온라인으로 검색할 때 정보를 찾는 데 사용되는 중요한 단어 또는 문구를 설명하는 용어를 고르시오.

a. 키워드

b. 추적 코드

c. 대체 텍스트

d. 해시 태그

해설

키워드란, 웹 페이지 내 검색어와 일치 하거나 검색어와 관련이 있다고 여겨지는 구문이나 단어이며, 온라인으로 검색할 때 정보를 찾는 데 사용된다.

b. 추적코드는 웹사이트 분석계정을 만들게 되면 추적코드가 생성되며, 이 코드를 웹사이트나 앱에서 분석 도구로 자료를 수집하고 전송하는 데 사용된다.

c. 대체텍스트는 장애가 있는 사람들이 볼 수 있고 탐색할 수 있도록 웹사이트 접근성을 높이는 도구이다. 시각장애인들을 위해 화면판독기를 사용하거나 청각장애인을 위해 동영상이 포함된 자막파일이 있다.

d. 해시태그는 # 문자 앞에 단어 또는 구이다. 해시 태그는 항목별로 게시물 및 기타 미디어를 분류하는 데 사용되므로 쉽게 검색할 수 있다.

정답 : a

13 당신은 결혼사진 사업을 위한 새로운 소셜 미디어 마케팅 캠페인을 계획하고 있다. 사진 공유에 가장 적합한 소셜 미디어 플랫폼을 고르시오.

a. 링크드인(LinkedIn)

b. 인스타그램

c. 페이스북

d. 트위터

해설

소셜미디어를 통해 마케팅 전략을 계획하기 위해서는 다양한 소셜미디어의 고유한 특성과 장점을 파악하는 것이 중요하며, 자사의 비즈니스 범주와 목표 고객에게 맞는 소셜미디어 플랫폼을 선택하는 것이 중요하다. 사진 공유에 가장 적합한 소셜미디어 플랫폼은 인스타그램이다.

정답 : b

14 소셜 미디어 마케팅 캠페인을 관리하도록 요청받았다. 다음 중 진행 프로세스의 일부가 아닌 것을 고르시오.

a. 귀하의 웹사이트를 웹 호스팅 서비스에 등록하기

b. 대상층에 적합한 플랫폼 선택

c. 적합한 콘텐츠 계획 및 예약

d. 적절한 콘텐츠 제작 및 추적

해설

소셜미디어 마케팅 캠페인을 진행하기 위해서는 일련의 프로세스를 계획하고 고려해야 한다. 1. 적절한 플랫폼 선택, 2. 콘텐츠 계획, 3. 콘텐츠 제작, 4. 캠페인 추적, 5. 캠페인 결과 평가의 단계를 거쳐야 한다.

정답 : a

15 소셜 미디어 사이트에서 태그를 사용하는 것을 가장 잘 표현한 것을 고르시오.

a. 게시물, 그림 또는 동영상에 대한 동의를 표현하는 방법

b. HTML 코드에 포함된 웹 페이지에 대한 간략한 설명

c. 특정 주제에 대한 메시지를 식별하기 위해 해시 기호 뒤에 단어 또는 문구

d. 게시물, 그림 또는 비디오에서 누군가를 식별하는 방법

해설

소셜미디어 활동을 위해서는 다양한 소셜미디어 활동의 의미를 파악해야 한다. 태그는 게시물이나 사진 또는 동영상에서 언급된 사람이나 조직을 식별하는 방법이다.

a. 좋아요 버튼은 청중이 게시물이나 페이지에 대한 합의 또는 지지를 표현하는 방법이다.

b. 메타태그는 HTML 코드에 포함된 웹 페이지에 대한 간략한 설명이다.

c. 해시태그는 # 문자 앞에 단어 또는 구이다. 해시 태그는 항목별로 게시물 및 기타 미디어를 분류하는 데 사용되므로 쉽게 검색할 수 있다.

정답 : d

16 다음 중 소셜 미디어 관리 서비스라는 용어를 가장 잘 설명하는 것을 고르시오.

a. 소셜 미디어에서 광고 옵션을 관리하고 추적하기 위한 온라인 서비스

b. 여러 소셜 미디어 플랫폼에서 활동을 구성하고 추적하는 온라인 시스템

c. URL의 짧은 버전을 만들고 사용을 추적하는 온라인 서비스

d. 콘텐츠를 만들고 교환할 수 있는 소셜 미디어 플랫폼의 사용자 계정

해설

전문적으로 소셜 미디어 계정을 관리하려면 콘텐츠 게시, 상호 작용, 광고 및 활동 추적 및 분석을 관리해야 한다. 소셜 미디어 관리서비스는 여러 플랫폼에서 많은 소셜 미디어 프로필을 관리하는 조직이 더욱 효율적으로 플랫폼 작업을 수행할 수 있는 서비스이다.

a. 페이스북 광고관리자

c. URL 단축서비스(URL Shortener)

d. 소셜미디어 프로필

정답 : b

17 아래 이미지에서 어디를 클릭하면 스케쥴 관리 혹은 게시물 예약할 수 있는지 고르시오.

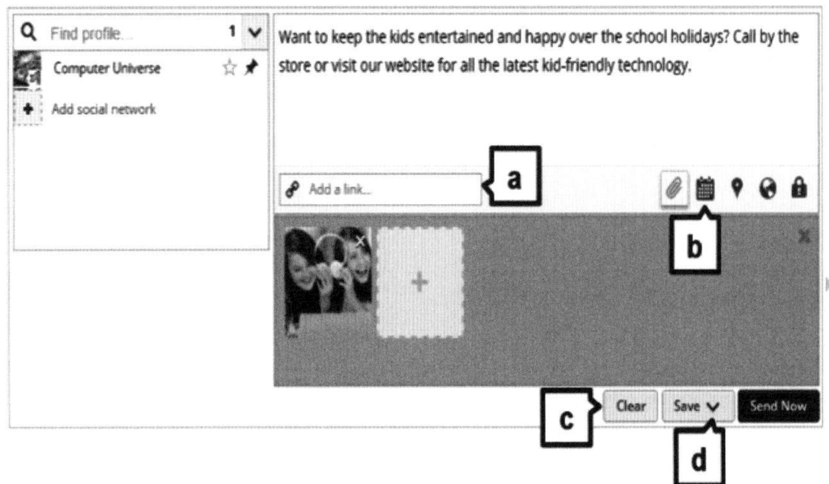

a. 선택 a
b. 선택 b
c. 선택 c
d. 선택 d

해설

a. 링크추가 버튼 c. 삭제 버튼 d. 임시저장 버튼

정답 : b

게시물의 문자 수를 제한하는 소셜 미디어 사이트에 게시할 수 있도록 웹사이트에 대한 긴 링크를 수정하려고 한다. 긴 링크를 수정하는 데 다음 온라인 서비스 중 어떤 것을 사용하는지 고르시오.

a. 웹사이트 분석
b. URL 단축기
c. 예정된 게시물
d. 소셜 미디어 인사이트

해설

URL 단축기능은 짧은 버전의 URL을 만들고 사용을 추적하는 온라인 서비스이다. 단축 URL은 SNS의 글자 수 한계를 보완하기 위해 등장한 서비스로서 트위터의 경우 최대 140자의 글자를 쓸 수 있는데, 여기에 일반적인 웹페이지 주소가 삽입되면 사용자들이 실제로 쓸 수 있는 글자 수가 줄어들기 때문에 이를 줄여야 더 많은 글자를 입력할 수 있다.

정답 : b

19 바이럴 프로모션 캠페인의 콘텐츠 유형 중 성공적인 콘텐츠가 아닌 것을 고르시오.

a. 유머러스한 내용

b. 독창성있는 내용

c. 토론을 생성하는 주제

d. 길고 자세한 정보

해설

바이럴 콘텐츠는 인터넷을 통해 빠르고 광범위하게 공유되는 콘텐츠이며, 성공적인 바이럴 콘텐츠는 1. 유머러스하며, 2. 독창적이고, 3. 청중과 공감하며, 4. 토론을 생성주제로 갖는다.

정답 : d

20 고객이 소셜 미디어에 불만사항을 게시하여 귀사가 제공한 서비스에 대해 불만을 제기했다. 소셜 미디어에 대한 불만 사항을 처리할 때 다음 중 가장 좋은 방법을 고르시오.

a. 고객이 불만을 제기한 것에 대한 비판을 게시하기

b. 필요한 경우 온라인 및 오프라인으로 적시에 불만 사항을 처리하기

c. 소셜 미디어에서 댓글을 삭제하고 불만을 무시하기

d. 온라인 고객이 제기한 불만 사항에는 절대 응답하지 않기

해설

사람들은 온라인에서 등장한 입소문 형태로 행동할 수 있으며 잠재고객에게 영향을 미칠 수 있다. 긍정적인 상품 인지도 유지를 위해 자신의 게시물이나 페이지에 대한 모든 의견에 대해 적절한 대응을 해야 한다. 긍정적인 의견은 권장 사항으로 작용하여 잠재고객에게 긍정적인 영향을 줄 수 있다. 소셜 미디어 관리 시 긍정적인 의견을 듣는 것이 매우 중요하다. 소셜 미디어 사이트에 대한 부정적인 의견이나 불만은 신속하고 적절하게 처리되어야 한다. 고객에게 연락하여 오프라인에서 문제를 해결하도록 요청하는 것이 가장 좋다.

정답 : b

21 행동 유도(Call to Action)라는 용어를 가장 잘 설명한 것을 고르시오.

a. 어떤 광고가 최상의 결과를 냈는지 결정하는 방법

b. 온라인으로 검색할 때 정보를 찾는 데 사용되는 중요한 단어

c. 특정 주제에 대한 메시지를 식별하기 위해 소셜 미디어에 사용되는 기호

d. 방문고객에게 응답을 유도하기 위한 설명

해설

행동유도는 사용자에게 특정 업무나 목표를 수행하라는 지시이다. 이는 매혹적이고, 주의를 집중시키며, 이용자가 그 행동의 대가로 무엇을 얻을 것인지에 대해 명확하게 설명해야 한다.

a. A/B 테스트　　　b. 키워드　　　c. 해시태그

정답 : d

22 다음 중 온라인 광고 플랫폼의 사례를 고르시오.

a. MailChimp　　　b. Joomla

c. Hootsuite　　　d. Google Display Network

해설

많은 온라인 광고 플랫폼이 있지만, 가장 큰 것은 구글 디스플레이 네트워크(Google Display Network)이다. 구글 디스플레이 네트워크에는 구글에 속하거나 구글 네트워크에 있는 사이트, 블로그, 동영상 또는 앱을 포함하고 있다. 여기에는 다른 구글 제품인 구글 애드센스를 사용하여 광고 공간을 판매하는 사이트가 포함된다. 다른 예로 야후!, 빙(Bing) 네트워크 및 유튜브 광고(구글 디스플레이 네트워크의 일부)이다.

정답 : d

23 아래 이미지는 어떤 유형의 광고인지 고르시오.

ECDL Courses
Ad www.magisteriacollege.com ▾
Get Certified In ECDL. Contact Us Today About Enrolling
Official Training Partner
Courses: Java, .Net, Perl , PHP & MySQL,

a. 배너 광고　　　b. 동영상 광고

c. 팝업 광고　　　d. 텍스트 광고

해설

텍스트 광고는 텍스트만 포함한다. 예를 들어 구글 검색 광고는 텍스트 전용이며 광고 제목 텍스트, 방문 페이지 URL 및 설명 텍스트를 포함한다.

정답 : d

24 온라인 플랫폼인 MailChimp를 사용하여 할 수 있는 일을 고르시오.

a. 소셜 미디어 관리

b. 검색 엔진 마케팅

c. 온라인 광고

d. 이메일 마케팅

해설

이메일 마케팅은 이메일을 통해 소비자에게 직접 도달하는 것과 연관되어 있다. 저렴한 비용과 적은 노력으로 많은 수신자에게 도달할 수 있으며 구현하기가 비교적 쉽다.

정답 : d

25 다음 중 옵트아웃(Opt-Out)이라는 용어를 가장 잘 설명한 것을 고르시오.

a. 이메일 마케팅 캠페인을 통해 수신된 이메일 열기

b. 이메일 마케팅 캠페인을 통해 받은 이메일 삭제

c. 디지털 메일 목록에서 자신을 삭제하기

d. 마케팅 커뮤니케이션을 받기 위해 이메일링 리스트에 가입하기

해설

옵트아웃(Opt-Out)은 당사자가 자신의 자료 수집을 허용하지 않는다고 명시할 때 정보수집이 금지되는 제도이다. 기업과 같은 단체가 광고를 위한 메일을 보낼 때, 수신자가 발송자에게 수신 거부 의사를 밝혀야만 메일 발송이 금지되고 수신 거부 의사를 밝히기 전에는 모든 수신자에게 메일을 보낼 수 있는 방식이다.

정답 : c

26 학용품 웹사이트를 위한 모바일 광고 캠페인의 일환으로 할 수 있는 것을 고르시오.

a. 모든 기기의 모든 광고에서 표준 행동 유도 문구를 사용한다.

b. 모바일 장치에 표시할 광고 내용을 조정한다.

c. 데스크톱 컴퓨터에서만 광고를 표시한다.

d. 장치와 관계없이 광고에 같은 레이아웃을 사용한다.

해설

모바일 사용자를 대상으로 한 마케팅 캠페인은 맞춤화되고 편리한 모바일 환경을 제공해야 한다. 모바일 친화적인 웹사이트를 만들고 모바일용 키워드 및 광고를 조정하는 작업이 포함된다.

정답 : b

27 웹 트래픽을 유도하기 위해 해야 할 가장 중요한 것을 고르시오.

a. 사용자 환경을 개선한다.
b. 웹 페이지 다운로드 속도를 최적화한다.
c. 웹 페이지 이탈률을 높인다.
d. 검색 엔진 순위를 향상한다.

해설

검색 엔진 최적화(SEO)는 검색 엔진 결과 페이지(SERP)에 유기적 결과로 웹사이트의 가시성을 높일 수 있는 기술이며, 이를 통해 검색엔진의 트래픽을 높일 수 있다.

정답 : d

28 다음 중 순 방문자율 이라는 용어를 가장 잘 설명하는 것을 고르시오.

a. 고객이 된 순 방문자 수를 전체 순 방문자 수로 나눈 값이며 백분율로 표시된다.
b. 방문한 횟수와 관계없이 지정된 기간 동안 웹사이트에 방문한 방문자의 수이다.
c. 다른 사이트의 링크를 클릭하고 웹사이트에 방문한 방문자의 수이다.
d. 상호작용 없이 웹사이트를 떠나는 방문자 수를 총방문자 수로 나눈 값이다.

해설

순 방문자란 방문한 횟수와 관계없이 지정된 기간 동안 웹사이트 방문자의 수이다.
a. 전환률 d. 이탈률

정답 : b

29 방문자 행동을 소셜 미디어 계정으로 분석하는 과정을 설명할 때 다음 용어 중 어느 것을 사용하는지 고르시오.

a. 노출 수(Impressions)
b. 멘션(Mentions)
c. 알림(Notifications)
d. 인사이트(Insight)

해설

소셜 미디어 인사이트(insight)는 소셜 미디어 계정 방문자의 행동을 추적하고 분석할 수 있다.
a. 노출 수(Impressions) : 광고가 사용자에게 표시된 횟수
b. 멘션(Mentions) : 소셜 미디어 메시지에 계정 이름이나 핸들이 태그 지정된 횟수이다.
c. 알림(Notifications) : 알림은 소셜 미디어 프로필에 언급이나 댓글과 같은 활동이 있는 경우에 알려 준다.

정답 : d

30 다음 중 이메일 분석 용어 중 총가입자 수를 가장 잘 설명하는 것을 고르시오.

a. 지정된 기간 웹사이트의 순 방문자 수

b. 이메일 캠페인에서 여러분의 웹사이트에 링크한 수

c. 이메일 캠페인에서 광고의 클릭 수

d. 이메일 수신을 신청한 사람 수

해설

배달률 = (수령한 모든 이메일 수 - 반송된 수) / 보낸 이메일 수
개방비율 = 개방된 전자 우편의 수 / 배달된 전자 우편의 수
클릭률 = 클릭 수 / 배달된 이메일 수
구독자 유지율 = (구독자 수 - 수신 거부 수 - 구독 취소 횟수) / 구독자 수

정답 : d

※ **실습문제(31번부터 36번까지)는 문제유형을 이해하도록 포함한 것이다. 본 모의고사에서는 실습 환경을 제공하지 않는다.**

31 Healthy Goods 기업에서 스무디 및 주스의 디지털 마케팅 관리자로 일하고 있다. 회사의 디지털 마케팅 업무를 완료하시오.

① 웹 탐색 응용 프로그램을 연다.

② 다음 웹 페이지 주소로 이동한다(임의로 지정한다).

③ 소셜 미디어 비즈니스 프로필을 편집한다.

④ 소셜 미디어 하이퍼링크를 활성화한다.

⑤ 다음 프로필 항목만 수정한다.

(a) 카테고리 : 소매 및 소비재

(b) 상품 이름 : Healthy Goods

(c) 제출을 클릭한다.

정답 : 자체 실습 결과

32 테스트 홈페이지로 이동하여 이메일 마케팅 하이퍼링크를 활성화한다.

주스 거래에 관심이 있는 고객을 위해 새로운 연락처 목록을 만들기를 진행한다.

① 연락처 목록 만들기

② 리스트 이름 : Juice Deals

③ 기본 "from" 이메일 : info@healthygoods.com

④ 기본 "from" 이름 : Jane

⑤ 목록 설명 : Healthy Goods에서 저가 주스 거래에 대한 메일링 리스트

⑥ 제출을 클릭한다.

정답 : 자체 실습 결과

33 테스트 홈페이지로 이동하여 이메일 마케팅 하이퍼링크를 활성화한다. Healthy Goods 기업의 정보를 제공하는 새로운 이메일 마케팅 캠페인을 만들고자 한다. 다음을 진행하시오.

① 캠페인 만들기

② 베일링 리스트 : Healthy Living

③ 캠페인 이름 : Start Today

④ "수신인"입력란 맞춤 설정하기 : Checked

⑤ 클릭 추적 : Checked

⑥ 서식(틀) : Classic

⑦ 사진 : header.jpg(응시자 드라이브에서)

⑧ 제목 : 오늘 건강하게

⑨ 다른 모든 설정에서는 기본값을 그대로 사용한다.

⑩ 만들기를 클릭한다.

정답 : 자체 실습 결과

34 테스트 홈페이지로 이동하여 애널리틱스 하이퍼링크를 활성화한다. Healthy Goods 기업의 웹사이트에 대한 새로운 애널리틱스 계정을 만들려고 한다. 다음을 진행하시오.

① 새 계정 생성

② 계정 유형 : Website

③ 계정 이름 : Healthy Goods

④ 웹사이트 이름 : Healthy Goods Juice

⑤ 보고 표준 시간대 : (GMT−08 : 00) 태평양 표준시(Pacific Time)

⑥ 산업 : 소매 및 소비재

⑦ URL : www.healthygoods.com

⑧ 추적 ID 가져오기를 클릭한다.

정답 : 자체 실습 결과

35 테스트 홈페이지로 이동하여 이메일 마케팅 하이퍼링크를 활성화한다. Healthy Goods에 대한 이메일 마케팅 캠페인에 대한 분석 보고서를 내려받으려고 한다. 새로운 스무디 캠페인에 대한 보고서를 내려받으시오. sampleanswerfile1(이 문제를 위해 제공된 공란)에 표시된 숫자를 입력하고 저장하시오.

정답 : 자체 실습 결과

36 테스트 홈페이지로 이동하여 광고 하이퍼링크를 활성화한다. Healthy Goods 광고 계정에 대한 분석 보고서 이메일을 예약하려고 한다. 다음 분석 보고서 이메일을 예약하시오.

① 받는 사람 : 여러분이 임으로 지정한다.

② 빈도 : Monthly

③ 요일 : Monday

④ 다른 모든 설정에서는 기본값을 그대로 사용한다.

⑤ 보고서 예약을 클릭한다.

정답 : 자체 실습 결과

Chapter

21

ICDL 실라버스

ICDL 실라버스는 디지털 마케팅에 대한 전반적인 내용을 다루고 있으며 글로벌 시장에 적합한 내용을 다루고 있어 향후 글로벌 시장에서 관련 업무를 수행 시 많은 도움이 된다. 다음은 각 관련 내용이 교재에 삽입된 위치를 설명하고 있다.

International Computer Driving Licence

Section 01. ICDL 실라버스

Section 02. 용어 정의

Section 03. 참고자료

Section 01 ICDL 실라버스

분류	ICDL 학습 내용	교재 위치
1.1.1	디지털 마케팅이라는 용어를 이해한다.	1.1 디지털 마케팅 개요
1.1.2	콘텐츠 마케팅, 소셜 미디어 마케팅, 이메일 마케팅, 모바일 마케팅, 제휴 마케팅, 검색 엔진 마케팅(SEM), 검색 엔진 최적화(SEO), 디스플레이 광고, 분석 등 다양한 디지털 마케팅 요소를 정의한다.	1.2 디지털 마케팅 기술
1.1.3	브랜드 인지도 제고, 리드 생성, 판매 촉진, 고객에게 알리는 정보, 개선된 고객 서비스, 직접 고객 참여, 트래픽 생성과 같은 디지털 마케팅을 사용할 때의 일반적인 목표를 파악한다.	1.3 디지털 마케팅 목표
1.1.4	디지털 마케팅의 이점을 이해하면 비용 효율성이 더 높고 진행 상황을 추적하고 측정하기 쉽고 인구 통계학적 범위가 넓으며 기존 마케팅보다 참여도가 높으며 모바일 고객에게 적합하다.	1.4 디지털 마케팅 장점
1.1.5	상호대면 미비, 눈에 거슬릴 수 있는 것, 전문적으로 관리하기 위한 시간 투입 등은 여러분의 제품에 적합하지 않을 수 있다.	1.5 디지털 마케팅의 한계점
1.1.6	여러분의 국가에서 디지털 마케팅을 할 때 주요 법과 규제 의무를 인식한다.	1.6 법과 규제 의무
1.2.1	비즈니스 목표 및 마케팅 목표, 목표 고객 파악, 경쟁 업체 분석, 적절한 플랫폼 선택, 콘텐츠 계획 및 생성, 예산 할당, 보고와 같은 디지털 마케팅 전략의 주요 요소를 이해한다.	2.1 디지털 마케팅 전략
1.2.2	기업의 정체성과 디자인에 따라 일관된 온라인 정보제공의 필요성을 인식한다.	2.2 설계 고려사항
1.2.3	인포그래픽스, 밈, 동영상, 안내서, 제품 리뷰, 고객추천, 목록, 백서와 같이 트래픽을 유도하고 참여를 향상시키는 데 사용되는 콘텐츠 유형을 식별한다.	2.3 콘텐츠 마케팅
1.2.4	회사 디지털 마케팅 계정을 사용하는 직원을 위한 정책 및 접근통제의 중요성을 이해한다.	2.4 정책 및 접근통제
2.1.1	비즈니스 디렉터리, 소셜 미디어, 정보 웹사이트, 블로그, 전자상거래 웹사이트, 모바일 사이트, 웹 응용 프로그램, 모바일 응용 프로그램과 같은 웹 기반 정보 제공 솔루션을 이해한다.	3.1 웹 기반 정보 제공 솔루션
2.1.2	웹사이트 주소 등록, 웹 호스팅 서비스 등록, 사이트 디자인 및 구축, 사이트 홍보 등 일반적인 웹사이트 구축 방법을 간략하게 설명한다.	3.2 웹사이트의 생성

분류	ICDL 학습 내용	교재 위치
2.1.3	콘텐츠 관리 시스템(CMS)이라는 용어를 이해한다.	3.3 콘텐츠 관리 시스템
2.2.1	홈페이지, 회사 및 연락처 정보, 뉴스, 서비스/제품 설명, 검색, 전자상거래 페이지, 사이트 맵과 같은 웹사이트의 주요 부분을 이해한다.	4.1 웹사이트 구조
2.2.2	사용자 인터페이스(UI), 사용자 경험(UX), 반응형 디자인, 접근성, 성능 최적화, 브라우저 호환성과 같은 웹사이트 디자인 용어를 이해한다.	4.2 웹사이트 디자인
2.2.3	잠재고객 중심, 명확하고 간결한 콘텐츠, 키워드 사용, 일관된 브랜딩, 고품질 이미지 및 동영상, 정기적으로 업데이트 등 웹사이트 콘텐츠 제작 시 좋은 방법을 이해한다.	4.3 웹사이트 콘텐츠
2.2.4	소셜 미디어, 온라인 광고, 인바운드 링크, 이메일 마케팅, 디렉터리/검색 엔진, 이메일 서명, 물리적 마케팅 자료 등과 같은 웹사이트 홍보에 대한 다양한 방법을 인식한다.	4.4 웹사이트 프로모션
2.3.1	검색 엔진 최적화(SEO)라는 용어를 이해한다.	5.1 검색 엔진 최적화 개요
2.3.2	키워드 용어를 이해한다. 웹사이트, 소셜 미디어 플랫폼의 콘텐츠를 최적화할 때 사용할 수 있는 키워드 목록을 만든다.	5.2 검색 엔진 최적화를 위한 키워드
2.3.3	페이지 제목, URL, 설명 태그, 메타 태그, 표제, 대체 텍스트 용어를 이해하고 SEO에 키워드가 중요하다는 것을 이해한다.	5.2 검색 엔진 최적화를 위한 키워드
3.1.1	소셜 미디어 플랫폼이라는 용어를 이해하고 일반적인 플랫폼의 주요 용도를 파악한다.	6.1 소셜 미디어 플랫폼
3.1.2	잠재고객을 위한 적절한 플랫폼 선택, 적절한 콘텐츠 계획 및 제작, 캠페인 추적, 캠페인 결과 평가와 같은 일반적인 소셜 미디어 마케팅 캠페인 요소를 이해한다.	6.2 소셜 미디어 마케팅 캠페인
3.2.1	소셜 미디어 프로필이라는 용어를 이해한다. 개인, 비즈니스, 그룹, 이벤트와 같은 다양한 유형의 프로파일을 구별한다.	7.1 소셜 미디어 유형
3.2.2	연혁, 이미지, URL, 연락처 세부정보, 카테고리와 같은 소셜 미디어 비즈니스 프로필 정보를 만들고 편집한다.	7.2 소셜 미디어 비즈니스 프로파일 생성 7.3 소셜 미디어 비즈니스 프로필 편집
3.2.3	게시물, 댓글, 공유, 좋아요, 태그, 해시 태그 등과 같은 소셜 미디어 활동을 이해한다.	8.1 소셜 미디어 활동
3.2.4	소셜 미디어 프로필에서 뉴스, 이벤트, 설문조사, 제안과 같은 게시물을 작성, 수정, 삭제한다.	8.2 포스트 만들기 및 업데이트
4.1.1	소셜 미디어 관리 서비스라는 용어를 이해하고 일반적인 소셜 미디어 관리 서비스를 파악한다.	9.1 소셜 미디어 관리 서비스
4.1.2	예약된 게시물이라는 용어를 이해하고 게시물을 예약한다.	9.2 게시 계획표
4.2.1	인플루언서라는 용어를 이해한다. 그들과의 연결의 중요성을 인식한다.	10.1 영향 요인

분류	ICDL 학습 내용	교재 위치
4.2.2	목표 고객이라는 용어를 이해한다. 여러분의 콘텐츠를 최적화해야하는 중요성을 인식한다.	10.2 목표 고객
4.2.3	동영상 마케팅이라는 용어를 이해한다. 온라인 프로모션 캠페인에서 그 중요성을 인식한다.	10.3 콘텐츠 활성화
4.2.4	리뷰, 추천이라는 용어를 이해한다. 비즈니스를 소셜 미디어를 통해 홍보할 때 그 중요성을 인식한다.	10.1 영향 요인
4.2.5	URL 단축기라는 용어를 이해한다. URL 단축기를 사용하여 링크를 추적한다.	9.3 URL 단축기
4.2.6	바이럴용어를 이해한다. 프로모션 캠페인에서 그 중요성을 인식하고 유머, 독창성, 청중과의 공명, 토론 생성과 같은, 성공에 기여할 수 있는 요소를 인식한다.	10.3 콘텐츠 활성화
4.2.7	소셜 미디어 콘텐츠(예 : 정기적으로 게시, 관련 콘텐츠 게시, 관련 블로그 및 회사 조사, 대회 게시, 이미지 및 동영상 사용)를 만드는 데 있어 우수 사례를 인식한다.	10.3 콘텐츠 활성화
4.3.1	소셜 미디어 마케팅의 사례를 간략하게 설명한다. 적절한 시기에 적절하게 의견/불만 사항에 응답하고 오프라인에서 특정 문의를 수행하는 것이 있다.	11.1 댓글 및 알림
4.3.2	프로필이 언급되었거나 댓글이 프로필에 추가되었을 때 알리도록 소셜 미디어 프로필에 알림을 설정한다.	11.1 댓글 및 알림
4.3.3	행동유도 문구를 이해하고 견적을 받고, 가입하고, 지금 구매하고, 앱을 내려 받는 등 일반적인 예를 확인한다. 소셜 미디어 플랫폼을 통한 리드 창출 시 그 중요성을 인식한다.	11.2 행동 유도 계획
5.1.1	검색 엔진 마케팅(SEM) 플랫폼의 일반적인 예를 확인한다.	12.2 검색 엔진 마케팅 플랫폼
5.1.2	온라인 광고 플랫폼의 일반적인 예를 확인한다.	12.3 디스플레이 광고 플랫폼
5.1.3	플로팅, 팝업, 동영상, 이미지, 배너, 텍스트와 같은 다양한 유형의 온라인 광고를 이해한다.	12.4 디스플레이 광고 유형
5.1.4	스폰서 게시물이라는 용어를 이해한다. 소셜 미디어에 대한 상호 작용과 참여를 높이는 데 있어 그 중요성을 인식한다.	12.5 소셜 미디어 광고
5.2.1	이메일 마케팅 플랫폼의 일반적인 예를 확인한다.	13.1 이메일 마케팅 플랫폼
5.2.2	이메일 마케팅 응용 프로그램에 계정을 만든다.	13.2 이메일 마케팅 계정 생성
5.2.3	이메일 마케팅 응용 프로그램에서 연락처 목록을 작성, 편집 및 삭제한다.	13.3 연락처 목록 생성 및 관리
5.2.4	캠페인을 만들고 이메일 마케팅 응용 프로그램에서 서식을 선택한다.	13.4 이메일 캠페인 작성 및 관리
5.2.5	이메일 마케팅 응용 프로그램에서 이메일을 보내고 예약한다.	13.4 이메일 캠페인 작성 및 관리
5.2.6	옵트인, 옵트아웃이라는 용어를 이해한다.	13.3 연락처 목록 생성 및 관리
5.3.1	더 많은 고객에게 접근하고 위치를 기반으로 고객을 타겟팅 하는 것과 같은 모바일 마케팅을 사용하는 몇 가지 이유를 설명한다.	14.1 모바일 마케팅 개요

분류	ICDL 학습 내용	교재 위치
5.3.2	모바일 응용 프로그램이라는 용어를 이해한다. 비즈니스/서비스 홍보, 서비스 제공, 판매 창출과 같은 것을 위한 모바일 애플리케이션의 사용 방법을 이해한다.	14.2 모바일 애플리케이션
5.3.3	모바일 친화적인 웹사이트 만들기, 모바일용 키워드 맞춤 설정, 모바일용 광고 맞춤 설정과 같은 모바일 마케팅 캠페인에서 몇 가지 고려 사항을 설명한다.	14.3 모바일 마케팅 고려사항
5.3.4	동영상 광고, 검색 광고, 디스플레이 광고, 소셜 미디어 광고, 애플리케이션 광고와 같은 모바일 광고 옵션을 이해한다.	14.4 모바일 광고
6.1.1	분석 용어에 대해 이해한다. 디지털 마케팅 캠페인의 성과 분석의 중요성을 인식한다.	15.1 분석 15.2 웹사이트 분석 개요
6.1.2	분석 도구에서 계정을 만든다.	15.3 웹사이트 분석
6.1.3	웹사이트, 소셜 미디어, 이메일 마케팅, 광고 등의 캠페인에 대한 분석 보고서를 설정한다. 보고서를 .csv 파일로 내보낸다.	15.3 웹사이트 분석 16.2 소셜 미디어 인사이트 도구의 활용 17.2 온라인 광고 분석 활용 18.2 이메일 마케팅 분석 활용
6.1.4	분석 보고서 이메일 예약 : 웹사이트, 소셜 미디어, 이메일 마케팅, 광고 등의 분석 보고서에 대해 이메일 발송 예약을 한다.	15.3 웹사이트 분석 16.2 소셜 미디어 인사이트 도구의 활용 17.2 온라인 광고 분석 활용 18.2 이메일 마케팅 분석 활용
6.1.5	분할 테스트라는 용어를 이해한다. 이메일 마케팅, 온라인 광고와 같은 캠페인의 성공 여부를 측정하는 데 그것이 중요하다는 것을 인식한다.	17.1 온라인 광고 분석 개요 18.1 이메일 마케팅 분석 개요
6.2.1	웹 트래픽이라는 용어와 양질의 웹 트래픽을 유지하는 것이 중요하다는 것을 이해한다.	15.2 웹사이트 분석 개요
6.2.2	순 방문자 수, 노출 수, 클릭 수, 이탈률, 전환률, 클릭률, 추적 코드, 추천과 같은 일반적인 분석 용어를 이해한다.	15.2 웹사이트 분석 개요 15.3 웹사이트 분석 사용 17.1 온라인 광고 분석 개요
6.2.3	일반적인 웹사이트 분석 도구를 이해한다.	15.3 웹사이트 분석 활용
6.3.1	소셜 미디어 인사이트라는 용어를 이해한다. 소셜 미디어 플랫폼상 마케팅 활동의 영향 분석의 중요성을 인식한다.	16.1 소셜 미디어 인사이트 개요
6.3.2	참여, 도달, 멘션, 트렌드, 인바운드 링크와 같은 소셜 미디어 인사이트용어를 이해한다.	16.1 소셜 미디어 인사이트 개요
6.3.3	일반적인 소셜 미디어 인사이트 도구를 식별한다.	16.2 소셜 미디어 인사이트 도구의 활용

분류	ICDL 학습 내용	교재 위치
6.4.1	개방률, 클릭률, 이탈률, 구독 취소, 총 구독자와 같은 일반적인 이메일 분석 용어를 이해한다.	18.1 이메일 마케팅 분석 개요
6.4.2	클릭당 지급(PPC), 1,000건 당 비용(CPM), 획득 건수 비용(CPA) 및 전환 건 당 비용(CPC)과 같은 일반적인 온라인 광고 분석 용어를 이해한다.	17.1 온라인 광고 분석 개요

Section 02 용어 정의

영문 약어 정리

약어	용어	설명
AUP	Acceptable Use Policy	이용 제한 방침
CMS	Contents Management System	콘텐츠 관리 시스템
CPA	Cost Per Acquisition	획득비용
CPC	Cost Per Conversion	전환비용
CPM	Cost Per Thousand	1,000건당 지급 비용 지불된 전체비용을 1,000번 노출로 나눈 값을 의미한다.
CTR	Click Through Rate	클릭률. 광고 노출수 대비 클릭된 비율을 의미한다. CTR=클릭수÷노출수×100예)특정광고가100번 노출되었을 때, 3번 클릭된다면 CTR은 3%가 된다.
CTS	Conversion Tracking System	검색 이용자가 광고 상품을 통해 실제 회원가입, 구매 등의 행위를 할 때 그 빈도를 체크 할 수 있는 전환추적 기능을 말한다.
CVR	Conversion Rate	전환율. 클릭수 대비전환이 일어난 비율을 말한다. CVR=(클릭수÷전환)×100
DS	Direct Sales	대행사를 통하지 않고, 매체사가 직접 계약하고 관리하는 대형 광고주 그룹을 의미한다.
eCPM	Effective CPM	CPC, CPM, CPA등의 광고 효과를 측정하는 기준을 1,000회 노출로 동일하게 만들어 비교하는데 활용하는 지표를 말한다. eCPM=PPCXCTR×1,000
OLS	Online Sign-up	마케터에 매핑 되지 않고 직접 광고를 등록하고 운영하는 광고주 그룹을 의미한다.
PPC	Pay Per Click	클릭당 지급 전체 광고비를 클릭 수로 나눈 값이며 클릭 1회당 단가를 의미한다. PPC=광고비÷클릭수
PV	Page View	인터넷 사용자가 해당 광고(또는 서비스)에서 페이지를 열어본 횟수를 의미한다.

약어	용어	설명
ROAS	Revenue on Ad Spending	광고비 지불을 통해 광고주가 얻은 매출을 의미한다. ROAS=(광고주매출액÷광고비)×100
ROI	Return On Investment	투자수익률 광고비 지불을 통해 광고주가 얻은 이익이나 효과를 의미하며, 로그 분석 등을 통해 측정할 수 있다. ROI=판매이익÷광고비용 예) 한 달 동안 광고비 50만 원으로 1천만 원을 판매이익이 있었다면 ROI는 1원당 20원임.
RPI	Revenue per impression	노출당 발생하는 매출을 의미한다. RPI=매출÷노출수
RSS	Rich Site Summary	뉴스나 블로그 사이트에서 주로 사용하는 콘텐츠 표현 방식
SEM	Search Engine Marketing	검색 엔진 마케팅 대행사 또는 대행사를 통해 인터넷 포털 사이트의 키워드 광고를 전담하여 광고를 진행하는 마케터를 지칭한다.
SEO	Search Engine Optimization	검색 엔진 최적화
SERP	Search Engine Results Page	검색 엔진 결과 페이지
TLD	Top-level Domain	최상위 도메인
T&D	Title & Description	키워드 광고 소재 중 제목(Title)과 설명문구(Description)를 의미한다.
UV	User View	순 방문자를 의미하며, 해당 광고(또는 사이트)에 1회 이상 방문한 사용자의 수를 의미한다.
URL	Uniform Resource Locator	인터넷 주소

● 활용 용어

용어	설명
간접전환	광고 클릭 이후 30분 이상 30일 이내에 전환이 발생한 데이터를 의미한다.
검색 광고(Search Ad)	특정 키워드를 검색을 했을 때 검색 결과에 광고를 노출하고 클릭 시 광고주의 사이트로 연결해주는 광고 방식을 의미한다.
검색 네트워크	검색 결과로 노출되는 PC & 모바일 프리미엄링크 광고 영역을 의미한다. 예)Daum, NATE, Bing 등 프리미엄링크 & 프리미엄 링크 더 보기 영역, 포털/제휴 네트워크선택 노출가능
검색 유형	검색어와 광고를 서로 매칭시켜 주는 옵션을 의미한다. 기본 검색: 구매한 키워드의 검색에만 노출광고주가 구매한 키워드와 사용자가 입력한 키워드가 정확히 일치할 경우에만 노출 확장 검색 : 구매 키워드와 관련된 키워드까지 포함한 광범위한 검색에 노출광고주가 구매한 키워드가 사용자가 입력한 키워드에 포함하는 경우에도 노출
검색어 타겟팅	사용자가 검색한 키워드를 기반으로 타겟팅 되어 광고가 노출되는 것을 의미한다.

용어	설명
게재위치	광고가 노출되는 영역으로, 사이트 혹은 사이트 내 노출 영역을 의미한다.
결제 변경	A카드 결제 내역을 B카드로 결제 변경을 원할 때, B카드결제 후, A카드 결제 내역을 취소하는 것을 의미한다.
계정(ID)	클릭스 다이렉트에 가입한 광고주를 인식하고 시스템의 사용자 권한 및 액세스 권한을 결정하는 기초 단위를 의미한다. 법인 회원의 경우 광고주의 사업자번호로, 개인 회원의 경우 본인 확인을 위한 휴대폰 인증을 통해서 생성 가능하다.
광고 그룹	키워드 및 소재의 묶음으로 구성된 단위 이자, 광고가 노출되는 네트워크를 설정하는 단위를 의미한다. 광고 그룹 내의 모든 키워드 및 소재에 동일한 입찰가를 적용고 각 키워드, 소재마다 다른 입찰가를 적용할 수도 있으며, 광고그룹 상태는 'On/Off/운영 중/잔액 부족'으로 구분된다.
광고 노출 제한	광고를 노출하고 싶지 않은 IP주소 혹은 웹사이트 URL을 관리하는 기능을 의미한다. 특정 IP를 등록하면, 해당 주소를 가진 IP에서는 광고를 볼 수 없으며, 특정 웹사이트를 등록하면 해당 웹사이트에는 광고가 노출되지 않는다.
광고 상태	구매한 키워드 광고의 운영 상태를 의미하며, 광고 상태는 'On, Off, 노출 중, 심사 중, 잔액 부족 등'으로 구분된다.
광고 소재	실제로 화면에 표시되는 광고 형식을 의미한다. 검색광고의 경우, [제목 & 설명문구 & URL]을 포함하며, T&D(Title & Description)를 지칭한다.
광고운영보고서	매핑된 광고주의 캠페인, 그룹, 키워드, 타겟팅, 소재별로 조회 기간 동안의 통계데이터를 확인 가능한 보고서이다.
광고호출수	매체로부터 광고가 노출되기를 요청한 횟수를 의미한다.
구매전환률 (CVR, Conversion Rate)	광고를 통해 확보한 잠재고객을 광고의 궁극적인 목적인 상품 구매 혹은 회원가입으로 전환시킨 비율을 의미한다. 구매전환율=(구매횟수÷방문수 or 클릭수)×100
네이티브 광고 (Native Ad)	기존에 있던 배너나 버튼 형태가 아닌 콘텐츠와 유사한 형식으로 노출되는 광고를 말한다.
노출	매한 광고가 검색 결과 또는 네트워크 영역에 노출되는 것을 의미한다.
노출 점유율	광고주의 광고가 노출 기회가 있을 때 얼마나 빠짐없이 노출을 할 수 있는지 확인하는 지표를 의미한다. 노출 점유율이 높은 경우에는 노출 기회를 충분히 잘 활용하고 있는 것으로 볼 수 있다. 노출점유율+상실점유율(예산)+상실점유율(입찰)=100%
노출 URL	광고 노출 시 광고 소재에 보여 지는 URL을 의미한다.
노출빈도	노출수를 도달수로 나눈 횟수를 말한다. 노출빈도=노출수÷도달수
노출수(Impression)	광고가 노출된 횟수를 의미한다.
대표키워드 (Head Keyword)	상위 카테고리의 대표 키워드로 업종, 카테고리별로 조회 수 등이 집중되는 키워드를 의미한다. 일반적으로 상위키워드는 조회수는 많지만, 클릭대비 구매 전환율이 낮을 수 있으므로 광고 전략에서는 브랜딩을 위한 키워드로 활용된다. 예) TV, 대출, 성형외과 등

용어	설명
도달률(Reach)	일정기간 동안 특정사이트를 방문한 모든 이용자 중에서 광고에 노출된 이용자의 비율을 말한다. 도달률=도달수÷Taget
도달수	접속자 중 해당 광고를 본 사용자의 수(UV)를 의미한다.
등록 불가	광고 심사 결과 사이트, 키워드, 소재가 광고 등록 기준을 충족하지 못하여 등록이 거절된 경우이며, 수정은 불가능하고 삭제만 가능하다.
랜딩페이지 (Landing Page)	광고의 텍스트나 배너를 클릭했을 때 연결되는 페이지를 말한다.
로그(Log) 분석	광고주의 사이트에 접속한 인터넷 사용자의 방문경로, 접속 시간대, 접속 수 등 다양한 정보를 추출해내고 분석하는 서비스를 의미한다.
리타겟팅 (Re-Targeting)	특정한 행동을 한 사용자에게 광고를 다시 보여주는 방법을 의미한다.(사이트 방문, 배너클릭, 검색, 상품 페이지 조회 등)
링크 URL	광고를 클릭했을 때 연결되는 페이지의 URL을 의미한다. 랜딩페이지라고도 일컫는다.
무효클릭(Abusing)	불법적인 시스템에 의한 클릭 및 구매 의사(정보 탐색 의사)가 없다고 판단되는 특정 패턴의 클릭을 의미한다.
문의 게시판	검색광고, 광고 대행사의 마케터가 광고를 운영하면서 발생하는 여러 문의를 관리하는 기능으로 클릭스 에이전시 플랫폼에서 사용할 수 있다.
문의 발행	마케터가 검색광고, 광고를 관리하면서 클릭수의 전문 담당자에게 직접 문의를 발행하는 것을 말한다.
문의 조회	마케터가 자신이 발행한 문의 혹은 같은 대행사의 마케터가 발행한 문의를 빠른 검색이나 상세 검색을 통해 조회할 수 있다.
미디어랩 (Media Representive)	미디어의 위탁을 받아 주로 온라인 광고를 판매 대행해 주고, 판매 대행 수수료를 받는 중간 매개체 회사를 의미한다.
미디어믹스 (Media Mix)	여러 매체의 유형을 분석한 후, 광고주의 상황에 맞춰 다수의 매체를 조합해 광고효과를 극대화할 수 있는 매체 안을 만드는 작업을 말한다.
브랜드검색	사용자가 브랜드명을 검색창에 직접 검색하면, 해당 브랜드명에 대해서 검색결과 최상단에 브랜드 관련 콘텐츠가 노출되는 광고 상품을 의미한다.

(출처 : 카카오 광고 용어 사전, 2016.3.)

Section 03 참고자료

- ICDL Asia, ICDL DIGITAL MARKETING Syllabus 1.0 Learning Material, 2016.
- ECDL, ICDL Digital Marketing Syllabus 1.0 sample test. 2016.
- Kakao 광고용어 사전, Kakao Corp., 2016.1.20
- V.I.B, 외, 광고인듯 광고 아닌 광고같은 너, 인플루언서 마케팅, Excellence Marketing for Customer 51(5), 한국마케팅연구원, 2017. 5.
- Sofus Midtgaard, Customer Centric Oganizations in the age of Social Media, Leaderlab.com, 2010. 11.
- 이상우, 디지털 마케팅의 새 트렌드, 인플루언서 마케팅, http://it.donga.com/, 2017.11.
- 와이스톤즈, 트리플 미디어 활용 방안 연구, 2013.2.
- 요코야마 류지 저, 제일기획역, 트리플 미디어전략, 서울:흐름출판, 2011.
- 조윤숙, 트리플 미디어를 활용한 커뮤니케이션 콘텐츠 확산에 관한 연구(석사학위논문), 홍익대학교, 2015. 8.
- 구글(www.google.com)
- 구글 에드워즈(adwords.google.com)
- 네이버(www.naver.com)
- 네이버 광고(searchad.naver.com)
- 메일침프(www.mailchimp.com)
- 실버터치(www.silvertouchtech.co.uk)
- 아트라스BX(www.atlasbx.co.kr)
- 위키백과(ko.wikipedia.org)
- 위키피디아(en.wikipedia.org)
- 트위터(www.twitter.com)
- 페이스북(www.facebook.com)

저자 최광돈(kdchoiyou@naver.com)

- (현) 한세대학교 경영학과 교수
- 디지털 마케팅 관련 강의
- 2012 페이스북 기반의 SNS 통합채널 구현에 관한 연구
- 2015 A Study on contents channel integration on Facebook Fan Pages using a third party App. 외 다수 연구
- (전) 지방자치단체 혁신브랜드사업 지도위원장
- (전) 국가생산성대상(정보화 부문) 심사위원

저자 유순덕(koreasally@gmail.com)

- (현) 한세대학교 경영학과 교수
- 전자금융(2015), 전자금융 넌 도대체 누구?(2017)의 저자임
- 빅데이터, 핀테크, 블록체인, 창업 기술 등 관련 분야에서 활동 중

ICDL 디지털마케팅

2018. 5. 3. 1판 1쇄 발행
2023. 8. 2. 개정증보 1판 1쇄 발행

저자와의 협의하에 검인생략

지은이 | 최광돈, 유순덕
펴낸이 | 이종춘
펴낸곳 | BM ㈜도서출판 성안당
주소 | 04032 서울시 마포구 양화로 127 첨단빌딩 3층(출판기획 R&D 센터)
10881 경기도 파주시 문발로 112 파주 출판 문화도시(제작 및 물류)
전화 | 02) 3142-0036
031) 950-6300
팩스 | 031) 955-0510
등록 | 1973. 2. 1. 제406-2005-000046호
출판사 홈페이지 | **www.cyber.co.kr**
ISBN | 978-89-315-5269-0 (13000)
정가 | 25,000원

이 책을 만든 사람들
기획 | 최옥현
진행 | 최창동
편집 | 인투
표지 디자인 | 박원석
홍보 | 김계향, 유미나, 정단비, 김주승
국제부 | 이선민, 조혜란
마케팅 | 구본철, 차정욱, 오영일, 나진호, 강호묵
마케팅 지원 | 장상범
제작 | 김유석